やわらかアカデミズム
〈わかる〉シリーズ

よくわかる
福祉行財政と福祉計画

永田 祐／岡田忠克
[編]

ミネルヴァ書房

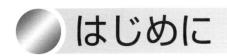

はじめに ■よくわかる福祉行財政と福祉計画

　『よくわかる福祉行財政と福祉計画』という表題の通り，本書は福祉行政，福祉財政そして，福祉計画という3つの内容を扱います。

　それぞれの詳細は本文に譲るとして，要するに本書が目指すのは，国や地方公共団体が，社会福祉の政策を立案し，それを実行する過程およびそれを支える組織や専門職について理解すること（福祉行政〔public administration〕），また，主にその財源がどのようにまかなわれているか（財政〔public finance〕），そして，福祉行政と財政の計画的な推進の現状と方法（福祉計画〔social planning〕）についてわかりやすく説明することです。このように，本書は，高齢，障害，児童といった分野ごとの「縦糸」ではなく，分野横断的な「横糸」としての性格を持っています。

　ところで，日本では，これまでの縦割りの福祉制度の弊害が，「制度の狭間」とか「複合的な課題を抱えた世帯の問題」として顕在化しています。一つの世帯の中に複数の課題があるような場合，たとえば，80代で認知症の母親，ひとり親で介護離職したその娘と，障害が疑われるその子どもといった世帯の課題は，「高齢者福祉」「障害者福祉」「児童福祉」といった「分野ごとの福祉」の視点からのアプローチでは不十分で，世帯の課題として包括的に捉え，支援していくことが必要です。つまり，分野を横断した包括的な相談や支援が必要になっているのです。こうした相談や支援のあり方は，「全世代・全対象型地域包括支援」とか，「0歳から100歳までの地域包括ケア」「『我が事・丸ごと』地域共生社会」などと呼ばれるようになっていますが，どのように呼ぶにしても，これまで縦割りに制度化されてきた福祉行政のあり方そのものが大きく問われ，また改革されようとしていることは間違いありません。また，こうした改革は，理想だけでなく財政的に持続可能でなければなりません。新たな時代に対応した福祉行政を実現するためには，そのための財源（財政）と持続可能性（計画）をあわせて考えていかなければ実現できないのです。

　このような背景の中で福祉行財政と福祉計画を学ぶ皆さんには，それぞれの項目を理解するだけでなく，社会福祉を包括的な視点で，横断的に学ぶ機会として，本書を活用していただくことを願っています。

2018年2月

編者を代表して

永田　祐

もくじ

■よくわかる福祉行財政と福祉計画

はじめに

I 福祉行政の実施体制

1 福祉制度の体系①・・・・・・・・・・・・・・・ 2
　　——社会保障と福祉

2 福祉制度の体系②・・・・・・・・・・・・・・・ 4
　　——福祉六法と関連法

3 福祉制度の歴史①・・・・・・・・・・・・・・・ 6
　　——戦前の社会福祉制度の概要

4 福祉制度の歴史②——社会福祉行政
　　の基礎構造の確立（1945-1959年）
　　・・・・・・・・・・・・・・・・・・・・・・・・・・・・・・・ 8

5 福祉制度の歴史③——社会福祉の発
　　展と戦後体制の動揺（1960-1999年）
　　・・・・・・・・・・・・・・・・・・・・・・・・・・・・・・・ 10

6 福祉制度の歴史④・・・・・・・・・・・・・・・ 14
　　——2000年以降の社会福祉

7 国と地方自治体の関係・・・・・・・・・・・ 16

8 国の役割・・・・・・・・・・・・・・・・・・・・・・・ 18

9 社会保障審議会・・・・・・・・・・・・・・・・・ 20

10 都道府県の役割・・・・・・・・・・・・・・・・ 22

11 市町村の役割・・・・・・・・・・・・・・・・・・ 24

12 福祉サービスと利用システム・・・・ 26

II 福祉の財源

1 財政とは何か・・・・・・・・・・・・・・・・・・・ 30

2 国の財政システム・・・・・・・・・・・・・・・ 32
　　——一般会計と特別会計

3 地方自治体の福祉財政・・・・・・・・・・・・ 34
　　——地方財政と民生費の内訳と動向

4 民間社会福祉の財源・・・・・・・・・・・・・・ 36

5 福祉財政における公費負担方式と
　　社会保険方式・・・・・・・・・・・・・・・・・・・ 40

6 福祉と税制・・・・・・・・・・・・・・・・・・・・・ 42

7 福祉サービスの費用・・・・・・・・・・・・・ 44
　　——措置費

III 福祉行政の組織・団体の役割

1 福祉事務所・・・・・・・・・・・・・・・・・・・・・ 46

2 児童相談所・・・・・・・・・・・・・・・・・・・・・ 48

3 身体障害者更生相談所・・・・・・・・・・・・ 52

4 知的障害者更生相談所・・・・・・・・・・・・ 54

5 婦人相談所（女性相談センター）
　　・・・・・・・・・・・・・・・・・・・・・・・・・・・・・・・ 56

6 社会福祉協議会・・・・・・・・・・・・・・・・・ 58

7 地域包括支援センター・・・・・・・・・・・ 60

iii

8 社会福祉法人 ・・・・・・・・・・・・・・・ *62*

9 社会福祉施設 ・・・・・・・・・・・・・・・ *64*

10 社会福祉施設の設備と運営に
関する基準 ・・・・・・・・・・・・・・・ *66*

Ⅳ 福祉行政における専門職の役割

1 福祉専門職 ・・・・・・・・・・・・・・・ *68*

2 社会福祉士 ・・・・・・・・・・・・・・・ *70*

3 介護福祉士 ・・・・・・・・・・・・・・・ *72*

4 精神保健福祉士 ・・・・・・・・・・・・・・ *74*

5 保 育 士 ・・・・・・・・・・・・・・・ *76*

6 介護支援専門員（ケアマネジャー）
・・・・・・・・・・・・・・・ *78*

7 社会福祉主事 ・・・・・・・・・・・・・・ *80*

8 民生委員 ・・・・・・・・・・・・・・・ *82*

9 専門職ネットワーク ・・・・・・・・・・・ *84*

Ⅴ 福祉行財政の動向

1 福祉行政をめぐる裁判 ・・・・・・・・・・ *86*

2 児童福祉法改正 ・・・・・・・・・・・・・・ *88*

3 介護保険改革 ・・・・・・・・・・・・・・ *92*

4 社会福祉基礎構造改革 ・・・・・・・・・・・ *96*

5 障害者総合支援改革 ・・・・・・・・・・・ *98*

6 地方分権 ・・・・・・・・・・・・・・・ *100*

7 行財政改革の動向 ・・・・・・・・・・・・ *102*
── NPM・PFI 等

8 生活困窮者自立支援制度 ・・・・・・・・ *104*

9 我が事・丸ごと地域共生社会 ・・・・ *106*

Ⅵ 福祉計画の目的と意義

1 福祉計画とは何か ・・・・・・・・・・・・ *110*

2 福祉計画の歴史 ・・・・・・・・・・・・・ *112*

3 福祉計画における住民参加 ・・・・・ *116*

Ⅶ 福祉計画の方法

1 福祉計画の過程と策定 ・・・・・・・・・・ *118*

2 ニーズの種類と測定 ・・・・・・・・・・・ *120*

3 福祉計画の評価とモニタリング
・・・・・・・・・・・・・・・ *122*

4 費用効果分析 ・・・・・・・・・・・・・・ *126*

5 費用便益分析 ・・・・・・・・・・・・・・ *128*

Ⅷ 福祉計画の実際

1 地方自治体の総合計画 ・・・・・・・・・・ *130*
──総合計画は必要か

2 地方自治体の総合計画の事例 ・・・・ *132*

3 老人福祉計画 ・・・・・・・・・・・・・・ *134*

4 老人福祉計画の事例 ・・・・・・・・・・・ *136*

5 介護保険事業計画 ・・・・・・・・・・・・ *138*

6 介護保険事業計画の事例 ・・・・・・・ *140*

7 子ども・子育て支援事業計画 ・・・・ *142*

もくじ

8 子ども・子育て支援事業計画の事例
………………………144

9 次世代育成支援行動計画………146

10 次世代育成支援行動計画の事例
………………………148

11 障害者計画………………150

12 障害者計画の事例…………152

13 障害福祉計画………………154

14 障害福祉計画の事例…………156

15 地域福祉計画………………158

16 地域福祉計画の事例…………160

17 地域福祉活動計画……………162

18 地域福祉活動計画の事例………164

巻末資料

さくいん

v

やわらかアカデミズム・〈わかる〉シリーズ

よくわかる
福祉行財政と福祉計画

Ⅰ　福祉行政の実施体制

1 福祉制度の体系①
——社会保障と福祉

 社会福祉の意味

　英語の welfare の意味は，「良い状態，うまくいっている状態」(fare には「行く」という意味があり，well〔うまく〕fare〔行く〕という語源的な意味がある）とされています。つまり，語源的には「福祉」という語は状態を示す言葉であり，弱者に対する援助や支援といった意味ではなく，一般的な状態を指しているといえます。こうした福祉の用例は，広義の福祉と呼ばれています。「公共の福祉」はこうした用例の一つです。一方，私たちが一般的に福祉という場合には，「社会的に何らかの困難がある」ことを前提に，それを解決するための対象を限定した制度や支援という意味で使われることが多いのではないでしょうか。こうした福祉の用例は，狭義の福祉と呼ばれます。

　また，「社会」福祉という場合には，福祉，すなわち「うまくいっている状態」や生活上の困難を個人ではなく，社会的・集合的に実現したり，解決するという考え方を示しているといえます。一般に，幸せの実現であれ，困難の解決であれ，通常は家族という第一次集団，一定の地域性や共同性に基づいたコミュニティ（共同体），さらには市場を通じて実現されたり，解決されてきました。しかし，現代社会にはこうした主体だけでは解決できない社会問題が多くあります。社会福祉の歴史は，社会問題は個人の自己責任だけに帰すことができないことが次第に認識され，その解決が家族やコミュニティ，市場だけではなく国家（社会）の責任として行われることが認められるようになってきた歴史でもあります。つまり，福祉の実現や課題の解決には，家族，コミュニティ，市場と国家（社会）という支援の供給主体があることになります。

　福祉行財政と福祉計画を対象とする本書では，このうち狭義の福祉に対する行政の内容や実施体制，財政とそれを計画的に推進する方法を中心に扱います。広義の福祉を対象とすると，公共の福祉に関わるあらゆる政策が含まれてしまうため，範囲が広がりすぎてしまうためです。一方，すでにみたように，福祉の実現や課題の解決は行政（国家）だけが行っているわけではなく，家族や市場，コミュニティという他の実現・解決手段との関係が重要になります。その意味で，行政だけの活動に注目するのではなく，行政以外の福祉の実現や課題の解決の仕組みについても触れていくことになります。

▷1　市場とは，お金を通じてモノやサービスを交換する仕組みのことをいう。資本主義社会では，市場における交換が主要なモノやサービスを得ることが基本になるが，逆にいえば，お金がなければ，必要なモノやサービスを手に入れることもできない。

▷2　こうした権利は社会権と呼ばれ，20世紀になって初めて基本的人権として認められるようになった。

② 社会保障と社会福祉と社会福祉の内容

社会福祉とよく似た用語に社会保障という用語があります。ここでは，その関係について整理しておきましょう。

まず，日本国憲法は，その25条2項で「国は，すべての生活部面について，社会福祉，社会保障及び公衆衛生の向上及び増進に努めなければならない」と定め，社会福祉と社会保障を並列に列挙しています。しかし，憲法では具体的な社会福祉と社会保障の内容については示されていません。一方，1950年の社会保障制度審議会の勧告では，社会保障と社会福祉の関係は以下のように整理されています。

> 「いわゆる社会保障制度とは，疾病，負傷，分娩，廃疾，死亡，老齢，失業，多子その他困窮の原因に対し，保険的方法又は直接公の負担において経済保障の途を講じ，生活困窮に陥ったもの対しては，国家扶助によって最低限度の生活を保障するとともに，公衆衛生及び社会福祉の向上を図り，よってすべての国民が文化的社会の構成員たるに値する生活を営むことができるようにすることをいう」

つまり，この勧告では，社会福祉を社会保険（保険的方法による経済保障），国家扶助（直接公の負担による経済保障），公衆衛生と並んで社会保障の一部に含まれるものと位置づけていることがわかります。

また，当時の社会福祉の内容は，「国家扶助の適用を受けている者，身体障害者，児童，その他援護育成を擁する者が，自立してその能力を発揮できるよう，必要な生活指導，更生補導その他の援護育成を行うこと」とされ，その範囲と内容は狭く捉えられていますが，それは1950年という時代背景を考えて理解する必要があります。こうした社会福祉の内容は，たとえば，1998年6月に中央社会福祉審議会社会福祉構造改革分科会が提出した「社会福祉基礎構造改革について（中間まとめ）」では，「これからの社会福祉の目的は，従来のような限られた者の保護・救済にとどまらず，国民全体を対象として，このような問題が発生した場合に社会連帯の考え方に立った支援を行い，個人が人としての尊厳をもって，家庭や地域の中で，障害の有無や年齢にかかわらず，その人らしい安心のある生活が送れるよう自立を支援することにある」と拡大しています。社会福祉が，生活上の様々な問題が発生した際の「国民全体」を対象とした個人の尊厳を尊重した自立の支援へと変化していることがわかります。また，介護保険制度にみられるように，国民全体を対象とした制度が創設されましたが，その財源の一部は「保険的方法」が用いられています。このように，社会保障と社会福祉の境界も曖昧になっています。本書で取り扱う社会福祉の具体的な内容は，I-2 において検討することにします。　　　　（永田祐）

▷3　ただし，たとえば，生活保護は，「国家扶助によって最低限度の生活を保障する」ことに該当するが，生活保護は単に経済的な保障（現金給付）を行うだけでなく，ケースワーカーによる自立に向けた支援という社会福祉の内容を含んだ制度となっており，一概に分類はできない。

▷4　当時は，福祉三法の時代（生活保護法，児童福祉法，身体障害者福祉法）であり，社会福祉の共通的基本事項を定めた社会福祉事業法も制定されていなかった（⇒ I-4 参照）。

I　福祉行政の実施体制

福祉制度の体系② ——福祉六法と関連法

　ここでは，本書が対象とする社会福祉が，具体的にどのような内容から構成されているのかその体系を示します。まず，社会福祉の基本法である社会福祉法の内容を確認しておきましょう。社会福祉法の目的は以下のように規定されています。

> 「この法律は，社会福祉を目的とする事業の全分野における共通的基本事項を定め，社会福祉を目的とする他の法律と相まって，福祉サービスの利用者の利益の保護及び地域における社会福祉（以下「地域福祉」という。）の推進を図るとともに，社会福祉事業の公明かつ適正な実施の確保及び社会福祉を目的とする事業の健全な発達を図り，もつて社会福祉の増進に資することを目的とする。」（社会福祉法1条）

　上記のように，社会福祉法は，社会福祉における共通的基本事項を定める法律であることから，この法律が「社会福祉を目的とする他の法律」の基盤となる法律であることがわかります。社会福祉を目的とする他の法律とは，明示されていませんが，生活保護法，児童福祉法，身体障害者福祉法，老人福祉法，知的障害者福祉法，母子及び父子並びに寡婦福祉法といういわゆる福祉六法に加え，介護保険法（2000年）や障害者総合支援法（2012年）などを含んでいると考えるべきでしょう（図Ⅰ-1参照）。

　一方，後段では，「社会福祉事業」の公明かつ適正な実施の確保及び「社会福祉を目的とする事業」の健全な発達を図ることがこの法律の目的であると書かれています。両者の違いは，社会福祉事業が社会福祉法2条において具体的に列挙されている事業であり，その事業の開始や経営

生活保護法	児童福祉法	母子及び父子並びに寡婦福祉法	老人福祉法	介護保険法	障害者総合支援法 2013年			サービス給付・理念に関する法律
					身体障害者福祉法	知的障害者福祉法	精神保健及び精神障害者福祉に関する法律	
1950年	1947年	1964年	1963年		1949年	1960年	1950年	
（事業の例）保護施設	（事業の例）保育所　児童養護施設	（事業の例）母子福祉センター	（事業の例）特別養護老人ホーム　養護老人ホーム　老人居宅介護等事業		障害者基本法 1970年			
社会福祉法1951年（社会福祉事業の範囲，福祉事務所，社会福祉法人，福祉サービスの適切な利用，社会福祉協議会など）								基礎構造に関する法律

図Ⅰ-1　日本の社会福祉法制

出所：炭谷茂（2000）「社会保障と人権——社会福祉基礎構造改革の目指す理念」大山博・炭谷茂・武川正吾・平岡公一編著『福祉国家への視座』ミネルヴァ書房，150頁を基に筆者作成。

4

I-2 福祉制度の体系②──福祉六法と関連法

について行政による監督を通じて「公明かつ適正な実施」が図られる必要のある事業であるのに対し、社会福祉を目的とする事業は、その範囲が法律で定められるものではなく、法律や制度に定められていなくても、何らかの困難を抱えた人に対してその人らしい暮らしを支援する様々な事業である点にあります（**図Ⅰ-2**）。そのため、社会福祉事業は、「公明かつ適正」に実施されなければならず、社会福祉を目的

```
┌─ 社会福祉を目的とする事業 ──────┐   ┌─ 社会福祉に関する活動 ──┐
│ ○ 地域社会の一員として自立した日常生活を営むこと │   │ ○ 必ずしも反復的・継続的に行 │
│    を支援する事業                │   │    われるものではない     │
│ ・経営主体等の規制なし、最小限の行政の関与  │   │ ・特段の規制なし       │
│  （例）社会福祉事業従事者の養成施設の経営、給食・ │   │ ・ボランティアなど、個人や団 │
│     入浴サービス              │   │   体による任意の活動     │
│ ┌─ 社会福祉事業 ──────────┐   │   │   （住民参加）        │
│ │ ○ 社会福祉を目的とする事業のうち、規制と助成 │   │                │
│ │    を通じて公明かつ適正な実施の確保が図られなけ │
│ │    ればならないものとして、法律上列挙      │
│ │ ・経営主体等の規制あり             │
│ │ ・都道府県知事等による指導監督         │
│ │ ・第一種社会福祉事業と第二種社会福祉事業    │
│ │  （例）第一種：養護老人ホーム、児童養護施設、 │
│ │         障害者支援施設等の経営     │
│ │     第二種：保育所の経営、ホームヘルプ、 │
│ │         デイサービス、相談事業     │
│ └──────────────────┘  │
└─────────────────────┘
```

図Ⅰ-2　社会福祉を目的とする事業と社会福祉事業

注：「社会福祉を目的とする事業」は、法第1条（目的）、第4～6条（地域福祉の推進等）、第107～110条（地域福祉計画）、第112条（共同募金）等に規定。「社会福祉に関する活動」は、法第4条（地域福祉の推進）、第89条（基本指針）、第107条（地域福祉計画）等に規定。
出所：厚生労働省（2013）「第2回社会福祉法人の在り方等に関する検討会資料──社会福祉法人が地域から期待される『更なる取組』について」。

とする事業は、「健全な発達を支援する」と書き分けられているのです。社会福祉事業は、第一種社会福祉事業と第二種社会福祉事業から構成されています。第一種社会福祉事業は、特に公共性の高い事業であり、支援が必要な人の人格の尊重に重大な関係を持つ事業とされており、主に入所施設を経営する事業が第一種社会福祉事業に区分されています。そのため、第一種社会福祉事業の経営は、国、地方公共団体又は社会福祉法人に限ってこれを経営することができるとされています。一方、第二種社会福祉事業の経営主体に制限はありませんが、通常は個別の各法（老人福祉法や児童福祉法など）において、経営主体が制限されていることが一般的です。

こうした社会福祉事業や社会福祉を目的とする事業は、国、地方公共団体といった行政機関、社会福祉法人や株式会社、特定非営利活動法人などの民間事業者、そして民生委員や地域住民などによって支えられています。本書では、こうした体系の理解を前提に、主に国や都道府県、市町村による社会福祉分野の行政組織やその財源である財政、そして福祉サービス基盤の整備やサービスの利用の促進などを目的に策定する計画について解説していきます。

（永田祐）

▷1　具体的な例を挙げると、たとえば、老人福祉法上の特別養護老人ホームや児童福祉法上の児童養護施設、障害者総合支援法の障害者支援施設が第一種社会福祉事業であり、老人福祉法上の老人居宅介護等事業（訪問介護）、老人デイサービス事業（通所介護）、障害者総合支援法上の居宅介護等の障害福祉サービス事業、児童福祉法上の障害児通所支援事業などが第二種社会福祉事業である。
▷2　社会福祉法人については、Ⅲ-8 参照。
▷3　その他のものが経営する時は、都道府県知事の許可が必要になる。
▷4　Ⅲ-8 参照。
▷5　Ⅳ-8 参照。

5

Ⅰ 福祉行政の実施体制

3 福祉制度の歴史①
──戦前の社会福祉制度の概要

▷1 厚生問題研究会(1988)『厚生省五十年史 資料編』815-816頁。

▷2 1865-1914年。岡山医学校を卒業後，1887年「孤児教育会趣旨書」を発表し，岡山三友寺において孤児教育会を設立し，岡山孤児院を開設した。

▷3 1867-1937年。濃尾大地震の際に孤児を引き取り，養育するために1891年に弧女学園を設立するが，その中に知的障害児がいたため，日本で初めての知的障害児施設である滝乃川学園を設立することになった。

▷4 1864-1934年。非行少年の感化事業に強い関心を寄せていた留岡は，家庭と教育を重視し，1899年に家庭学校を設立した。

▷5 1872-1940年。1895年，救世軍に参加。廃娼運動に熱心に取り組んだことでも知られる。

▷6 1840-1931年。明治維新後，大蔵省に入省。退官後，第一国立銀行の頭取になった財界人だが，様々な社会活動に熱心に関わった。

▷7 『慈善』は，その後『社会と救済』『社会事業』『厚生問題』と社会状況の変化に伴い誌名を変え，現在の『月刊福祉』に継承されている。

1 恤救規則

　明治期の救貧・救護政策としては，1874年に制定された恤救規則がほぼ唯一のものであり，1932年に救護法が実施されるまでの間，日本の救貧制度の中心となっていました。

　恤救規則は，全国統一の救済制度として日本で初めて制定されたものですが，「人民相互の情誼」による救済を第一義とし，「無告の窮民」を対象に，50日以内は地方官が救済し，それを超える場合は，内務省に申請を行うという内容でした。情誼とは人情とかよしみといった意味であり，家族や地域社会の相互扶助によって救済できない場合に限って，最低限の救済を行うという非常に限定された制度でした。恤救規則の被救済人員は，1877年ではわずかに1,187人，1930年でも1万7,403人に過ぎませんでした。このように，非常に限定された救済政策にとどまった背景として，江戸幕府から引き継いだ内外の負債を返済するための財政引き締めや，富国強兵を推進するために，貧民救済による国家支出を最小限にとどめるという明治政府の方針が反映していたと考えられます。

2 民間の慈善救済事業

　その後，近代産業が発展するにしたがって，都市への人口流入が増大し，都市における貧困層の問題が顕在化するようになりました。こうした中で，総合的な救貧・救護対策が提案されることもありましたが，結局成立に至ることはありませんでした。近代国家における救貧制度としては極めて不十分な恤救規則を補ったのは，宗教家や篤志家による慈善救済事業でした。すべてを挙げることはできませんが，石井十次の岡山孤児院，石井亮一の孤女学院（後の滝乃川学園），留岡幸助による家庭学校（現・東京家庭学校）や日本人で初めての日本救世軍司令官となった山室軍平の廃娼運動など，様々な事業や活動が展開されました。また，1908年には，民間の社会福祉事業に取り組む実践者たちが社会事業の研究や慈善団体間および団体と慈善家の相互の連絡調整などを目指して，中央慈善協会を設立し，渋沢栄一が会長に就任しました。中央慈善協会は雑誌『慈善』を刊行し，社会事業の普及啓発や研究を進めました。

　また，1917年に，民生委員制度の前身である済世顧問制度が岡山県で開始され，1918年には大阪府が方面委員制度を開始しました。方面委員制度は，その

後，救護法の補助機関として，公的な救護事務の補助機関として位置づけられ，1937年に実施された方面委員令により法制化されました。

③ 行政組織の整備と救護法の成立

　第1次世界大戦後の不況や，関東大震災，1927年の金融恐慌などが相次ぐ中で，生活困窮者の暮らしを恤救規則や民間の慈善事業だけで救済することが困難なことは明らかでした。また，米騒動や労働運動の高揚なども国による生活困窮者への対応を迫るものでした。こうした中，1917年には内務省地方局に救護課が設置され，国に社会福祉行政を所管する課が初めて設置されました。さらに，1919年に救護課は社会課に改称され，慈善救済事業に加え，労働問題も所管するようになり，1920年には社会局として独立して社会行政全般を担当することになります。政府は1926年，閣議決定により内務省社会局内に社会事業調査会を設置して，救貧制度について諮問を行いました。同調査会では，これを受けて審議を行い，1927年に統一的救貧制度確立の必要性を内務大臣に答申します。この答申を基礎に，1929年に救護法が統一的な救済法として制定されますが，政府は，世界大恐慌の影響もあって財源確保ができないという理由から，その実施を延期します。全国の方面委員や社会事業関係者の運動の結果，政府は重い腰を上げ，1932年1月1日にようやく救護法は実施されることになりました。救護法は，恤救規則と比較して，①救貧の対象者の資格範囲を拡大し，②公的救護義務を明確にするとともに，③救護の種類を拡大し，④社会事業の体系化を進めたことに大きな特徴がありました。[8]

④ 戦時下の社会福祉

　世界大恐慌（1929年）などの影響を受け，経済的に苦境に陥った日本は，次第に軍部の力が強まり，満州事変から日中戦争，太平洋戦争と続く戦争の時代へと入っていきました。福祉行政としては，1938年に厚生省が設立されましたが，これは国防の充実に向けた人的資源を確保する上で，健康や衛生問題が重要視されるようになったことが大きな理由でした。この頃から社会主義を連想させる「社会」という用語は使われなくなり，1941年に社会局は生活局と改称されます。こうした中で，人的資源という観点から軍事援護，母性保護，児童，医療など戦時政策に合致する分野は比較的重視されたものの，非援護世帯，高齢者，重度の障害や疾病を持つ人たちに対する事業は軽視される傾向にありました。[9] 1938年に社会事業法が成立し，[10] 私設の事業への補助が制度化されるようになったものの，その額は不十分で，1941年の対米開戦以降，食料をはじめとする日常生活物資の配給統制が強化され，収容施設では食糧が不足し，施設経営そのものが困難になっていったといわれています。[11]　　　　（永田祐）

▷8　対象者は，①65歳以上の老衰者，②13歳以下の幼者，③妊産婦，④傷病あるいは心身障害のため「労務を行うに支障あるもの」が，「貧困のため生活することができないとき」と規定された。ただし，扶養義務者が扶養することができれば救護の対象からは除外された。また，救護の実施機関は被救護者の居住地の市町村長であり，費用負担は1年以上居住している場合は，その市町村が，それ以外の場合は道府県が負担することになっていた。さらに，救護の種類としては，生活扶助，医療扶助，助産扶助，生業扶助の4種類が設けられた。最後に，救護の方法は居宅保護を原則としつつ，養老院，孤児院，病院その他の救護施設などへの収容保護が認められた。これにより民間の社会事業も法体系に組み込まれ，同時に政府からの補助金を受給できる法的根拠を得ることになった。

▷9　永岡正己（2014）「日中戦争・太平洋戦争と戦時厚生事業」菊池正治・清水教惠・田中和男・永岡正己・室田保夫編著『日本社会福祉の歴史　付・史料　改訂版』ミネルヴァ書房，140頁。

▷10　社会事業法は，私設社会事業の範囲を定め，事業経営者に届け出義務を課すとともに，政府が予算の範囲内で私設社会事業に補助することができることなどを規定した。

▷11　厚生問題研究会（1988）『厚生省五十年史　記述編』476頁。

Ⅰ 福祉行政の実施体制

4 福祉制度の歴史②――社会福祉行政の基礎構造の確立（1945-1959年）

日本は，第 2 次世界大戦において，300万人に及ぶといわれる人命を犠牲にしただけでなく，戦後は国土が荒廃し，生活に困窮した人があふれかえっていました。戦後の社会福祉は，こうした混乱の中で，GHQ（連合国軍最高司令官総司令部）の指導や1947年 5 月に施行された日本国憲法の趣旨に沿って形成され，今日の社会福祉行政の骨格，基礎構造と機能が作り上げられていきました。

1 福祉三法の成立とその背景

敗戦直後は，家屋や職，家族を失った人に加え，外地からは628万人もの復員や引揚もあり，極度の物資の不足や異常な物価上昇の中で生活に困窮する人の生活保障が何よりも緊急の課題でした。こうした事態に対応するために，政府は，1945年12月に生活困窮者緊急生活援護対策要綱を閣議決定し，対応に乗り出します。翌年 4 月には，在宅で保護を受けている人が124万4,000人，収容施設で保護を受けている人が 1 万6,745人に上ったとされています。[1]

一方，敗戦後の日本の福祉政策は，占領軍であるGHQの対日福祉政策によって形成されていきます。社会福祉行政の基本方針として，GHQは，いわゆるGHQ3原則と呼ばれる無差別平等の原則，国家責任の原則，最低生活費保障の原則を日本政府に示します。[2] この三原則が，後に公布される日本国憲法25条と合わせて社会福祉行政確立の基本となりました。実際に，この原則に基づいて1946年 9 月に旧生活保護法が制定され，1950年には憲法の趣旨を反映した生活保護法が成立します。生活保護法は，この法律による保護が，具体的な保護請求権に基づくことを明記するとともに（国家責任の原則），[3] 困窮の原因を問わず無差別平等に行われ（無差別平等の原則），[4] その水準は健康で文化的な最低限度の生活を維持することを保障するものであること（最低生活費保障の原則）[5] を明確にした近代的な総合扶助立法でした。

また，国民全体の窮乏に加え，特に深刻だったのは街頭浮浪児の問題であり，1947年には児童福祉法が制定されます。さらに，身体障害者施策としては，傷痍軍人に対して軍事扶助法に基づいた傷兵保護院が設置される一方，一般の身体障害者は救護法で対応されるなど，戦前は身体障害者に対する総合的な法律が存在していませんでしたが，総合立法として1949年に身体障害者福祉法が制定されました。

▷ 1 黒木利克（1958）『日本社会事業現代化論』全国社会福祉協議会。
▷ 2 1946年 2 月に示されたGHQ覚書（SCAPIN 775）「社会救済」（原題はPublic Assistance）によって指示された原則。
▷ 3 生活保護法 1 条「この法律は，日本国憲法第25条に規定する理念に基き，国が生活に困窮するすべての国民に対し，その困窮の程度に応じ，必要な保護を行い，その最低限度の生活を保障するとともに，その自立を助長することを目的とする」。
▷ 4 生活保護法 2 条「すべて国民は，この法律の定める要件を満たす限り，この法律による保護（以下「保護」という。）を，無差別平等に受けることができる」。
▷ 5 生活保護法 3 条「この法律により保障される最低限度の生活は，健康で文化的な生活水準を維持することができるものでなければならない」。

② 社会福祉事業法の成立

　生活保護法，児童福祉法，身体障害者福祉法の成立によって，いわゆる福祉三法が成立し，社会福祉行政の基本的方向性が整備される一方，その共通的基本事項を定める法律として1938年に制定された社会事業法（⇒[I-3]参照）は，時代遅れのものとなり，ほとんど有名無実化していました。そこで，社会福祉事業の全分野における共通的基本事項を定め，社会福祉に関する法律を体系的に整備する法律として1951年に制定されたのが，社会福祉事業法です。社会福祉事業法は，社会福祉事業の定義について制限列挙方式を採用し，社会的弱者を対象とし，その生活の大部分がそこで営まれるような施設を経営する事業を第一種社会福祉事業，そうした弊害の可能性が比較的小さい事業を第二種社会福祉事業として分類・列挙しました。また，第一種社会福祉事業については，その経営主体を国，地方公共団体，社会福祉法人に限定し（社会福祉事業法4条），特別法人として社会福祉法人制度を新たに定めました。さらに，5条1項では，「国及び地方公共団体は，法律により帰せられたその責任を他の社会福祉事業を経営する者に転嫁し，またはこれらの者の財産的援助を求めないこと」と公的責任の原則を規定する一方で，5条2項では「その経営する社会福祉事業について，要援護者等に関する収容その他の措置を他の社会福祉事業を経営する者に委託することを妨げるものではない」と規定して，行政の責任で行うべき措置を社会福祉法人に委託できることを規定しました。簡単にいえば，行政の責任で行うべき様々な要援護者に対する支援（措置）を社会福祉法人という特別な法人に限って委託することを認めるということです。この背景には，日本国憲法89条の規定により，民間団体への公金の支出が禁じられ，社会福祉事業を営む民間団体が困窮していたという事情もありました。社会福祉事業法は，社会福祉法人という特別な法人制度を確立し，行政機関がその責任で行う措置を社会福祉法人に委託する（措置委託）という形で，憲法の規定に抵触しない民間団体への公的補助の道を開いたといえます。

　また，社会福祉行政の体制として，福祉三法に定める援護，育成または更生の措置に関する事務を行う第一線の現業機関として福祉事務所が創設され，その業務には社会福祉主事が当たることが明確化されました。

　以上のように，戦後の日本社会福祉行政は，GHQの対日福祉政策と当時の厚生省のやり取りの中で形成されていきました。こうした諸改革は，軍人等とそれ以外の国民との間の処遇の違いを改め（無差別平等），国家の責任において福祉行政を推進する（国家責任）という基本的な方針に基づいて進められ，福祉三法とその共通的基本事項を定めた社会福祉事業法の成立によって，戦後の社会福祉行政の基礎構造が確立したといえるでしょう。　　　　　　　（永田祐）

▷6　行政機関の行政行為に基づいてサービスを提供する仕組みを措置制度という。

▷7　日本国憲法89条は，「公金その他の公の財産は，宗教上の組織若しくは団体の使用，便益若しくは維持のため，又は公の支配に属しない慈善，教育若しくは博愛の事業に対し，これを支出し，又はその利用に供してはならない」と規定している。文字通り読めば，民間団体への公金の支出が禁じられていることになる。

Ⅰ　福祉行政の実施体制

5 福祉制度の歴史③──社会福祉の発展と戦後体制の動揺（1960-1999年）

1 戦後体制の確立と発展

　1960年代になると日本経済は戦後の疲弊した状況から急速に回復し，1960年には池田内閣が「所得倍増計画」を打ち出し，1968年には自由主義諸国の中でGNP（国民総生産）が第2位となるまでに復興します。また，それに伴う社会変動が急速に進展し，特に産業構造の転換によって，農村から都市への若年者の人口移動が進み，過疎や過密といった問題を引き起こすようになります。

　この時期には，遅れていた知的障害者，高齢者，母子家庭に対する福祉立法が成立していきます。1960年には精神薄弱者福祉法（現・知的障害者福祉法），1963年には老人福祉法，1964年には母子福祉法（現・母子及び寡婦並びに父子福祉法）が相次いで成立し，いわゆる福祉六法体制が確立しました。また社会福祉だけでなく，1961年には国民皆保険，皆年金体制も整備され，社会保障制度も拡充・整備されるようになっていきます。さらに，1970年には，社会福祉施設の緊急整備5か年計画が中央社会福祉審議会の答申を受けて制定され，特別の財政措置がとられるなど，福祉行政の推進に予算が投じられるようになり，1973年に厚生省（当時）は「福祉元年」を宣言しました。加えて，高度経済成長を背景に，地方自治体でも自治体単独費用によって，福祉政策を先導する自治体が現れるようになりました。

　また，社会福祉の拡大は，高度経済成長によって財政的に余裕が生まれた中央・地方政府の取り組みによってのみ生み出されたわけではありません。制度や政策として社会福祉が拡充していく背景には，困っている人を放置できないという思いから出発した民間の自発的な社会福祉による先駆的な実践や当事者をはじめとした関係者の切実な運動があったことを忘れてはなりません。糸賀一雄による近江学園の実践や，生存権のあり方を問い，人間裁判といわれた朝日訴訟などはこうした例といえます。

2 福祉見直し

　しかし，福祉元年が宣言されたのと同じ1973年に，日本を含む先進諸国は石油ショックに見舞われ，1960年代の高度経済成長から低成長経済に移行することになります。石油ショックを境に，福祉国家を目指すというそれまでの方針はあっという間に転換されることになりました。日本は欧米諸国と異なり，家

▷1　1914-1968年。近江学園や1963年に設立した重度心身障害児施設びわこ学園での実践活動を基盤に，「この子らを世の光に」や「発達保障」といった様々な思想や理念を打ち出し，障害者福祉だけでなく，日本の社会福祉に大きな影響を与えた実践家であり思想家。

▷2　1957年に結核のため国立岡山療養所に入所していた朝日茂さんが，当時月600円という生活扶助費では，日本国憲法25条に定める「健康で文化的な最低限度の生活」を営むには不十分であるとして起こした訴訟。朝日訴訟については，朝日訴訟記念事業実行委員会（2004）『人間裁判──朝日茂の手記』（大月書店）などを参照（参照）。

10

族という「含み資産」があることから，家族機能を強化し，自助と社会連帯によって独自の福祉社会を構築することができるという自由民主党の提言（日本型福祉社会論）が主張されるようになります。1985年には第二次臨時行政調査会や第一次臨時行政改革推進会議の国の補助金削減答申を受け，国が事業実施の1/2以上を越えて支出している補助金や負担金が，一律に1割削減されることになりました。たとえば，生活保護の費用負担のうち，国が負担する割合は，国が8割，地方が2割でしたが，それぞれ7割，3割に改められました。イギリスのサッチャー政権やアメリカのレーガン政権など，当時「小さな政府」は世界的な潮流となっており，補助金の削減だけでなく，政府事業の民営化などが進められていきました。

③ 戦後体制の改革

1980年代になるとすでにみたような高度経済成長が破綻し，低成長社会になったことから社会福祉に対する費用も抑制せざるを得ないという財政的見地からの福祉見直し論に加え，戦後の社会福祉行政そのものへの批判からの福祉見直し論が生まれてくるようになりました。これは，戦後の社会福祉行政の基礎構造が，社会福祉ニーズの一般化・多様化に対応できないという認識から改革の必要性を主張したものでした。簡単にいえば，福祉の対象を一部の低所得者に対象を限定し，行政処分としての措置によって特定の主体のみがサービスを提供する中央集権的な体制への批判といえます。こうした2つの観点から戦後の福祉体制の改革が進められていきます。

まず，改革の端緒となったのは，1990年6月の老人福祉法等の一部を改正する法律によるいわゆる福祉八法改正です。この改正の目的は，「21世紀の本格的な高齢社会の到来を目前に控え，高齢者の保健福祉の推進を図るために，住民に最も身近な市町村で，在宅福祉サービスと施設サービスがきめ細かく一元的かつ計画的に推進される体制づくりを進める」ことにありました。

主要な改正事項としては，第1にいわゆる在宅福祉の3本柱（ホームヘルプ，デイ・サービス，ショートステイ）を積極的に推進する目的で，福祉各法において位置づけを明確にし，社会福祉事業法においても社会福祉事業として位置づけたこと，第2に，特別養護老人ホーム等及び身体障害者更正援護施設への入所決定等の事務を町村に委譲すること（それ以前は町村の場合，入所決定等事務は県が担っていました）により，在宅福祉サービスと施設サービスを市町村において一元的に供給する体制を整備するとしたこと，第3に，老人に対する保健サービスと福祉サービスの一体的提供を図るため，市町村及び都道府県が，サービス実施の目標等に関する計画（市町村及び都道府県老人保健福祉計画）を定めることを義務づけ，国は技術的な指導助言を行うとともに，計画達成に必要な援助を行うよう努めることとされたこと，などでした。このように，福祉八法改

▷3　日本型福祉社会論は，自由民主党が西欧の福祉国家に対して日本は高い3世代同居率を保持しており，それが「日本のよさであり強み」であるとし，福祉の「含み資産」であるとして，家族の機能をいっそう強化することで「自助」と「社会連帯」を基本とするシステムへの転換を目指すとした理念を指す（堀勝洋(1981)「日本型福祉社会論」『季刊社会保障研究』17(1)）。

▷4　改正された八法とは，老人福祉法，身体障害者福祉法，精神薄弱者福祉法，児童福祉法，母子及び寡婦福祉法，社会福祉事業法，老人保健法，社会福祉・医療事業団法である。

正は，要約すれば，①在宅福祉の推進，②市町村への分権化，③福祉の計画的推進を主な内容としていました。

　これらの改革を踏まえて，高齢者福祉においては，1989年に高齢者保健福祉推進十か年戦略戦略（ゴールドプラン）が策定され，施設サービス，在宅サービスに関する10年間の整備目標が設定されることになりました。その後，全国の市町村が策定した老人保健福祉計画の整備目標を集計した結果，ゴールドプランの水準を大幅に上回るサービス量が必要なことが判明し，1994年には新ゴールドプランが策定されて，整備目標が引き上げられています。

　また，児童福祉においては，1994年に文部・厚生・労働・建設四大臣合意により「今度の子育て支援のための施策の基本方向について（エンゼルプラン）」が策定され，緊急保育対策等5か年事業によって保育所等の整備を進めることになりました。

　さらに，障害者福祉では，1993年に障害者基本法が制定され，同法が国に対して障害者基本計画の策定を義務づけたことから，1995年に「障害者プラン──ノーマライゼーション7か年戦略」が策定されました。同プランは，障害のある人々が社会の構成員として地域の中で共に生活が送れるように，住まいや働く場，活動の場と必要な福祉サービスが的確に提供される体制を確立するとし，具体的な数値目標を明記しました。このように，福祉各分野において，計画的に福祉サービスを整備していく方向性が明確になる一方，戦後改革以来の根幹的制度である措置という福祉サービスの利用の仕組みそのものには変更が加えられませんでした。

④ 契約制度への移行

　福祉八法改正では，措置制度という日本の社会福祉の根幹に当たる制度の改革が先送りされたことを述べましたが，1990年代の改革は，福祉サービスの整備だけでなく，その利用のあり方にも焦点があてられていくことになります。1994年に厚生大臣の私的懇談会である高齢社会福祉ビジョン懇談会がまとめた「21世紀福祉ビジョン──少子・高齢社会に向けて」や，翌1995年の社会保障制度審議会の勧告「社会保障制度の再構築──安心して暮らせる21世紀の社会を目指して」は，措置制度の見直しを提言し，同じく厚生省内に設けられた高齢者介護・自立支援システム研究会は，1994年に「新たな高齢者介護システムの構築を目指して」を公表し，介護保険制度の創設を提言するなど，措置制度から契約制度への移行の機運が高まっていきました。

▷5　措置と契約方式の違いについては，ⅠI-12 参照。

　具体的には，1997年の児童福祉法の改正で，保育入所における措置制度が廃止され，選択利用方式となりました。同年には介護保険法が成立し，介護保険関連サービスにおける措置は原則として廃止され，契約制度に移行することが決定されました（同法の施行は2000年）。さらに，2000年には身体障害者福祉法，

知的障害者福祉法，児童福祉法（障害関係）を改正して，障害者福祉において
も契約方式（支援費制度）が導入されました（施行は2003年）。このように，戦後
の福祉行政の骨格であった措置制度は要保護児童に関する制度などを除いて原
則として廃止されることになり，契約制度へと移行することになりました。

　さらに，1997年には，厚生省内に「社会福祉事業等のあり方に関する検討
会」が設置され，こうした変化を踏まえた社会福祉全体の改革が検討されます。
同検討会の報告（「社会福祉の基礎構造改革について（主要な論点）」）に基づいて中
央社会福祉審議会の社会福祉基礎構造改革分科会における議論が行われ，同分
科会は，1998年6月に「社会福祉基礎構造改革について（中間まとめ）」を公表
します。それを踏まえて，1999年4月に社会福祉事業法等一部改正法案大綱が
まとめられ，2000年の介護保険制度のスタートに合せて社会福祉事業法等関連
法の改正が行われました。こうした一連の改革を社会福祉基礎構造改革と呼ん
でいます。

　社会福祉基礎構造改革の主要な改正のポイントは，①福祉サービスの提供方
式を，措置から契約方式に移行すること，②契約方式への移行に伴い，利用者
保護の仕組みを導入する（日常生活自立支援事業や苦情解決の仕組みの導入）とと
もに，サービスの自己評価や第三者評価によってサービスの質を向上させるこ
と，③社会福祉事業の範囲を拡大し，社会福祉法人の設立要件を緩和するとと
もに，多様な事業主体の参入を可能にすること，④地域福祉の推進を社会福祉
法の目的として位置づけ，分野を横断する社会福祉を推進する計画として地域
福祉計画（⇒ Ⅷ-15 参照）を導入することでした。要約すれば，1990年の福祉
八法改正で積み残された戦後の社会福祉の根幹の仕組みである措置制度を改革
し，福祉サービスの提供を契約方式に移行させる改革を中心に，それに伴って
必要な改正を行ったといえるでしょう。社会福祉基礎構造については，V-4
も参照して下さい。なお，福祉制度の歴史①〜③の大まかな流れは，巻末資料
1（166頁）で確認して下さい。　　　　　　　　　　　　　　　（永田祐）

I 福祉行政の実施体制

6 福祉制度の歴史④ ——2000年以降の社会福祉

　2000年の介護保険法の施行，2003年の支援費制度の開始によって，福祉サービスの利用は，基本的に措置から契約制度に改められ，社会福祉基礎構造改革によって，社会福祉法が成立しました。ここでは，2000年から現在までの社会福祉制度の展開を確認します。それぞれの分野ごとの制度の詳細は，各項目で解説されるため，ここでは大まかな全体像を相談・協議（連携）・計画という視点から理解することを目的とします。

① 分野ごとの相談・協議（連携）・計画の発展

　高齢者分野では，2005年の介護保険法の改正によって，地域包括支援センター（⇒Ⅲ-7参照）が創設され，日常生活圏域ごとに，総合相談を行う体制が整備されました。また，それまで通知により行われてきた地域ケア会議は，2015年の介護保険法改正で法制化されることになりました。そして，高齢者福祉や介護保険サービスは，老人福祉計画や2000年の介護保険法で法定化された介護保険事業計画に基づいて，計画的に実施されることになっています。つまり，高齢者に関するあらゆる相談を受け止める窓口を日常生活圏域に設置し，個別事例の検討を通じて地域のネットワークを構築し，地域自立生活に必要な支援体制に関する協議や連携の場として地域ケア会議を開催し，そこで明らかになった課題は，老人福祉計画・介護保険事業計画に反映され，計画的に推進されるという仕組みになっています。

　同じように，障害者分野では，2006年4月に施行された障害者自立支援法（現・障害者総合支援法）で，障害者の地域生活を支援するために，複数のサービスを適切に結び付けて調整を図るとともに，総合的かつ継続的なサービス供給を確保し，必要な社会資源の改善及び開発を進める事業として，相談支援事業が制度化されました。また，その役割を果たすための中核的な場として，地域自立支援協議会が位置づけられ，2012年に障害者総合支援法で法制化されています。そして，障害福祉サービスは，2005年に障害者自立支援法に基づく障害福祉計画によって，障害者に対する全体的な施策については，障害者基本法に基づく障害者計画によって推進されることになっています。[1]

　さらに，児童の分野でも，2004年に児童福祉法が改正され，児童相談に関する第一次の相談窓口は市町村となり（児童家庭相談），児童相談所は，緊急性の高い，高度な専門性を要する相談や市町村の後方支援に位置づけられました

▷1　2004年の障害者基本法の改正により，市町村障害者計画の策定が義務づけられた（施行は2007年）。

（⇒ $\boxed{\text{V-2}}$ 参照）。また，同じく2004年の児童福祉法の改正で，関係機関が連携を図り，要保護児童の適切な保護を図るための情報交換や支援内容に関する協議を行う要保護児童対策地域協議会が法制化されています。児童分野での計画は，2003年に成立し，2005年に施行された次世代育成支援対策推進法に基づく市町村行動計画（⇒ $\boxed{\text{Ⅷ-9}}$ 参照）と2015年に施行された子ども・子育て支援法に基づいて法制化された子ども・子育て支援事業計画（⇒ $\boxed{\text{Ⅷ-7}}$ 参照）によって推進されています。

	高齢分野	障害分野	児童分野
相談	地域包括支援センター	相談支援事業所	児童家庭相談
協議（連携）	地域ケア会議	地域自立支援協議会	要保護児童対策地域協議会
計画	介護保険事業計画／老人福祉計画	障害福祉計画／市町村障害者計画	子ども・子育て支援事業計画

図 I-3　各分野の相談・協議（連携）・計画の概要

以上のように，2000年以降の日本の社会福祉制度は，市町村を中心として相談支援と協議（連携），そして計画の体制を発展させてきました（**図 I-3**）。

② 地域福祉の推進と包括的支援体制の構築

2000年に成立した各分野の法律の共通基盤を定めた社会福祉法は，その目的の一つに地域福祉の推進を掲げ，107条で市町村が地域福祉計画（⇒ $\boxed{\text{Ⅷ-15}}$ 参照）を策定することを求めています（2003年施行）。高齢，障害，児童の各分野における福祉制度の展開は，あくまで分野ごとであり，地域福祉計画は「福祉3プランに加えて4番目の福祉計画として策定されるべきではなく，既存の社会福祉計画を包含した社会福祉の総合計画として策定されるべきだというのが，この計画の導入時における立法の趣旨」であるといえます。したがって，地域福祉（計画）は，上記の分野を横断する実践や計画として位置づけられました。

▷2　武川正吾（2005）『地域福祉計画——ガバナンス時代の社会福祉計画』有斐閣，39頁。

また，家族構造の変化やグローバル化に伴う雇用環境の変化によって，被保護世帯の増加や仕事をしているにもかかわらず生活に困窮するワーキングプアの問題が顕在化してくると，高齢，障害，児童という分野ごとの福祉制度を充実するだけでは解決できない稼働年齢層を含めた福祉課題が深刻になってきました。2015年から施行された生活困窮者自立支援制度（⇒ $\boxed{\text{V-8}}$ 参照）はこうした課題への対応の一つですが，よりいっそう縦割りの制度を包括していく必要性が強調されるようになっていきます。複雑な課題を抱えた世帯の問題，たとえば，高齢者と障害が疑われるひきこもりの息子が同居した世帯の問題を考えてみると，高齢者の問題は地域包括支援センター，息子の問題は相談支援事業所となってしまい世帯全体を視野に入れた支援ができないからです。そこで，2017年5月には地域包括ケアシステムの強化のための介護保険法等の一部を改正する法律が成立し，社会福祉法が改正され，世帯全体を視野に入れて，分野を横断した包括的支援体制を構築することが市町村の責務として位置づけられることになり，市町村地域福祉計画はこうした体制を位置づける上位計画（基盤計画）と改めて位置づけられることになりました（⇒ $\boxed{\text{V-9}}$ 参照）。　　（永田祐）

Ⅰ　福祉行政の実施体制

 国と地方自治体の関係

1　国と地方の役割分担の基本的な考え方

　日本国憲法は，社会福祉，社会保障等の増進に努める義務を国に課していますが，この規定は国が直接社会福祉制度を運営することを求めるものではありません。今日の福祉制度は，国が定めた法令に基づき，国と地方公共団体が役割分担して運営しています。

　2000年に施行された改正地方自治法（この改正を第一次分権改革という）は，国と地方の役割分担について，「住民に身近な行政はできる限り地方公共団体にゆだねる」との考え方に立っています。これを踏まえ，現在では大部分の福祉関係の事務は，地方公共団体が本来果たすべき役割である「自治事務」と位置づけられています。なお，生活保護の実施は「法定受託事務」です。

　以上のような分担となったのは2000年からです。第2次世界大戦後の福祉三法体制創設，1960年代の六法体制への拡充を経て1980年代半ばまでは，福祉制度の事務は国の事務である「機関委任事務」と位置づけられていました。機関委任事務整理法（1986年），福祉八法改正（1990年）など，市町村の役割強化のために福祉分野の分権改革がまず進められ，さらにあらゆる分野の改革である第一次分権改革によって，今日の役割分担となりました。

2　国，都道府県・市町村の主な役割

○国の役割——法令の制定と予算配分枠組みの設定

　国は法令を制定することにより，サービス等の種類・対象要件・利用手続き，実施体制（国・都道府県・市町村の役割，事業者・施設事業所の要件等）財源調達や財政負担の枠組み等，制度の基本的な枠組みを設計しています。法定の福祉制度は，自治事務であるといっても法令により自治体に事務処理が義務づけられたものであり，基本的な枠組みは国が定めているといえます。

　社会福祉制度の財源は租税（介護保険は保険料が1/2）です。また市町村が実施主体となる福祉制度は，原則として国1/2，都道府県1/4，市町村が1/4ずつ負担しており，かつ自治体負担分についても地方交付税措置を行うなど，国は大きな財政責任を負っています。このことから，各サービスの給付（委託）費や市町村が行う事業費については国が単価を決定しており，これにより給付や事業に要する国費の総額を管理しています。

▷1　日本国憲法25条2項「国は，すべての生活部面について，社会福祉，社会保障及び公衆衛生の向上及び増進に努めなければならない」。

▷2　ここでは高齢者福祉（介護保険含む），障害者福祉，児童福祉（障害児福祉含む），低所得者福祉（生活保護制度，生活困窮者自立支援制度），母子福祉などを指す。

▷3　自治体が処理する事務のうち，国が本来果たすべき役割に関するもので，国においてその適切な処理を特に確保する必要があるものとして法律又はこれに基づく政令に定めがあるもの。国は処理の基準を示すことができる。

▷4　自治体の機関（知事・市町村長等）が国の事務を国の各省庁の包括的な指揮監督の下に実施する仕組み。

▷5　Ⅰ-5 参照。

○都道府県の役割

① 施設・事業所の認可・指定や監督

施設・事業所の認可・指定とは，福祉サービスの提供者になろうとする者が設置する施設や事業所が，設備・人員・運営についての一定水準を満たしていることを都道府県が確認し，開設の認可や事業者指定を行うことです。監督とは，事業開始後に都道府県が施設・事業所に対して定期的に検査・調査・指導等を行い，法令・基準の遵守を促すことです[6]。

② 施設・事業所の設備・人員・運営基準の策定

施設・事業所が備えるべき設備・人員・運営管理体制等についての基準は，国が立案した基準を踏まえつつ，最終的には各都道府県が定めます[7]。

○市町村の役割──サービス費用の給付と市町村福祉計画の策定

介護保険，障害福祉サービス，保育サービスにおいて，市町村はサービス費用給付の実施主体となっています。これに付随して，サービスの要否・必要度の認定や相談支援体制の整備等も行っています。

市町村は，福祉サービスへの需要見込みを把握し，需要を充足するサービスを整備するために，市町村福祉計画を立案します[8]。

③ 上記分担とは異なる制度

前頁で示した役割は各制度に概ね共通してみられる役割分担であり，例外もあります。特に市町村がサービスの実施（費用給付）の主体ではない代表的な制度として，生活保護と社会的養護が挙げられます。

生活保護は，福祉事務所を設置する自治体，すなわち都道府県と市が保護の実施主体となっています。町村部の生活保護は都道府県の福祉事務所が行っており，町村は実施していません[9]。

社会的養護における要保護児童への保護措置（一時保護，里親委託，施設入所等）は，都道府県が設置する実施機関である児童相談所が実施しており，市町村は実施していません[10]。

このような児童相談所（児童福祉法），福祉事務所（その他五法）を中心にした実施体制は福祉三法及び六法によって確立したもので，その後，徐々に市町村が実施主体となる形に変わりはじめ，現在では，大部分の福祉制度が市町村中心の実施体制に切り替わっています。現在は，2000年以降につくられた市町村中心の実施体制の制度（介護，障害，子ども子育て）と，福祉六法以来の実施体制の制度（生活保護，社会的養護等）が併存していると考えることができます。

（諏訪徹）

▷6 このような役割に付随して，都道府県は，都道府県福祉計画による入所施設の定員管理，事業所のサービス情報の公表等の業務も行っている。

▷7 この基準は，以前は最低基準といわれ，また最近まで国が全国一律で定めていたが，地方分権改革により2012年から都道府県の事務となった。

▷8 介護保険事業計画・老人福祉計画，障害福祉計画，子ども・子育て支援計画等。

▷9 町村が福祉事務所を設置した場合は町村が実施主体となる。2016年4月現在43町村が福祉事務所を設置している（厚生労働省調べ）。また，これに準じた実施体制である生活困窮者自立支援制度，母子生活支援施設の入所措置等も，同様に町村は実施していない。

▷10 これに準じた実施体制となっている障害児施設入所費用の給付も都道府県の事務となっている。

▷11 つまり都道府県から町村に事務が移譲された。

I 福祉行政の実施体制

国の役割

 法令の制定

○法律，政省令の制定

国が定める法令（法律，命令）には上位のものから下記の種類があります。

種　　類		性　　格	決定主体・方法
法律	憲　法	国の最高法規。これに反する法令は認められない。	国会で定める。改正には2/3以上の賛成，国民投票が必要。
	法　律	国会の議決を経て制定された条文法。憲法の範囲内で制定。	国会で定める。制定・改正には過半数の賛成が必要。
命令	政　令	法律の範囲内で制定。	内閣が定める。閣議で決定する。閣議は全会一致。
	省　令	法律，政令の範囲内で制定。	各省の大臣が定める。各省内で決定する。審議会等に諮問される。
	告　示	法律の規定に基づき広く一般に知らせるためのもの。	

　法律は各制度の骨格を枠づけており，国や地方公共団体に役割・義務を課したり，利用者や事業者の法的な権利義務を定める根拠となります。

　法律を制定・改正するには国会決議が必要ですが，法案の準備・審議・施行までには最短でも3年程度の期間を要します。このため，制度の細部については，法律ではなく，行政府（内閣，各府省）内部で比較的迅速に決定・変更できる政令，省令，告示等の命令に委任され，規定されることが一般的です。[41]

○福祉計画の基本指針策定

　市町村・都道府県福祉計画は「国の基本指針に則して定める」と法定されており，市町村・都道府県福祉計画の検討の前に，まず国が基本指針を策定します。[42] これを受けて市町村，都道府県は各自治体の計画を策定するのです。国は基本指針を通じて，市町村，都道府県の政策を誘導しているといえます。

○施設・事業所の設備・人員・運営等に関する基準の策定

　施設・事業所の設備・人員・運営等の基準は，最終的には都道府県が条例で制定していますが，その根本となる基準は国が策定しています。

2 予算確保

　社会保障給付費総額は一貫して増大する一方，それに見合う税収が確保されていないため，財政赤字が累積し続けています。このように非常に厳しい財政

▷1　たとえば，設備・人員・運営等に関する基準は厚生労働省令，福祉計画の指針は厚生労働大臣告示であり，関係審議会の諮問・答申を経て制定，改定されている。

▷2　たとえば，介護保険事業計画の場合には地域包括ケアシステム構築のためにどのようなことを計画で定めるか，障害福祉計画の場合には福祉施設や病院に入所・入院している障害者の地域移行や障害者の就業を促進するためにどのようなことを計画で定めるか，といったことを国が指針で示している。

18

制約の下で，社会保障予算を確保するための折衝が毎年行われています。[43]

　ある年度の予算を決定するためには，前年度の4月から厚生労働省の内部で検討が開始され，各課，局，省の単位で折衝・調整が重ねられ，8月中に厚生労働省の予算要求額がまとめられます。その後は厚生労働省と財務省が折衝し，12月中に政府案がつくられます。そして1月以降の通常国会で審議・決議されることで，国の予算が決定されます。また，このような国の予算策定スケジュールを睨みながら，各地方自治体レベルでも予算編成が行われます。

❸ 政府内部及び利害関係者との調整

　法令の制定・改正や予算確保の過程では，政府内部及び外部の利害関係者との間の様々な利害を調整することが必要となります。[44]

　たとえば，政府提案の法律で新しく地方自治体に新たな相談センターの設置義務を課すという場合，総務省（地方自治体を所管），全国知事会，市長会，町村会といった自治体の意見を代表する政府機関や団体と，法案所管する厚生労働省との間での折衝が不可欠です。また社会保障予算増については，税や社会保険料を負担する経済団体は一般には慎重な姿勢ですし，政党は施策の充実を謳う一方でこれに必要な負担増を国民に説明することは選挙への影響を懸念し嫌います。一方，財政を預かる地方公共団体は費用の膨張は嫌いますが安定財源を必要とし，また経営や処遇改善を求める事業者や職能団体は積極的になります。

　さらに，各団体は行政府に働きかける一方で，政党に対しても要望を伝え，利害の調整を求めます。このため，法案・予算案のとりまとめや国会審議の過程では，支持者の要望を受けた各政党と政府との間で折衝・調整が行われます。

❹ 調査研究の推進，実践ノウハウの集約・提供

　政策は一般に Plan（計画），Do（実施），Check（チェック＝評価・検証），Action（行動＝改善）という過程で進展します。ある政策を立案する場合にはそれ以前の政策の実施状況の実態把握，効果や問題点の検証等が必要です。また，新しいサービスや実践を普及させる場合，先駆的な取り組みの情報収集，モデル事業による試行を経た後に制度化し，その後，自治体や従事者等に対するガイドラインやマニュアル等の提供，研修の実施により，ノウハウの普及・定着を図ること等が必要です。以上を行うために，公私の団体による様々な調査研究が行われています。

　国は自ら調査研究を実施する，ないしは研究助成を行うことで研究機関や団体による調査研究を奨励して，政策課題に関わる調査研究を推進しています。

　もちろんこのような新しい課題への取り組みや調査研究は，国だけが主導しているというわけではありません。[45]　　　　　　　　　　（諏訪徹）

▷3　予算獲得の過程は，様々な政策課題間での予算配分の優先順位をめぐる争いの過程であるといえる。

▷4　政府内部での調整とは，省内での関係各課・各局との調整，府省間での調整である。政府外部の利害関係者とは，地方公共団体，経済団体，労働組合，事業者団体，職能団体，当事者団体等です。利害調整の場・チャンネルとしては，省庁間の協議，審議会等における審議等の省庁が中心になった調整，政党を媒介とした意見・利害調整，時にデモや直接交渉等がある。

▷5　先駆的な現場の実践，自治体による優れた単独事業等が行われ，そのノウハウが調査研究等で整理されて普及し，それが国に紹介され，その後全国に制度化されたという例は枚挙に暇がない。

Ⅰ 福祉行政の実施体制

 社会保障審議会

1 社会保障審議会

社会保障審議会とは，厚生労働大臣の諮問に応じて社会保障に関する重要事項を調査審議するために，厚生労働省設置法に基づき設置された厚労省の附属機関です。社会保障審議会の調査審議事項は，人口問題，医療及び医療保険，年金，児童福祉，社会福祉，障害福祉，介護保険等，年金，医療，福祉に関する幅広い事項にわたります。これらの各分野に対応し，分科会，部会等が設けられています。各部会は，厚生労働大臣からの諮問に基づき，調査・審議し，合議制により意見書（答申）等を提出します。

現在，社会福祉制度に関する事項を調査審議するために，社会保障審議会に設けられている主な分科会，部会は下記の通りです。

福祉部会	社会福祉法人制度，地域福祉，福祉人材対策，生活保護制度等を審議する。所管は社会・援護局。
生活保護基準部会	生活保護基準について，定期的に評価，検証を行う。所管は社会・援護局。
児童部会	社会的養護，児童虐待防止対策，ひとり親家庭への支援策，保育指針等を審議する。所管は雇用・均等児童家庭局。
障害者部会	障害者福祉制度に関して，制度のあり方，報酬，障害福祉計画の基本指針等を審議する。所管は社会・援護局障害保健福祉部
介護保険部会	介護保険制度について，制度のあり方（報酬，基準は除く），介護保険事業計画の基本指針等を審議する。所管は老健局。
介護給付費分科会	介護保険法に基づき，介護報酬の改定，施設・事業所の設備・人員・運営等の基準について審議する。

この他にも，時々の課題に応じて，臨時的に部会が設置される場合もあります。

さらに，各部会は必要に応じて専門委員会等を設置することができ，実際に数多くの専門委員会が設置されています。

審議会の委員は，当該制度・政策に関する利害関係者と学識者で構成されます。審議会は原則として公開することとされており，傍聴することができます。また，その議事録や資料について厚生労働省のホームページに公開されています。なお，社会保障審議会ではありませんが，子ども・子育て支援制度についての重要事項を審議する子ども・子育て会議が子ども・子育て支援法に基づき設置されています。事務局は同法を所管する内閣府が行います。

▷1 法律に定められた所管事項について処理するために，社会保障審議会令に基づいて設置される。

▷2 審議会，分科会が必要と認めた場合に，審議会，分科会の下に設置される。

▷3 最近の例では，生活困窮者自立支援制度創設に向けて制度のあり方を審議するために設置された生活困窮者の生活支援の在り方に関する特別部会，同制度の施行後の見直しのために設置された生活困窮者自立支援及び生活保護部会等がある。

▷4 たとえば，福祉人材確保策を検討するために福祉部会が設置した福祉人材確保専門委員会，2016年の児童福祉法改正案に向けた検討をするために児童部会が設置した新たな子ども家庭福祉のあり方に関する専門委員会などがある。

▷5 たとえば介護保険部会の委員は，学識者，当事者（認知症の本人・家族の会，老人クラブ等），経済団体（保険料の負担者となる），労働組合，職能団体（医師，看護師，介護福祉士等の職能団体），事業者団体（介護保険施設の団体，居宅サービスの団体等），地方自治体（市長，町村，知事の会等。保険者等となる）等といった構成である。

② 検討会等の私的諮問機関

同じく府省が設置する諮問機関ですが，法令に基づき設置される審議会とは異なり，法令に根拠を持たず，大臣や局長等の府省内決裁のみで設置される私的諮問機関というものがあります。審議会やその分科会・部会とは区別するため，検討会，研究会，懇談会等の名称が用いられます（以下，検討会等）。

検討会等は行政機関が柔軟に設置できるため，時々の政策課題に応じて多数設置されています。審議会の分科会・部会が比較的継続的であるのに対し，大部分の検討会等は１回限りの審議で終了します。審議会のように法令で議事の公開等が義務づけられていませんが，多くの場合公開されます。

③ 審議会・検討会等の機能と政策形成

審議会での審議結果は政府提出法案の内容を方向づけたり，あるいは省令・告示等の形で制定されます。つまり，審議会は政策化に向けた終盤の検討を利害関係者の参加の下に行う場として考えることができます。これに対して，検討会等は，しばしば政策形成の前段階において，ある課題についての論点や選択肢を検討するために設けられます。

たとえば，2017年福祉部会に生活困窮者自立支援及び生活保護部会が設置され法改正に向けた審議を開始しましたが，それに先立って，生活困窮者自立支援のあり方等に関する論点整理のための検討会，生活保護受給者の健康管理支援等に関する検討会，生活保護受給者の宿泊施設及び生活支援の在り方に関する意見交換会，生活保護制度に関する国と地方の実務者協議等が行われています。これら検討会等での論点整理が部会での検討に引き継がれ，最終的に法改正に向けた審議が行われるのです。

なお，審議会，検討会等はあくまで行政府内での検討の場であり，またここでの結論は政府としての決定事項ではありません。たとえば，部会の報告は政府提案法案の内容を方向づけますが，法案化作業の段階では内閣法制局の審査，与党審査等があり，その結果法案が部会報告とは異なる内容となる場合もあります。そして法案を国会で議決されて初めて政府の決定となります。また，基準や報酬等は審議会等の答申を踏まえ，最終的には厚生労働大臣による告示・省令等の法令となって，初めて制定されたことになります。　　　　　（諏訪徹）

I　福祉行政の実施体制

 都道府県の役割

　都道府県の役割は，法人や事業者の指定・監督とこれに関連する業務が中心です。一部サービスについては都道府県が実施主体となっています。また広域の専門的な相談機関等を設置しています。

　社会福祉法人の認可・監督

　都道府県は，事業が複数の市町村にわたる社会福祉法人，町村部のみで活動する社会福祉法人を認可・監督します。従来，都道府県内のみで活動する社会福祉法人は都道府県（ただし指定都市・中核市内の法人については市）が認可・監督を行っていましたが，地方分権改革により2013年から市部のみで活動する法人の認可・監督権限が一般市に移譲されました。現在，都道府県が所轄庁となっている社会福祉法人は約1/4です。

　設備・人員・運営等に関する基準の策定，指定・監督

　〇設備・人員・運営等に関する基準の制定

　施設や事業所の開設認可・指定や監督の際の根拠となる設備・人員・運営基準は，国の策定した基準を踏まえて，都道府県が条例で制定します。従来は国が全国一律に基準を定めていましたが，地方分権改革により2012年から都道府県の事務とされました。ただし，従業員の資格及び員数，居室面積基準，人権に直結する基準（サービス提供拒否禁止，虐待・身体拘束禁止等）は国の基準と同じでなければならない（従うべき基準），利用定員などは通常国基準と同じであるべき（標準とすべき基準）とされており，主要な基準については引き続き全国的な一律性が維持されています。

　〇施設や事業所の開設認可・指定と監督

　都道府県は，前述の基準に基づき，施設や事業所の開設認可や指定を行っています。通常は基準を満たせば指定を拒否できませんが，次項にあるような一定の条件の場合に指定をしないことができます。事業開始後は，基準に基づき施設・事業に対する監査が行われます。基準違反が疑われる場合には，調査，改善命令，事業停止命令，指定取り消し等の処分が順次が行われます。指定は6年間の更新制です。

　また，認可・指定よりも緩やかな規制として届け出があります。有料老人ホーム，児童自立支援事業の届け出先は都道府県となっています。

▷1　介護保険サービスでは，介護保険施設，居宅サービス事業者，介護予防サービス事業者，居宅介護支援事業者，介護予防支援事業者の指定・監督，介護支援専門員の登録。障害福祉サービスでは，障害福祉サービス事業者，障害者支援施設，障害児入所施設，一般相談支援事業者（地域移行支援・地域定着支援）の指定・監督。児童福祉サービスでは，児童福祉施設の認可・監督。生活保護では，保護施設の認可・監督。生活困窮者自立支援制度では，就労訓練事業（中間的就労）者の認定。

③ 都道府県の福祉計画

　都道府県には，市町村の各福祉計画に対応して都道府県の福祉計画を策定する義務が課されています。都道府県福祉計画を策定する目的は，広域的視点から市町村に対する支援や調整を行うとともに，市町村福祉計画に基づいて都道府県内全体のサービス整備目標量を明らかにすること等です。

　都道府県の施設・事業所の事業者指定業務と関連した計画の重要な機能が，入所施設等の定員管理です。都道府県福祉計画に定める定員を上回る認可・指定の申請があった場合には，都道府県は開設認可・指定を行わないことができます。これにより入所サービス供給量の管理，障害者施設からの地域移行に伴う施設入所定員の管理等が行われます。

④ 情報公表

　介護保険サービス，保育サービス及び2018年度からは障害福祉サービス分野においては，施設・事業所運営の透明性を高め，利用者による選択の判断材料を提供すること等を目的に，施設・事業所情報の公表制度が設けられています。施設・事業所は公表する情報を都道府県に報告し，都道府県がこれらの情報をとりまとめて公表します。

⑤ サービスの実施

　現在大部分のサービスの給付（実施）主体は市町村となっていますが，一部サービスについては，都道府県がサービス実施主体となっています。

　また，都道府県は，都道府県福祉事務所（ただし直接行う支援業務は，生活保護法，母子寡婦福祉法が中心），身体障害者更生相談所，知的障害者更生相談所，精神保健福祉センター，障害者権利擁護センター，発達障害者支援センター（都道府県，指定都市設置。法人への委託が可能），児童相談所，児童家庭支援センター（社会福祉法人等に委託可能），母子家庭就業・自立支援センター（都道府県，指定都市，中核市が設置。法人への委託可能），婦人相談所，配偶者暴力支援センター（市町村設置も可能）等の広域の相談機関の整備を行っています。

⑥ 指定都市・中核市の権限

　指定都市・中核市は福祉関係の事務について都道府県並みの権限が付与されています。前述は事務のうち，施設・事業所の認可・指定・監督は指定都市・中核市が行います。また，児童相談所については指定都市は必置となっているため（中核市は任意設置），市が児童相談所を設置して要保護児童の保護等を行っています。

（諏訪徹）

▷2　策定義務が課されているものが，都道府県介護保険事業支援計画・老人福祉計画，都道府県障害福祉計画，都道府県障害児福祉計画，都道府県子ども子育て支援事業支援計画。策定努力義務であるものが都道府県地域福祉支援計画。

▷3　このような規定は，特別養護老人ホーム，介護老人保健施設，特定施設入居者生活介護，障害者支援施設，保育所について設けられている。

▷4　都道府県福祉事務所が行う措置等では，町村部における生活保護の実施，母子生活支援施設，助産施設での支援，町村部に対する生活困窮者自立支援制度は都道府県が運営する（住宅確保給付金給付以外の事業は法人への委託が可能）。児童相談所が行う措置では，要保護児童の一時保護，里親や児童福祉施設への委託措置等。障害福祉サービスでは，障害児入所支援の給付，精神通院医療の給付。

Ⅰ　福祉行政の実施体制

 市町村の役割

 相談体制の整備

市町村は，分野別の相談機関を設置しています。

○**地域包括支援センター**

市町村は日常生活圏域ごとに，高齢者への総合相談機関である地域包括支援センターを設置しています（法人に委託可能）。センターは，高齢者からの総合相談，権利擁護（高齢者の虐待防止，成年後見制度の利用支援等），介護支援専門員への支援，地域ケア会議の運営，介護予防マネジメント等を行います。

○**基幹相談支援センター**

市町村は障害者相談支援の中核的機関である基幹相談支援センターを設置しています（法人に委託可能）。センターは，総合的・専門的な相談への対応，権利擁護（障害者の虐待防止等，成年後見制度の利用支援等），相談支援事業者への支援，地域自立支援協議会の運営，地域移行・地域定着の促進等を行っています。

○**子育て世代包括支援センター等**

これまで児童福祉については都道府県が設置する児童相談所が中心的な機関となっており，市町村は保育所の入所事務等を行うのみで相談支援体制は脆弱でした。しかし児童虐待の増加，子育て支援の強化の必要性から，近年，市町村による子ども子育てへの相談支援体制の構築が開始されました。2015年度から，妊娠期から子育て期にわたる総合的相談や支援を実施する機関である子育て世代包括支援センターを市町村が設置するよう取り組みが進められています。

2 サービス要否の認定，サービス費用の給付等

○**サービスの要否・必要度の認定**

介護保険，障害福祉サービス，保育サービスでは，利用しようとする人は，市町村に申請し，サービスの要否・必要度の認定を受ける必要があります。要介護・要支援認定（介護保険），障害支援区分認定，保育の必要性の認定がこれにあたります。要介護・要支援認定，障害支援区分認定では市町村は認定調査員を派遣し，審査会を経て要否を認定します。

○**サービス費用の給付**

介護保険，障害福祉サービス，保育サービスは，契約制度となっており，利

▷1　市の福祉事務所には家庭児童相談室が設けられていた。

▷2　2017年度からは，子ども家庭支援への相談対応や総合調整，要保護児童等への支援業務，要保護児童対策地域協議会の運営等を行う，市町村子ども家庭総合支援拠点の整備が進められている。また，保育サービスや子ども子育て関係の事業について利用者の相談に応じる利用者支援事業も，2015年度から市町村が行っている。

▷3　2015年4月から，子ども・子育て支援制度により，認定こども園・公立保育所・地域型保育は契約制度になった。しかしながら，私立保育所に限っては従来の保育所方式が維持されており，契約制度ではない（利用者へのサービスは市町村が実施する形となっている）。

用者は事業者と契約してサービスを利用します。サービス利用までの相談とケアマネジメントは居宅介護支援事業所（介護保険），相談支援事業所（障害福祉サービス）等，指定を受けた事業者が行います。市町村は自らサービスを提供せず，利用したサービスの費用を給付する役割となっています。

3 生活保護の実施等

　市は福祉事務所を設置し，生活保護の申請の受付，資力調査，保護の要否・程度の決定，保護の実施等を行っています。また市は，生活困窮者自立支援制度による自立相談支援，住宅確保給付金の給付，任意事業である就労準備支援・家計相談支援・学習支援事業等を行っています（法人への委託が可能）。母子生活支援施設，助産施設への入所による支援（委託が可能）も行います。

4 市町村福祉計画の策定

　市町村には，介護保険事業計画・老人福祉計画，障害福祉計画，障害児福祉計画，子ども・子育て支援事業計画を策定する義務が課されています。これらの福祉計画を策定する目的は，数年間の必要なサービス量の見込みを明らかにして，計画的にサービスを整備することです。どのようなサービス構成を計画するかによって保険料額が変わるため，住民への説明責任をより強く負うこととなっています。

　上記の他の福祉計画に地域福祉計画があります。地域福祉には固有の法定サービスが無いため，地域福祉計画では法定サービスの整備については計画しません。住民の福祉活動の活性化策，総合的な相談体制構築，権利擁護の仕組みの充実など，地域の実情に応じた計画内容となっています。従来，地域福祉計画は任意策定で，特に市町村では策定率が高くありませんでしたが，2017年の法改正により策定努力義務が課されました。

5 施設・事業所の指定等

　施設・事業所の開設認可・指定，監督等は基本的には都道府県の役割ですが，一部の事業について市町村が，指定・監督等を行っています。これらの事業に関する指定・監督の際の設備・人員・運営基準も，市町村が条例で制定します。また，地域の実情に応じた資源配置を進める観点から，近年市町村が指定・監督等を行う事業が増加しています。

6 社会福祉法人の認可・監督

　社会福祉法人の認可・監督は原則として都道府県の事務でしたが，地方分権改革によって2013年から，1つの市内でのみ事業を行っている社会福祉法人に対する認可・監督業務が市に移譲されました。　　　　　　　（諏訪徹）

▷4　町村は，福祉事務所を設置しなければ，これらの事業は行わない。

▷5　特に市町村が保険者として保険料の賦課責任を負っている介護保険では，市町村は計画に基づいて1号被保険者（65歳以上の住民）の保険料額を算定・改定する。

▷6　2016年3月31日現在の策定済市町村の割合は，市区87.2％，町村54.1％となっている（厚生労働省調べ）。

▷7　同改正により，各施策の共通目標を規定した他の福祉計画の上位計画に位置づけられた。なお，障害者計画は，障害者基本法に基づく，保健医療福祉，教育，雇用，住宅，環境，街づくりなど，障害者施策の総合的な計画で，福祉計画ではない。

▷8　介護保険サービスでは，地域密着型（介護予防）サービス事業者，介護予防支援事業者の指定・監督。障害福祉サービスでは，特定相談支援（計画相談支援）事業者，障害児相談支援事業者の指定・監督。保育サービスでは，地域型保育事業の設置・認可・監督，特定教育・保育施設（認定こども園，幼稚園〔子ども・子育て支援の給付を受ける場合〕，保育所），地域型保育事業者としての確認・監督。

▷9　現在では，一般市，指定都市，中核市の所管となっている社会福祉法人は3/4程度となっている。

I　福祉行政の実施体制

福祉サービスと利用システム

1　「措置から契約へ」の流れ

　2000年の社会福祉基礎構造改革によって、福祉制度は「措置から契約へ」へと大きく変化し、福祉サービスの利用に契約制度が導入されるようになりました。日本の社会福祉の「基礎構造」の一つが、措置制度と呼ばれる制度でしたが、それが契約制度に変わったのです。

　措置制度とは、簡単にいうと「福祉サービスの利用にあたってサービス実施が必要か、どのようなサービスが必要か、誰がサービスを提供するか」ということを行政が判断する仕組みです。つまり、決めるのは福祉サービスが必要だと考えている人ではなく行政であり、法律的に措置制度によって提供されるサービスは、利用者が権利として請求できるものではなく、反射的利益であるとされてきました。簡単にいえば、行政が必要性を判断してサービスを分配する、配給制度のような仕組みといえます。配給制度は、物資が少ない時に有効に機能する制度です。福祉が特定の人を対象とした限定された制度であった時代には、サービスを公平に分配するこうした制度が有効でした。しかし、こうした制度の下では、どうしても利用者の立場は従属的で、サービスは恩恵的なものになってしまいがちです。福祉の対象が拡大し、サービスが普遍化する中で、措置制度への批判が高まり、サービスの提供者と利用者が対等な関係の下で、権利として利用できる制度に改めることになったのです。こうして、福祉サービスは、介護保険制度や支援費制度の導入により、利用者と事業者が対等な関係に基づきサービスを選択する契約制度へと変更されました。こうした変化と合わせて行われた戦後の社会福祉の基本的枠組みの改革を、社会福祉基礎構造改革と呼んでいます（⇒ V-4 参照）。

2　福祉サービスの利用システム

　図 I-4・5 は、介護保険給付と自立支援給付の利用システムを図示したものです。ここでは、利用手続きの詳細ではなく（それぞれの利用の流れの詳細は、V-3・5 参照）、その仕組みに注目してみましょう。

○介護保険による介護サービスの利用システム

　まず、介護保険の場合、社会保険であるため、保険者とサービスを利用する被保険者、そしてサービスを供給する指定事業者・施設の三者の関係を理解す

▷1　契約方式でカバーできない部分については、措置制度が残されている。具体的には児童福祉法に基づく、乳児院、児童養護施設、児童自立支援施設、児童心理治療施設といった児童福祉施設への入所措置、老人福祉法に基づく養護老人ホームへの入所措置、生活保護法に基づく保護施設への入所措置に加え、虐待などの「やむを得ない事由」がある場合には、老人福祉法で介護保険サービスを利用する措置を行うことができる。

▷2　それぞれの利用システムの詳細は、倉田聡(2015)「社会福祉における給付の法構造――サービス給付を中心に」河野正輝・阿部和光・増田雅暢・倉田聡編『社会福祉法入門　第3版』（有斐閣）に詳しい。

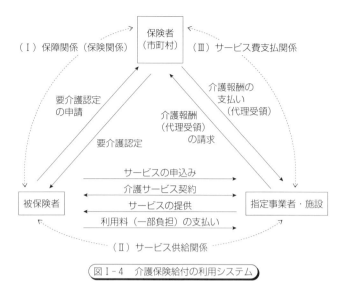

図 I-4 介護保険給付の利用システム

出所：倉田聡（2015）「社会福祉における給付の法構造——サービス給付を中心に」河野正輝・阿部和光・増田雅暢・倉田聡編『社会福祉法入門 第3版』有斐閣，44頁。

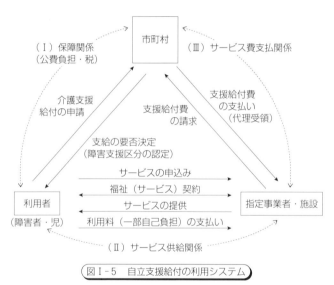

図 I-5 自立支援給付の利用システム

出所：図 I-4と同じ，49頁。

る必要があります。**図 I-4**の通り（I）保障関係は，保険者と被保険者の関係で，保険者は被保険者からの要介護認定の申請を受けると，要介護認定を通じてサービスをどの程度利用できるかを決定します。（II）は，被保険者と指定事業者・施設との関係で，介護サービス契約を締結し，その契約の履行として事業者・施設から介護サービスが提供されることになります。最後に，（III）がサービスの費用が保険者から事業者・施設に支払われるという関係になります。費用は本来，保険者が一部負担を除く介護サービス費用を保険給付として被保険者に支払い，被保険者が事業者・施設に介護サービス費の全額を払うことになりますが，介護保険制度では，事業者・施設が保険者に直接介護報酬を請求し，被保険者に代わって受領すること（これを代理受領といいます）を認め

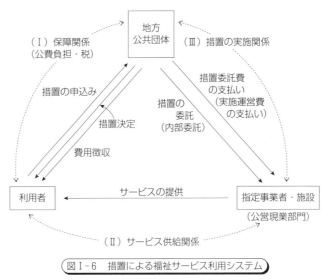

図Ⅰ-6 措置による福祉サービス利用システム

出所：図Ⅰ-4と同じ，56頁。

ています。

○障害者自立支援給付のサービス利用システム

　一方，自立支援給付の場合，図Ⅰ-5の通り（Ⅰ）の関係が，介護保険制度とは異なり公費（税）方式である点が大きな違いです。利用者は介護給付費の申請を市町村に対して行い，市町村は，障害支援区分の認定を通じてサービスをどの程度利用できるかを決定します。（Ⅱ）は，利用者が指定事業者・施設と福祉サービス契約を締結して，実際に福祉サービスを利用する関係で，（Ⅲ）が事業者・施設がサービス利用料から利用者負担額を引いた残りの額を市町村に請求し，支払いを受けるという関係です。なお，自立支援給付の場合でも，介護保険と同様に，代理受領の方式が認められています。

○措置方式による福祉サービスの利用システム

　最後に，措置の場合の利用システムを確認しておきます。図Ⅰ-6のように，措置の場合の（Ⅰ）保障関係は，地方公共団体（市町村もしくは都道府県）が，利用者に対して公費（税）で給付を保障するという点では，自立支援給付と同様です。しかし，措置の場合は，申請主義ではなく，職権主義，すなわち，必要かどうかの判断は申請ではなく，地方公共団体が措置の要否を決定します。費用は，基本的に公費で負担しますが，利用者本人や扶養義務者の負担能力に応じて，一部もしくは全部の費用徴収を行います。（Ⅱ）のサービスの提供は行政が行うべき措置を自らもしくは，他の事業者に委託して実施する（措置委託）という関係になるため，利用者とサービスを実施する事業者との関係は，一方的な関係となります。つまり，サービス利用者は，措置権者（地方公共団体）との間では法律関係の当事者となりますが，サービス実施事業者との権利義務関係は不明確です。（Ⅲ）の措置の実施関係でいえば，措置は直接地方公

共団体が行うこともできますが，多くの場合は民間の社会福祉法人などに委託されることになります。措置委託の場合は，行政が行うべき本来の措置の実施を民間の社会福祉法人等に委託して実施させるという関係になります。

3 「契約」に基づいた制度における問題点

　このように見てくると，行政の職権で福祉サービスの必要性や内容が決められてしまう措置制度から，利用者とサービスを提供する事業者が対等な契約制度に移行したことは，望ましい変化だけのように思われるかもしれません。しかし，この変化は，一定の行政の関与があるにしても，福祉サービスに商品交換関係一般を規定する民法が原則的に適用されるということでもある点に注意を払う必要があります。民法上，契約は「対等な当事者間の合意によって成立する」ことになっていますが，情報量や専門性などの差（情報の非対称性といいます）から，福祉サービスを利用する人，特に一般的に判断能力が不十分な人もしくは権利侵害を受けやすい人にとって，対等な契約交渉をすることが難しいと考えるのが自然です。そこで，利用者の契約当事者としての不利をカバーするために，既存の消費者保護の制度（消費者契約法など）と合わせて，権利擁護や利用を援助する制度が必要になってきます。2000年に介護保険制度の施行に合わせて日常生活自立支援事業や民法等の関係法が改正されて成年後見制度がスタートしたのは偶然ではありません。もちろん，措置制度の時代にも権利擁護は必要でした。しかし，福祉サービスの契約化という変化に対応した権利擁護の必要性は，社会福祉基礎構造改革以降の新たな要請であることを理解しておくことが重要です。

（永田祐）

II　福祉の財源

財政とは何か

　財政とは，政府（国や地方公共団体）が租税や公債などによって必要な資金を民間部門から調達し，様々な機能を果たすために政府が行う経済活動を意味します。その機能とは，資源配分機能，所得再分配，経済の安定化です。福祉サービスはいずれの機能とも密接な関係があります。

① 資源配分機能

　市場に委ねていると最適な量の財やサービスが供給されない場合があります（市場の失敗）。市場の失敗が生じるのは，公共財，経済の外部性，費用逓減などの場合です。

　公共財は，私的財と異なり，非排除性と非競合性という性質をもった財やサービスの事をいいます。非排除性とは財やサービスの消費から対価を支払わない人を排除できないというもので，非競合性とは財やサービスをある人が消費したとしても別の人も同様に消費できるというものです。たとえば，警察や消防というサービスは，税を支払っていなくてもすべての国民が受けられ，また，等しく全ての国民が同等のサービスを得ることができます。このようなサービスは公共財といわれます。こうしたサービスは市場での供給に委ねると，国民の安全を保障するだけの十分な量が供給されるとは限らないため，政府が提供する必要があります。

　財やサービスにおける外部性とは，ある経済主体の行動が市場を介さずに他の経済主体に何らかの影響を与えることを意味します。外部性は，受け手の経済主体にとって良い影響の場合は外部経済，悪い影響の場合には外部不経済と呼ばれます。外部経済の例としては，公道の整備が挙げられます。道路が整備されることは，ドライバーに利益をもたらすだけでなく，都市行政として，ごみ処理や救急・消防サービスなどの効果を高めることにもつながります。また，外部不経済の例としては，工場による住民への補償を伴わない公害被害などが挙げられます。外部性のある財やサービスの供給を市場に委ねると，外部経済性をもたらす場合は過少に，外部不経済をもたらす場合は過大に供給されることになります。そのため政府は外部経済の場合は補助金を出して供給量を増やし，外部不経済の場合は税や罰金を課して最適な量に調整する活動を行います。

　費用逓減の場合とは，電気やガス，水道などの公益事業は，固定費用が大きく，生産規模が拡大すると生産の平均費用が下がって独占状態になり，企業に

▷1　牛嶋正（1992）『財政』東洋経済新報社，10頁。

よって価格が恣意的にコントロールされる恐れが生じます。そのため，政府による価格規制などが必要になります。

　基本的に，福祉サービスは純粋な公共財ではなく，非排除性や非競合性を完全には備えていませんが，ある程度その要素を備えているため準公共財の一部に該当します。また，バリアフリーのようにその便益が特定の人だけでなく全ての人にも及ぶことから，外部経済性も備えていると考えられます。そのため，社会的に最適な量を確保しようとすれば，政府による支援が必要です。

② 所得の再分配

　市場による所得分配に任せておくと，財産や能力などの点で有利な機会を持った人やたまたま幸運に恵まれた人の所得は増大し，そうでない人の所得は減少していくことになります。また，若い時には経済的に豊かでも，高齢期になると働けなくなって貧しくなるということも考えられます。そうした状況に対して，国民の合意の下で所得の配分を是正するのが政府による所得再分配機能です。所得の再分配は，高い経済力や負担能力のある人は重い税負担をすべきという垂直的公平の原則に基づいた累進課税などによって税を徴収し，低所得者に向けた公的扶助などの社会保障給付を行うことや，勤労世代から保険料を徴収し，それを介護保険や年金のような高齢世代への諸給付として配分する世代間の再分配といった形で行われます。

③ 経済の安定化

　資本主義経済では，様々な要因によって景気の変動が生じます。一般に経済が好景気の時にはインフレが生じ，不景気の時にはデフレや失業が生じます。これに対して，政府は裁量的な財政政策（フィスカル・ポリシー）やビルトイン・スタビライザーといった機能を通じて経済の安定化を図ります。

▷2　窪田修編著（2016）『日本の財政　平成28年版』東洋経済新報社，39-41頁。

　フィスカル・ポリシーは景気の過熱時に増税や財政支出の削減を行って有効需要を抑制し，景気の停滞時には減税や財政出の拡大を行って有効需要を創出するものです。

　ビルトイン・スタビライザーとは，累進課構造を持つ所得税や事業収益に課される法人税といった税制度や社会保障制度によって，自動的に経済の安定化が図られることを意味します。このメカニズムの下では，景気の過熱時には税収入が増える一方，失業給付や公的扶助給付等の社会保障給付が減るため流通通貨量が減って有効需要を抑制し，景気の停滞時には税収が減って，社会保障給付が増えるため流通通貨量が増加して有効需要が拡大します。（鎮目真人）

Ⅱ　福祉の財源

国の財政システム
――一般会計と特別会計

1　予算の機能

　国の財政活動は歳入と歳出を管理する予算制度の下で営まれています。予算には統制機能，管理機能，計画機能といった3つの機能があります。

　予算は国会の議決を経て成立するものであるため，予算を通じて立法府は行政府をコントロールします。そのため，行政府が成立した予算から逸脱して支出する行為は許されていません。予算の統制機能とは，こうした経済活動の計画化を意味します。

　予算は，その編成段階で事業計画が最小の費用で最大の効果をもたらすように計画化されます。こうした過程を経てなされる予算の効率的執行を管理機能といいます。

　予算は国民にとって最大の便益をもたらすことを意図して，最も緊急性が高く，優先順位が上位の事業から盛り込まれる必要があります。こうした事業の優先順位づけが予算編成を通じてなされることを計画機能といいます。

2　予算の種類

　予算には一般会計予算，特別会計予算，政府関係機関予算の3つがあります（図Ⅱ-1）。予算の中心は以下の一般会計予算と特別会計予算です。

○一般会計予算

　一般会計予算は税等の財源を受け入れ，社会保障，公共事業など国の基本的経費を賄う会計を意味します。通常，予算といった場合にはこの一般会計予算の事を指します。歳入の二本柱は税と国債で，歳出の三本柱は社会保障関係費，地方財政関係費，国債費です。1990年代後半から，歳出総額のうち公債で賄われる割合である公債依存度は30〜40％台で推移しており，相対的に税収が不足している状況が続いています。また，ここ数年の歳出は，社会保障，国債費，地方交付税等交付金の順で多くなっています。

○特別会計予算

　特別会計予算は国が特定の事業を行う場合，特定の資金を保有してその運用を行う場合，そのほか特定の歳入をもって特定の歳出にあて一般の歳入・歳出と区分して経理する場合に設けられる会計です。国が特定の事業を行う場合の特別会計は事業特別会計，特定の資金を保有してその運用を行う場合の特別会

▷1　牛嶋正（1990）『財政』東洋経済新報社，32-35頁。

▷2　この内，政府関係機関予算は，日本政策金融公庫，沖縄振興開発金融公庫など特別な法によって設立され，その資本金が全額政府支出による機関の歳入・歳出を管理するものである。

▷3　社会保険に対する国庫負担，公的扶助費など。

▷4　国から地方に財政移転する地方交付税交付金など。

▷5　国債の償還費。

II-2 国の財政システム──一般会計と特別会計

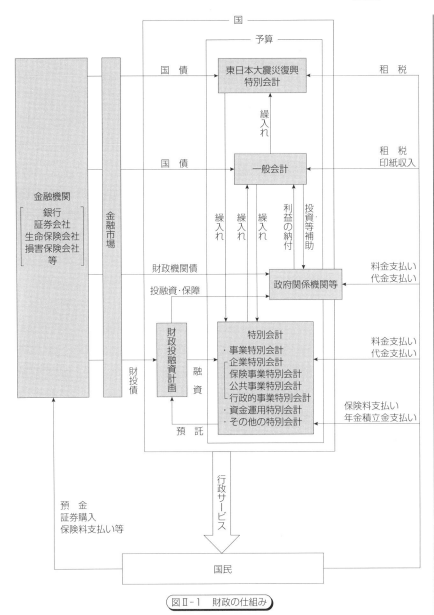

図Ⅱ-1 財政の仕組み

出所：窪田修編著（2016）『日本の財政平成28年版』東洋経済新報社，65頁。

計は資金運用特別会計，特定の歳入をもって特定の歳出にあて一般の歳入・歳出と区分して経理する場合の特別会計は区分経理特別会計と呼ばれています。このうち，事業特別会計の中にはさらに企業特別会計, 保険事業特別会計, 公共事業特別会計, 行政的事業特別会計が含まれています。

特別会計の額は非常に大きく，ここ数年，一般会計歳出の4倍の水準で推移しています。そのため特別会計は「裏の予算」などとも呼ばれ，財政上大きな位置を占めています。

(鎮目真人)

▷6 国が経営する企業収支に関する経理。
▷7 社会保険とその他の保険に関する経理。
▷8 国が行う特定の公共事業に関する経理。
▷9 登記や特許，食料安定供給に関する経理。

Ⅱ　福祉の財源

3 地方自治体の福祉財政
——地方財政と民生費の内訳と動向

 地方財政の仕組み

　地方自治体の予算制度は国の財政の仕組みと同じく，会計上，一般行政に関する一般会計とそれ以外の特別会計に区分されています。特別会計には国の法令で設置が義務づけられているものと地方自治体が任意で設置するものがあります。

　また，地方自治体ごとで特別会計が異なるため，地方財政を統一的に把握するために，普通会計と公営事業会計という統計上の区分も設けられています。普通会計は，一般会計と公営事業会計を除く特別会計を集計したものです。公営事業会計には，地方自治体による上水道や病院経営などの企業的活動に関する会計や，福祉的活動に関する会計など様々なものがあります。福祉的活動に関する会計としては，国民健康保険事業会計，老人保健医療事業会計，介護保険事業会計などがあります。

▷1　斎藤慎・林宜嗣・中井英雄（1991）『地方財政論』新世社，40頁。

 地方財政の歳出

　地方財政の歳出を目的別にみると，社会福祉関連の民生費，義務教育等の教育費，地方債の償還等の公債費，公共事業関連の土木費などが大きな割合を占めています。特に，市町村では歳出において民生費が占める割合が都道府県と比べて大きくなっています（ここ数年の民生費の割合は市町村では30～35％，都道府県を含めた全自治体では20％ほど）。その理由は，生活保護に関する事務と児童福祉に関する事務，および，社会福祉施設の整備・運営が主として市町村によって行われているためです。

▷2　総務省（2017）『地方財政白書 平成29年版』日経印刷，50頁。

　民生費は，生活保護，児童福祉費，老人福祉費，社会福祉費などで構成されています。2011年の東日本大震災を契機に，新たに災害救助費も民生費として計上されるようになりました。ここで，生活保護費は生活保護制度の実施に関連した費用，児童福祉費は児童福祉行政（児童手当や保育所等）に関連した費用，老人福祉費は老人福祉行政（介護保険や後期高齢者医療関連の繰り出し金を含む）に関連した費用，社会福祉費は障害者福祉行政（障害者総合支援制度等）やその他総合的な福祉行政に関連した費用です。

　都道府県で支出が最も多いのは老人福祉費で，市町村で支出が最も多いのは児童福祉費となっています。市町村で児童福祉費が多いのは，児童福祉に関す

る事務負担や児童手当制度の拡充によるもので，都道府県で老人福祉費が多い
のは，後期高齢者医療，介護保険，国民健康保険等に対する都道府県負担の増
加を反映しています[42]。

3 地方財政の歳入

　地方財政の歳入は，使途の限定されない一般財源に組み入れられる地方交付
税と地方税，使途の限定された財源に組み入れられる国庫支出金，地方自治体
が普通建設事業等に充当するために発行する地方債などによって賄われていま
す。このうち，国から地方に交付されるのは，地方交付税と国庫支出金で，前
者は自治体間の財政力格差を是正するために国から交付されるものです。

　民生費の財源は1980年代半ばまでは一般財源と国庫支出金の割合はほぼ等し
い状況でしたが，それ以降は一般財源の割合が増え，現在では，その割合は70
％ほどとなっています。一般財源の割合が増えた理由は，1986年に出された法
律（地方公共団体の執行機関が国の機関として行う事務の整理および合理化に関する法
律）によって，旧来国の責任で行われていた福祉サービスをはじめとする各種
の行政事務の権限が地方自治体に委譲され，そうした流れが1999年に成立した
地方分権一括法で促進されたことにあります。また，2004年から政府によって
始められた「三位一体の改革」でも，地方自治体の権限と財源の確保責任が強
化されました。

　この三位一体の改革とは，住民に必要なサービスは国ではなく地方自治体の
責任で行うことを求め，そのために，国庫支出金の削減，国から地方への税源
の移譲，地方交付税の見直し（交付税の削減）を同時並行的に進めるというも
のです。この改革によって，福祉分野では，国庫支出金として支給されていた
公立保育所運営費や養護老人ホーム等の保護費負担金が一般財源化され，児童
手当や児童扶養手当の国庫負担が，それぞれ2/3と3/4から1/3に引き下げられ
ました[43]。　　　　　　　　　　　　　　　　　　　　　（鎮目真人）

▷　3　務台俊介（2006）
「三位一体改革の到達点」
神野直彦編『三位一体改革
と地方財政』学陽書房，52
頁。

II 福祉の財源

4 民間社会福祉の財源

社会福祉のための費用の多くは，税や保険といった公費によって賄われています。しかしながら，特に住民の自発的な地域福祉活動や市民活動，NPOなどの活動費にはこうした公費だけでなく，民間財源が大きな役割を果たしています。そこで，ここでは日本における民間財源について，地域福祉推進のための民間財源である共同募金とそれ以外の民間財源について概観し，最後に民間財源の役割についても述べることにします。

1 共同募金

○共同募金創設の背景

共同募金は，1947年に「戦後の民間社会事業が深刻な経営難に悩んでいる際に，占領軍当局の下した公私社会分離の断により，民間社会事業に対する公費補助の道も断たれ，その緊急の対策」として開始されました。つまり，共同募金は戦後の混乱期に国からの財政的支援を受けることが難しくなった民間社会福祉を救済する目的で開始された募金運動です。1951年には，社会福祉事業法の制定とともに法律に位置づけられ，以来，2016年までの70回の累計で約9,672億円の民間財源を集め，様々な形で民間の社会福祉を支援してきた社会福祉の主要な民間財源です。また，2000年6月に施行された社会福祉法では，時代の変化に合せ，その目的が区域内における「地域福祉の推進を図る」こととされ，運動そのものが地域福祉を推進するものであることが明確化され今日に至っています。

○共同募金の仕組み

共同募金のシンボルである「赤い羽根」は季語ともなり，多くの国民に認知されています。しかし，その目的や仕組みは正しく理解されているとはいえないのが現状です。そこで，社会福祉法の規定に沿って，その仕組みを詳しく見ておきましょう。

まず，社会福祉法は共同募金が，「都道府県の区域を単位として，毎年1回，厚生労働大臣の定める期間内に限つてあまねく行う寄附金の募集であつて，その区域内における地域福祉の推進を図るため，その寄附金をその区域内において社会福祉事業，更生保護事業その他の社会福祉を目的とする事業を経営する者（国及び地方公共団体を除く。以下この節において同じ。）に配分することを目的とするもの」であると定めています（社会福祉法112条）。つまり，共同募金とは，

▷ 1 黒木利克（1958）
『日本社会事業現代化論』
全国社会福祉協議会。

「地域福祉の推進」のために「都道府県」を単位として行われる募金活動です。なお，「厚生労働大臣の定める期間」は，10月1日から12月31日までの3カ月間とされています。各都道府県には，社会福祉法人共同募金会が置かれ，募金，助成，広報等の活動主体となっています。また，実際に募金を行う市町村の区域には，共同募金委員会が置かれています。

次に，実際に寄付者の立場に立って募金の仕組みを見ていきましょう。募金方法には，戸別募金（71.5%），街頭募金（2.2%），法人募金（12.5%），職域募金（4.9%），学校募金（2.0%），イベント（0.8%），個人・その他の募金（6.0%）があります（カッコ内は2017年度の募金方法別の割合）。たとえば，街頭で募金箱に入れた募金は，いったん市町村の共同募金委員会で集約されて，都道府県共同募金会に集められます。都道府県共同募金会は配分委員会を開き，法に定められている通り，都道府県の区域の中で募金を配分します。配分の約7割は，市町村社会福祉協議会を通じて地域福祉活動を行う団体に助成され，身近な地域での福祉活動に活用されています。共同募金会が，運動のスローガンとして「自分のまちを良くする仕組み」といっているのはそのためです。

このように，大まかにいうと全体の7割は市町村で使われ，残りは都道府県域での社会福祉施設やNPO・ボランティア団体などに配分されています。また，2000年の社会福祉法改正では，災害等準備金積立が可能になりました。基本的に都道府県を区域に行われるのが共同募金ですが，災害時には各県で助け合えるような仕組みになっており，2015年度は全体の2.8%が災害等準備金として積み立てられ，災害時には災害復旧援助活動の活動資金として活用されています。

○共同募金運動の課題

最後に共同募金の課題を簡単にまとめておきます。

第1に，「共同募金」や「赤い羽根」を知っていても，共同募金の詳しい仕組みを理解している人が少ないことです。実際，共同募金への寄付は，「募金の趣旨に賛同したから」（29.2%）や「地域の福祉を充実させたいと思ったから」（10.7%）といった動機よりも，「近所の人が集めに来たから」（38.0%），「毎年のことだから」（39.7%）といった動機の方がはるかに多いという現実があります。共同募金が身近な地域の地域福祉の推進に役立っていることを多くの人に知ってもらうことが課題です。

▷2 中央共同募金会（2006）「共同募金とボランティアに関する意識調査（第3次）」。

第2に，募金額が大幅に減少しています。募金額は，1995年の約264億円をピークに減少に転じ，2016年には約181億円とこの間に約83億円減少しました。少子高齢化やつながりの希薄化が指摘される中で，地域福祉活動への期待はますます高まっていますから，地域福祉財源としての共同募金の減少についてその要因を分析し，必要な対策をとることが喫緊の課題です。

第3に，共同募金の7割を占める戸別募金のあり方の問題です。戸別募金の

割合が高いことそれ自体が問題というわけではありませんが，従来から町内会一括募金や強制感を伴うことなど，募金の自発性をめぐる批判があることも事実です。封筒募金の導入など改善は図られていますが，運動に対する自発的な参加とはいえない状況があることも否定できません。

❷ その他の民間財源

以上のように，共同募金は社会福祉法に位置づけられた地域福祉推進のための募金運動ですが，それ以外にも社会福祉の民間財源として，①企業等が設立した助成財団と呼ばれる財団，②地域の資金を集め，NPOや社会福祉法人などに助成するコミュニティ・ファンドと呼ばれる募金組織などがあります。

まず，企業等が設立した助成財団については，公益財団法人日本助成財団センターが，1987年以降その実態を調査しています。助成財団は，助成，奨学，表彰など福祉以外にも幅広い助成活動を実施していますが，多くの助成財団は，福祉や市民活動などの組織運営支援，施設・備品支援など福祉や市民活動の事業に対する助成を行っています。[3] たとえば，NPO法人の成立支援を行う損保ジャパン記念財団の「NPO法人設立資金助成」や，サラリーマンのボランティア活動に助成する大同生命厚生文化事業団の「サラリーマン（ウーマン）ボランティア活動助成」などはこうした助成財団のプログラムの一例です。

また，近年では企業の社会的責任（Corporate Social Responsibility）を重視する機運の高まりを受けて，企業の社会貢献担当部署や組合が中心となって職場において寄付に取り組む事例も増加しています。単に従業員が寄付をするだけでなく，企業が従業員の寄付に上乗せして寄付をするマッチングギフトという方式を採用している企業もあります。たとえば，富士ゼロックスの「端数クラブ」は毎月の給与と各期の賞与の端数（100円未満の金額）に各個人の自由意思による拠出金を積み立てて寄付する仕組みで，これに会社も同額の寄付を上乗せしています。

また，助成財団が，企業やその役員などが出捐した資金によって助成活動を行う場合がほとんどであるのに対し，近年では特定の地域を基盤にして市民などからお金を集め，地域での活動に助成するコミュニティ・ファンドと呼ばれる形態も全国で増加しています。

さらに，近年では，インターネットを介し，個人から少額の資金を調達する仕組みであるクラウドファンディングを活用した寄付の形が広がっています。市民の寄付の多様な受け皿が地域の中で育っていくことは，行政では対応することが難しい課題の解決に取り組む民間の福祉活動を支援していく上で重要だといえるでしょう。

▷3 公益財団法人日本助成財団センター「日本の助成財団の現状」（http://www.jfc.or.jp/bunseki/research2007.pdf，2011年8月20日アクセス）。

3 民間財源の課題

　最後に，日本の社会福祉に対する民間財源の課題をまとめておきたいと思います。

　まず，民間財源の規模が小さいことです。社会福祉を充実させていくためには，税や保険料といった制度による社会福祉と同時に，民間の自発的な社会福祉が活発化することが不可欠です。こうした民間の自発的で先駆的な活動を支えていくのが，本来の民間財源の役割なのです。しかしながら，日本ファンドレイジング協会の推計によると，日本の個人寄付額は7,756億円とされ，名目GDP比で0.14％と，アメリカやイギリスと比較するとかなり少ないといわざるを得ません。日本では寄付の文化が根づいていないといわれていますが，阪神・淡路大震災や東日本大震災においては，年間の個人寄付の規模に匹敵する義援金が寄せられています。日本でも必要であると感じることができれば，多くの人がそのために寄付をする可能性があるといえるのではないでしょうか。民間の自発的で先駆的な社会福祉活動を支えるためには，個人寄付を中心とした民間財源を活性化させていくことが重要だといえるでしょう。

　次に，民間財源を豊かにしていくためには，個人や企業が寄付をしやすいように寄付を支援する制度を整えていくことも重要です。2011年の税制改正では一定の条件を満たしたNPO法人，学校法人，社会福祉法人に寄付した場合，寄付金に応じた額を所得税・住民税から控除する寄付金控除の範囲が拡大されました。具体的にいうと，寄付額から2,000円を差し引いた分の40％を所得税額から，最大10％を住民税額から差し引くというものです。たとえば，1万円を寄付した場合，2,000円を引いた8,000円の40％に当たる3,200円，10％に当たる800円の合計4,000円が税額から控除されます（これを税額控除といいます）。こうした措置によって寄付が拡大，定着していくことが期待されていますが，制度だけで寄付が拡大するわけではありません。今後は，寄付を受ける側のNPO法人や社会福祉法人の側の「社会にどのような課題があって，寄付によって何を変えることができるのか」という情報開示や発信の力も求められるようになるといえるでしょう。

（永田祐）

▷4　日本ファンドレイジング協会（2017）『寄付白書2017』日本経団連出版。

▷5　住民税からの控除は，各自治体の条例によって定められなければ適用されないため，自治体によって実施の有無や割合が異なる。

Ⅱ　福祉の財源

福祉財政における公費負担方式と社会保険方式

1 公費負担方式

　公費負担方式とは，サービスに要する費用の財源を税で賄う方式です。財源は直接税（収入に応じて課せられる所得税や企業の利益に課せられる法人税など）や間接税（消費税やたばこ税など）などを通じて集められます。公費負担方式には，サービスの利用者にとって，利用するサービスとその負担との間に対応関係がないという特徴があります。つまり，サービス利用量の多寡と費用負担の大小とは直接結びついていません。公費負担方式による費用の負担の仕方は，サービスに要する費用の全額負担を原則としつつ，所得に応じて費用負担を減免する応能負担というものが一般的です。応能負担による負担の例としては，措置費による保育所でのサービス利用があります。また，サービスに要する費用の一定額の負担を原則として，所得に応じて費用負担を減免する応益負担という方法もあります。障害者総合支援法による各種の障害福祉サービスにおける費用負担がその例です。一般に公費負担方式には，以下のようなメリットがあるといわれています。

　　・潜在的にサービスを要する全ての者を対象にすることができる。
　　・所得に応じて給付が減ぜられることはない。
　　・財源の負担が勤労世代に偏ることなく，国民で広く負担することができる。

　他方，デメリットとして，以下のようなことが指摘されています。

　　・法人税や所得税は社会保険料よりも景気の変動を受けやすく，財源確保が不安定になりがちである。
　　・使途が限定されていない税の増税や新税は国民の反発を招く。
　　・サービスの受給時に資産調査が付される可能性がある。

2 社会保険方式

　社会保険方式とは，サービスの対象者に社会保険料を支払わせて被保険者として強制加入させるものです。財源は，被保険者や事業主が支払う保険料のほかに，税も投入されるのが一般的です。この方式で財源を確保している制度としては，医療保険や介護保険制度などがあります。保険料は，所得にかかわらず，一律定額（定額保険料），所得の一定割合（定率保険料）など様々な形で徴収

図Ⅱ-2　財源の負担方式の選択

されます。ただし，被保険者が低所得の場合には保険料が減額されたり免除されたりする措置（保険料減免制度）がとられるのが一般的です。社会保険方式は公費負担方式と違って保険料の負担とサービスの受給に対応関係があり，保険料を支払うか，正当な手続きを経て保険料免除とならなければ，受給資格を失います。一般的に社会保険料方式のメリットとされるのは以下の点です。

- 受益と負担の対応関係を明確にできるため，個々人の負担を個別的に調整して徴収したり，費用意識（制度の効率性を高めるインセンティブ）が働きやすい。
- 収入の安定性が比較的高い。
- 使途が限定されているため，負担増に対して国民の同意が得やすい。
- 保険料を負担することによって発生する受給に際しての権利性が強い。

一方，社会保険方式には以下のようなデメリットがあるといわれています。

- 低所得層を中心に，保険料の未納や保険制度へ未加入者が発生し，給付が減額されたり，受給資格がない者が生じる可能性がある。
- 保険料の賦課が勤労所得に基づく場合には，負担が勤労世代に偏る。

3　公費負担方式と社会保険方式の選択

上で見てきたように，公費負担方式と社会保険方式のメリット・デメリットはコインの裏表のような関係にあります。日本の福祉制度では従来，措置制度と呼ばれる公費負担方式による制度が一般的でしたが，2000年から介護保険制度がスタートし，社会保険制度による制度も導入されるようになりました。

どのような方式を適用するかといったことは，サービス提供の際に何を最も重視するのかということに左右される部分が多いといえます。たとえば，すべての人をもれなく適用するということに重きを置くならば，資産調査のない公費負担方式が最もそれに適し，次に社会保険方式，最もそれに適当でないのは資産調査の付いた公費負担方式ということになるでしょう（図Ⅱ-2）。

（鎮目真人）

▷1　堀勝洋編（2004）『社会保障読本』東洋経済新報社，90-91頁。

▷2　里見賢治（2010）『改定新版　現代社会保障論』高菅出版，335-338頁。

▷3　平岡公一・杉野昭博・所道彦・鎮目真人（2011）『社会福祉学』有斐閣，321-324頁。

Ⅱ　福祉の財源

6　福祉と税制

　福祉サービスを給付する手段としては，対象者に対してサービスを直接，現物や現金の形で給付する方法の他に，税制を通じて間接的に給付する方法もあります。

　税制を通じた間接給付は，税の非課税，減免，控除などの形態で行われ，納めるべき税を減免するものであるため，給付と同様の効果を持ち，租税支出と呼ばれることもあります。税を通じた間接的給付は，直接給付と比べて，納税額の多い高額所得者に偏りがちで，納税額の少ない低額所得者にはあまり給付されないという特徴があります。そのため，こうした点を補うために，直接給付と間接給付を組み合わせた給付つき税額控除といった仕組みも考案されています。

▷1　平岡公一・杉野昭博・所道彦・鎮目真人（2011）『社会福祉学』有斐閣，381-382頁。

1　非課税・減免

　非課税措置は，財やサービスを課税の対象から外すことによって，本来課せられる税額の分が間接的に給付されるものです。また，税の減免は，課税の対象となる財やサービスの税を減じたり免除したりすることによって，税の減免の額だけの給付が間接的になされるものです。福祉的な配慮から非課税措置がとられているものの代表例としては，消費税においてなされている非課税措置（医療や介護サービスの支出，障害者が使用する補そう具や改造自動車の購入が対象），贈与税における非課税措置（障害者が贈与を受けた場合にその一定金額まで対象）などがあります。

　また，税の減免措置としては，障害者本人が所有する自動車，もしくは，18歳未満の被扶養者が障害者である場合にその扶養者が所有する自動車に対して，自動車税や自動車取得税の減免がなされます。

2　所得控除制度

　控除制度とは，所得から一定額を差し引いて，課税対象となる所得（課税所得）を減額することによって，支払うべき税額を減らして間接的な給付を行うというものです。

　人的控除と呼ばれる控除制度の中には，障害や扶養親族がいる場合の所得保障といった福祉的な観点から控除が設定されているものがあります。具体的には，医療費控除（医療保険の自己負担が一定額を超えた場合に適用），障害者控除

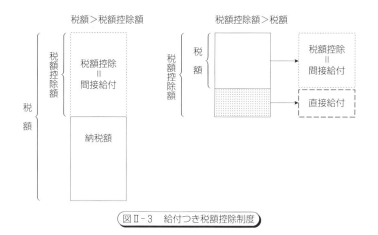

図Ⅱ-3　給付つき税額控除制度

（居住者が障害者であるか居住者に障害がある配偶者や扶養親族がいる場合に適用），寡婦〔夫〕控除（居住者が寡婦〔夫〕の場合に適用），扶養控除（子どもや高齢の親など配偶者以外の扶養親族がいる場合に適用）などがそれに該当します。

3 税額控除

税額控除とは，本来支払うべき税額から一定額を控除することによって，納税額を減じて間接的に給付をするというものです。福祉的な意図から実施されている税額控除としては，相続人に障害者がいる場合に，相続税の総額から一定の金額が差し引かれる障害者控除があります。

4 給付つき税額控除

税額控除は，本来支払う税金から税額控除額を差し引いて間接給付を行うものであるため，低所得者の場合には本来支払う税額が低かったり，免除されているケースが多く，税額控除があったとしても間接給付を十分に受けられないことが一般的です。こうした場合に対処するために，税額控除と給付を組み合わせた給付つき税額控除という仕組みがあります（図Ⅱ-3）。給付つき税額控除とは，税額が税額控除額を上回っている限り，通常の税額控除が適用されますが，税額が税額控除額を下回っている場合には，税額控除額から税額を引いた額が給付されるというものです。たとえば，アメリカでは低所得者に対する所得保障制度として稼働所得税額控除（EITC: Earned Income Tax Credit）と呼ばれる給付つき税額控除が導入されています。この制度では，所得がEITCによる税額控除額より少なければ，その差額が給付されます。

（鎮目真人）

▷ 2　根岸毅宏（2006）『アメリカの福祉改革』日本経済評論社，105-140頁。

Ⅱ 福祉の財源

7 福祉サービスの費用──措置費

2000年に成立した社会福祉法によって，福祉サービスの利用が措置制度から契約制度に変わりました。それに伴い，従来，行政による福祉サービスの費用の支払いも，税を財源とする措置費制度と呼ばれるものから，社会保険方式の介護保険などへと大きく変わっています。

1 措置制度と措置費

社会福祉法成立以前の旧来の社会福祉事業法では，社会福祉施設への入所など，福祉サービスを必要としている者に対して，地方公共団体が措置権者（援護の実施機関）として行政処分を行ってサービスを提供する仕組みが確立されていました（措置制度）。この措置制度の下で，措置権者から福祉サービスを提供する委託事業者に対して公費（税）で支払われる費用は措置費と呼ばれています。

しかし，社会福祉法の成立以降，従来の措置制度は，高齢者福祉分野では介護保険制度に，障害者（児）福祉分野では障害者総合支援制度に，母子及び父子・寡婦福祉分野や保育所は行政との契約制度へと各々移行しました。そのため，措置制度に基づいて支払われる措置費は，生活保護法に定められる施設の他，老人福祉法，児童福祉法，売春防止法に定められる一部の施設のみに限られています。具体的なその内容は次の通りです。

- 生活保護法：救護施設，更生施設，授産施設，宿所提供施設
- 老人福祉法：養護老人ホーム
- 児童福祉法：乳児院，児童養護施設，児童心理治療施設，児童自立支援施設
- 売春防止法：婦人保護施設

なお，こうした狭い意味での措置制度の下で支払われる費用を措置費と呼称するのとは別に，サービス利用者が施設や行政と契約を結んで利用するサービスでも，その費用が公費（税）によって国や地方自治体によって支払われる場合，その費用のことを広く措置費ということもあります。

2 措置費の内容と費用負担割合

入所型施設の場合，措置費は，主として施設の維持・管理や人件費に充てられる「事務費」と，主として入所者の生活費，処遇費に充てられる「事業費」

▷1 厚生労働省（2017）「社会福祉施設の利用契約制度と措置制度別概要社会福祉施設の整備運営」http://www.mhlw.go.jp/stf/seisakunitsuite/bunya/hukushi_kaigo/seikatsuhogo/shakai-fukushi-shisetsu1/, 2017年5月2日アクセス）。

Ⅱ-7 福祉サービスの費用——措置費

表Ⅱ-1 国の保育所徴収基準額表（2014年）

各月初日の入所児童の属する世帯の階層区分			徴収金（保育料）基準額（月額）	
階層区分	定　義		3歳未満児の場合	3歳以上児の場合
第1階層	生活保護法による被保護世帯（単給世帯を含む）及び中国残留邦人等の円滑な帰国の促進並びに永住帰国した中国残留邦人等及び特定配偶者の自立の支援に関する法律による支援給付受給世帯		0円	0円
第2階層	第1階層及び第4～第8階層を除き，前年度分の市町村民税の額の区分が次の区分に該当する世帯	市町村民税非課税世帯	9,000円	6,000円
第3階層		市町村民税課税世帯	19,500円	16,500円
第4階層	第1階層を除き，前年分の所得税課税世帯であって，その所得税の額の区分が次の区分に該当する世帯	40,000円未満	30,000円	27,000円（保育単価限度）
第5階層		40,000円以上103,000円未満	44,500円	41,500円（保育単価限度）
第6階層		103,000円以上413,000円未満	61,000円	58,000円（保育単価限度）
第7階層		413,000円以上734,000円未満	80,000円（保育単価限度）	77,000円（保育単価限度）
第8階層		734,000円以上	104,000円（保育単価限度）	101,000円（保育単価限度）

出所：「昭和51発児59の2通知」改正。

から構成されています。保育所のような通所型の施設の場合には，児童一人当たりに一定額が支払われる単価方式がとられています。

こうした措置費は，支弁総額から費用徴収基準額に基づいた利用者負担を引いた残りの額について，国と地方自治体（都道府県，市町村）の間で分担されています。負担割合は，施設によって異なります。国の負担割合が大きいのは生活保護法に定められた保護施設で，国が3/4を負担し，地方自治体が残りの1/4を負担しています。その他の施設では，国が1/2を負担し，地方自治体が残りの1/2を負担しています[2]。

利用者負担が算定される費用徴収基準額は，利用者もしくは保護者の負担能力に基づいた応能負担方式で決められているのが一般的です（**表Ⅱ-1**）。応能負担では，生活保護受給世帯の負担額はゼロですが，収入が最も多い区分に属する世帯の負担は，サービスに要した単価全額を負担する形をとっています。これは，基本的にサービス費用の支払い責任は利用者にあるという考え方に基づいているからであると考えられます。　　　　　　　　　　　　（鎮目真人）

▶2　厚生労働省（2016）『厚生労働白書 平成28年版』ぎょうせい，200頁。

Ⅲ　福祉行政の組織・団体の役割

 福祉事務所

社会福祉の実施体制には，都道府県・政令指定都市等が設置する福祉事務所，身体障害者更生相談所，知的障害者更生相談所，児童相談所，精神保健福祉センター，婦人相談所や市（町村）が設置する福祉事務所，保健センター等の相談機関があります。中でも福祉に関する事務所（以下，福祉事務所）は社会福祉行政を総合的に担う専門機関であり，住民に最も身近な第一線の現業機関です。

1 福祉事務所とは

福祉事務所は，一般的な呼び方であり社会福祉法14条6項の規定により設置される「福祉に関する事務所」のことです。福祉事務所は地方自治体によっては「社会事務所」「総合福祉センター」「保健福祉センター」「子ども家庭センター」などの名称が付いている所もあります。

福祉事務所の設置は，都道府県と市，特別区が設置義務（社会福祉法14条1項）とされ，町村では任意設置（同条3項）とされています。市町村及び特別区の福祉事務所（以下，市部福祉事務所）では，①生活保護法，②児童福祉法，③身体障害者福祉法，④老人福祉法，⑤知的障害者福祉法，⑥母子及び父子並びに寡婦福祉法のいわゆる福祉六法に定められている養護，育成または更生の措置に関する業務を行う他，社会福祉全般に関する業務も行っています。

都道府県が設置する郡部福祉事務所（以下，郡部福祉事務所）は，同法同条5項の規定により，福祉事務所を設置していない町村を管轄とし，①生活保護法，②児童福祉法，③母子及び父子並びに寡婦福祉法の福祉三法に定める援護又は育成の措置に関する事務を行っています。

近年，超高齢社会の進展に伴った地域福祉の考え方から，いわゆる福祉八法が改正されました。1993年4月からは老人福祉法と身体障害者福祉法，2003年4月からは知的障害者福祉法に関する業務が市町村に委譲され，福祉事務所の役割や機能は，都道府県，市町村によりそれぞれ大きく変化しています。

郡部福祉事務所では，保護の実施機関以外の多くの事務が「広域的調整等」の都道府県全体を視野に入れた連絡・調整業務なのに対し，市部福祉事務所では，入所事務等住民の生活に密着した具体的な業務となっています。このように福祉六法の決定や実施の福祉サービス業務が，住民のより身近な市町村で行われるようになり，都道府県の郡部福祉事務所の業務範囲や役割として，市町村圏域を中心とする「広域調整」や援助や対象者援助に関する「技術的援助」

▷1 「大阪府子ども家庭センター」は，大阪府福祉事務所（豊能・南河内・泉州の3福祉事務所）と大阪府児童相談所（中央・池田・吹田・東大阪・富田林・堺・岸和田の7児童相談所）が統合された組織で，設置条例では，福祉事務所機能を有する3つの子ども家庭センターは「福祉子ども家庭センター」とされ，それ以外は「子ども家庭センター」の名称となっている。
▷2 地方自治法に定める特別地方公共団体で，基礎的な地方公共団体として，都が一体的に処理するものを除いて，一般的に市町村が処理するものとされる事務を処理する。
▷3 2017年4月現在，都道府県（207カ所），市（997カ所），町村（43カ所）の福祉事務所が設置されている。
▷4 Ⅰ-5 側注参照。

46

表Ⅲ-1　福祉事務所業務の概要	
郡部福祉事務所	市福祉事務所
・生活保護の決定および実施に関すること ・助産施設，母子生活支援施設への入所事務等 ・母子家庭等の相談，調査，指導等 ・老人福祉サービスに関する広域的調整等 ・身体障害者福祉サービスに関する広域的調整等 ・知的障害者福祉サービスに関する広域的調整等	・生活保護の決定および実施に関すること ・助産施設，母子生活支援施設及び保育所への入所事務等 ・母子家庭等の相談，調査，指導等 ・特別養護老人ホームへの入所事務等 ・身体障害者更生援護施設への入所事務等 ・知的障害者更生援護施設への入所事務等

※ 業務内容（左欄項目）

が付与されました。また郡部福祉事務所の多くは，他の行政機関と統合され，たとえば，大阪府では郡部福祉事務所と児童相談所とが一体化され「子ども家庭センター」として組織改正されるなど福祉事務所の再編が行われています。

② 福祉事務所の業務

　市部福祉事務所が所掌する事務は，福祉六法（生活保護法，児童福祉法，身体障害者福祉法，知的障害者福祉法，老人福祉法，母子及び父子並びに寡婦福祉法）に定める援護，育成又は更生の措置に関する事務（社会福祉法14条6項）であり，郡部福祉事務所は，福祉三法（生活保護法，児童福祉法，母子及び寡婦福祉法）に定める援護又は育成の措置に関する事務（同条5項）とされています（**表Ⅲ-1**）。

　このように福祉事務所は，生活保護法19条1項の規定による保護の決定，実施に関する業務をはじめとする福祉六法を司どる現業機関となっています。なお，都道府県および市は，社会福祉法14条の規定による社会福祉の現業を行う機関として福祉事務所を設置しなければなりませんが，町村については福祉事務所の創設当時，財政事情等の配慮から任意設置とされた経緯があります。

③ 福祉事務所の実施体制

　福祉事務所には，社会福祉法に定める所長，査察指導員（社会福祉主事），現業員（社会福祉主事），事務職員が配置されています（巻末資料3，168頁）。また福祉事務所には，都道府県知事または市町村長の補助機関として配置される専門職の社会福祉主事の他，母子自立支援員，家庭相談員が置かれています。

　福祉事務所職員のうち，実際のケースを担当するケースワーカー（地区担当員）と呼ばれている現業員と，現業員の指導監督を行う査察指導員には社会福祉主事の資格が必要です（社会福祉法15条1・6項）。この他，多くの福祉事務所では，老人福祉指導主事，身体障害者福祉司，知的障害者福祉司，家庭児童福祉主事，嘱託医などの専門職員が配置されています。要援護者に対する必要な支援や自立支援プログラムの推進のため福祉事務所の実施体制の充実強化や専門性の確保が今日的な課題となっています。　　　　　　　（道中隆）

▷5　町村の福祉事務所設置は法的には任意となっている。昭和40年代後半に全国では奈良県宇陀郡榛原町，同県吉野郡十津川村，大阪府三島郡島本町，大阪府南河内郡狭山町の3町1村が福祉事務所を任意設置していた。任意設置された町村福祉事務所は，市と同様の権能を有する保護の実施機関として位置づけられ，国庫負担金等の財政面においても市と同率の1/4負担となる。この間の基礎自治体の市制施行や平成の大合併により市町村の基礎自治体数に大きな変動が見受けられ，町村任意設置福祉事務所数は，約10倍の43福祉事務所（2017年4月現在）となっている。

▷6　社会福祉法に基づき，地方公共団体に置かれる社会福祉に携わる専門職員である。公的機関では福祉事務所等において，福祉六法に定める援護，育成または更生の措置に関する事務を行う。福祉事務所を設置していない町村においても任意に置くことができる（社会福祉法18・19条）。

Ⅲ　福祉行政の組織・団体の役割

 児童相談所

　児童一般を対象とする児童福祉法では，あらゆる児童家庭相談について児童相談所が対応することとされてきましたが，近年，児童虐待相談件数の急増等により緊急かつより高度な専門的対応が求められる一方で，育児不安等を背景に，身近な子育て相談のニーズも増大しています。そのため児童福祉の観点から，児童や家庭に必要な様々な支援や援助のための仕組みが用意されています。

　それらは，障害児福祉，児童自立支援福祉（非行少年など特殊な配慮を要する児童や家庭への支援），母性，妊娠，出産，乳児などの母子保健，保育，母子福祉，学童保育，児童館などの具体的な福祉サービス，児童の福祉に関する相談事業などです。

　児童に関する様々な福祉サービスの提供や児童のあらゆる問題に対応するため，児童相談所，福祉事務所，家庭児童相談室[41]，保健所，保健センター，保育所，児童家庭支援センターなどの行政機関があります。これらの機関が相互に連携して問題の対応にあたることになっています。中でも児童福祉に関する専門的な行政機関として中心的な役割を果たしているのが，児童相談所です。

　児童相談所は，1948年1月1日，児童福祉法の施行と同時に発足し地域の児童相談の第一線機関でしたが，2004年の児童福祉法改正により市町村が児童相談の一義的窓口に位置づけられました。

　児童相談所の業務内容は，近年社会問題化している虐待の対応だけでなく，非行や養護・里親，障害など幅広く児童の相談に応じています。また，都道府県および指定都市が設置する児童福祉サービスの中核となる相談・判定機関でもあります。児童の福祉に関する相談援助活動を有効にするために他の関連する相談所との併設も認められており，最近では「子ども家庭センター」「こどもセンター」「子ども相談センター」などの親しみやすい名称の児童相談所も多くなっています。

1　児童相談所の設置

　児童相談所は，児童福祉法12条の規定により都道府県に設置される機関で，都道府県および政令指定都市には設置義務があります。また2004年の法改正で人口20万人以上の中核市で設置が可能となりました。2006年度からは中核市や人口おおむね30万以上の都市（児童相談所設置都市）も設置が可能（任意設置）となっています。

▷1　家庭児童相談室は，厚生省次官通知児発第92号「家庭児童相談室の設置運営について」（1964年）に基づいて福祉事務所に設置される子ども家庭福祉の相談機関である。家庭児童相談室は，児童相談所のように広域行政とは異なり，地域住民により身近な子どもの相談機関としてほとんどの福祉事務所に設置されている。2005年の児童福祉法の改正により，子ども家庭相談の第一義的窓口が児童相談所から市町村に移譲された。

児童相談所は，全国に2017年4月現在，210カ所設置されていますが，そのうち中核市では，横須賀市，金沢市等に設置されています。近年児童相談所の相談受付件数は，子ども虐待の増加などにより，毎年，増加傾向にあります。

児童相談所は，地域における児童相談の第一線の機関とされていましたが，前述したように2004年の児童福祉法改正により，市町村が児童家庭相談の第一線の機関[42]とされ，市町村，都道府県（児童相談所など），その関係機関の連携によって，子どもの福祉の向上のため保護者も含めた支援を行うことになりました。これは，近年の児童虐待相談件数の急増等により，緊急かつより高度な専門的対応が求められる一方で，育児不安等を背景に身近な子育て相談ニーズも増大していることから，児童相談所と市町村などとの役割分担を明確にする必要があったためです。児童相談所は，市町村相互間の連絡調整や情報提供，市町村職員に対する研修の実施等の必要な援助を行う他，児童福祉司[43]，児童心理司[44]，医師などによる専門的な相談援助を行っています。

② 児童相談所の業務

児童相談所においては，次のような業務を行っています（児童福祉法12〜12条の5，平2児発133）。

- ・市町村に対して，広域的な連絡調整，情報提供その他必要な支援を行うこと
- ・児童福祉司，児童心理司，医師等が配置され，子どもに関する家庭その他からの相談のうち，専門的な知識・技術を要する相談に応じること
- ・児童およびその家庭について，医学的，心理学的，社会学的視点から調査・診断を実施し，必要な判定を行うこと
- ・調査・判定に基づき，児童やその保護者に必要な指導を行うこと
- ・児童の一時保護や必要に応じ巡回してこれらの業務を行うこと[45]
- ・障害者総合支援法による障害児施設給付費等の支給要否決定の際に意見を述べること
- ・都道府県知事からの委任を受け，児童福祉施設入所，家庭裁判所への送致，国立療養所等への入所委託等の措置を行うこと

この他，親権者が虐待等，児童の福祉を損なう行為を行う場合には，親権喪失宣言の請求[46]を家庭裁判所に対して行うこともできます。また児童相談所は，市町村との連携のもと関係機関とネットワークを組み，児童虐待防止のための取り組みを始めとした地域の実情に応じたきめ細かな児童養育環境の整備に努めるといったことも，今日的課題として要請されています。

▷2　児童家庭相談は，児童福祉法10条1項の規定により市町村の行う業務として位置づけられた。

▷3　直接子どもや保護者の相談に応じ，子どもの福祉増進に努める役割を担っている児童福祉の専門職員。子どもの福祉に関する様々な相談に応じ，必要に応じて調査や社会調査などを行い，子ども，保護者，関係者等に必要な指導を行っている。児童福祉司の配置基準は人口5〜8万人に1名の配置となっている。

▷4　子どもや保護者からの相談に応じて，診断面接，心理検査，観察などによって心理判定を行うとともに，必要に応じて子どもや保護者等に心理療法，カウンセリング，助言指導を行う役割を担っている専門職員。

▷5　児童の処遇が決定するまでの間，家庭で過ごすことが不適切な場合（保護者の不在や虐待等）に実施する。一時保護が必要な場合は，親権者の同意がなくても児童を一時保護所で生活させることができる。一時保護所は児童相談所に併設されている。

▷6　保護者は子どもの健やかな成長を援助する立場であることから，子どもを育てる権利「親権」をもつ。親権には子どもの居所を指定する権利や子どもを養育する権利も含まれるが，この権利を濫用した虐待などが重篤で子どもの福祉を損う時は，家庭裁判所の決定により親権を保護者から取り上げることができる。

表Ⅲ-2　児童相談所が受け付ける相談の種類と主な内容

相談の区分	相談の種別		主な相談内容
養護相談	1	養護相談	父または母等保護者の家出，失踪，死亡，離婚，入院稼働及び服役等による養育困難児，棄児，迷子，被虐待児，被放任児，親権を喪失した親の子，後見人を持たぬ児童等環境的問題を有する児童，養子縁組に関する相談
保健相談	2	保健相談	未熟児，虚弱児，ツベルクリン反応陽転児，内部機能障害，小児喘息，その他の疾患（精神疾患を含む）等を有する児童に関する相談
障害相談	3	肢体不自由相談	肢体不自由児，運動発達の遅れに関する相談
	4	視聴覚障害相談	盲（弱視を含む），ろう（難聴を含む）等視聴覚障害児に関する相談
	5	言語発達障害等相談	構音障害，吃音，失語等音声や言語の機能障害をもつ児童，言語発達遅滞，注意欠如障害を有する児童等に関する相談。ことばの遅れの原因が知的障害，自閉症，しつけ上の問題等他の相談種別に分類される場合はそれぞれのところに入れる
	6	重症心身障害相談	重症心身障害児（者）に関する相談
	7	知的障害相談	知的障害児に関する相談
	8	自閉症相談	自閉症もしくは自閉症同様の症状を呈する児童に関する相談
非行相談	9	ぐ犯等相談	虚言癖，浪費癖，家出，乱暴，性的逸脱等のぐ犯行為，問題行動のある児童，警察署からぐ犯少年として通告のあった児童，または触法行為があったと思料されても警察署から法第25条による通告のない児童に関する相談
	10	触法行為等相談	触法行為があったとして警察署から法第25条による通告のあった児童，犯罪少年に関して家庭裁判所から送致のあった児童に関する相談。受け付けた時には通告がなくとも調査の結果，通告が予定されている児童に関する相談についてもこれに該当する
育成相談	11	性格行動相談	児童の人格の発達上問題となる反抗，友達と遊べない，落ち着きがない，内気，緘黙，不活発，家庭内暴力，生活習慣の著しい逸脱等性格もしくは行動上の問題を有する児童に関する相談
	12	不登校相談	学校および幼稚園並びに保育所に在籍中で，登校（園）していない状態にある児童に関する相談。非行や精神疾患，養護問題が主である場合等にはそれぞれのところに分類する
	13	適性相談	進学適性，職業適性，学業不振等に関する相談
	14	しつけ相談	家庭内における幼児のしつけ，児童の性教育，遊び等に関する相談
	15	その他の相談	1～14のいずれにも該当しない相談

出所：厚生労働省雇用均等・児童家庭局長通知（2005）「児童相談所の運営方針について」。

児童相談所の組織

　児童相談所は，人口150万人以上の地方公共団体の中央児童相談所はA級，150万人以下の中央児童相談所はB級，その他の児童相談所はC級を標準とし，標準の組織体制は，総務部門，相談・判定・指導・措置部門，一時保護部門の3部門となっています。

　職員配置は，所長，次長（A級の場合）および各部門の長の他，C級の組織では，教育・訓練・指導を担当する児童福祉司（スーパーバイザー），児童福祉司，相談員，精神科医，児童心理司，心理療法担当職員が配置されます。B級には，C級に定める職員の他，小児科医，保健師が配置され，A級には，B級に定める職員の他，理学療法士等，臨床検査技師が配置されます。このように児童相談所には，児童福祉サービスの中核となる相談・判定・指導機関として，児童福祉司，児童心理司，医師等が配置されています。

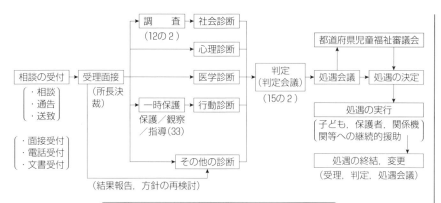

図Ⅲ-1　児童相談所における相談援助活動の体系・展開

注：児童相談所に寄せられた相談は，子どもの社会・心理・医学・行動など，さまざまな角度から専門職が診断を行う。診断結果は判定会議にかけられ，子どもの利益を最大限に考慮した処遇が行われる。図中の（　）内の数字は，根拠となる児童福祉法の条文を指す。
出所：厚生労働省「児童相談所運営方針」2006年。

○児童相談所の職員

児童相談所の職員は，所長・児童福祉司・児童心理司等です。児童福祉司の主な業務は，保護を必要とする児童などの家庭調査や個別指導です。近年，児童虐待など深刻なケースが増えている現状から，児童福祉司一人あたりの担当区域は，人口10万人から13万人の標準から8万人から5万人に強化されました。市町村に家庭児童相談室が義務づけられたことに伴い，児童相談所の役割は，より専門性を有する困難な事例への重点的な取り組みや，市町村の児童相談を充実させ，それをサポートする役割などに重点が置かれるようになってきています。

○児童相談所の相談と援助

児童相談所に寄せられる相談は，大別して，①障害相談（心身に障害がある児童に関する相談），②育成相談（しつけ，性格行動，不登校，その他児童の育成上の問題に関する相談），③養護相談（保護者の病気・家出等による養育困難，棄児，被虐待児，養育放棄等，養育環境上問題のある児童に関する相談），④非行相談（窃盗，傷害・放火等の触法行為，浮浪，乱暴等の問題行為のある児童に関する相談），⑤その他，です。この中で相談件数が最も多いのは障害相談で，全体の半数以上を占めています。障害相談は，療育手帳の交付に関する判定のための相談が大きな割合を占めます。養育相談は，被虐待児の問題が社会問題化するのと同調するように増加傾向にあります。これらの相談を受け付けた際，児童相談所は児童福祉司らによる社会診断，児童心理司らによる心理診断，医師による医学診断，一時保護部門の児童指導員，保育士らによる行動診断を基に，協議をして判定を行い，児童の処遇指針を作成します。

（道中隆）

▷7　少年法に規定されている。14歳未満の少年が窃盗や傷害などの刑罰法令に触れる行為をした時を指す。

(参考文献)
山縣文治・岡田忠克編（2008）『よくわかる社会福祉　第6版』ミネルヴァ書房。
社会福祉士養成講座編集委員会編（2017）『福祉行財政と福祉計画　第5版』（新・社会福祉士養成講座⑩）中央法規出版。

Ⅲ　福祉行政の組織・団体の役割

身体障害者更生相談所

　都道府県では，知事の部局に行政組織として条例で民生部，厚生部，福祉部などの部局が置かれており，必要に応じて領域ごとに社会課，福祉課，児童福祉課などの課（室）が置かれています。近年では行政機関のスリム化や保健福祉の連携強化の必要性から，これらの部局の組織再編成が進み，保健福祉部，健康福祉部といった名称も多用されています。また社会福祉法により付属機関として地方社会福祉協議会などが設けられることとなっています。

　この他，知事の下には，社会福祉に関する専門の行政機関として，社会福祉関係法に規定された福祉事務所，児童相談所，身体障害者更生相談所，知的障害者更生相談所，婦人相談所（女性相談センター）が設置されています。

　身体障害をもつ人が日常生活について相談する機関としては，住民に最も身近な相談窓口として市町村福祉事務所（福祉事務所にも身体障害者福祉司を置くことができる）や市町村の障害福祉担当課がありますが，身体障害者のより専門的な相談窓口として身体障害者更生相談所があります。

▷1　身体障害者更生相談所に配置される身体障害者福祉司は，専門的見地から市町村相互間の連絡調整，市町村への情報提供や相談・指導のうち専門的な知識・技能を要するものを行う（身体障害者福祉法11条の2第1・3項）。市町村の福祉事務所に任意に配置される身体障害者福祉司は，福祉事務所職員に対する技術的指導や市町村業務のうち，相談・指導のうち専門的な知識・技能を要するものを行う（同法2・4項）。

1　身体障害者更生相談所とは

　身体障害者更生相談所は，身体障害者の更生援護の利便や市町村の援護の支援のために，身体障害者福祉法11条の規定により都道府県（必置）および指定都市（任意）が設置する専門の行政機関です。また身体障害者更生相談所は，2000年の社会福祉法改正と，2003年から障害者福祉サービスの事業が措置制度から支援費制度・契約制度へ移行することに伴い，市町村が行う支給決定事務に対する援助・指導の役割を新たに担うこととなりました。なお2015年4月の時点で，身体障害者更生相談所は，全国に77カ所設置されています。

2　身体障害者更生相談所の業務

　身体障害者更生相談所には，身体障害者福祉司の他に，医師・心理判定員・作業療法士・理学療法士などの専門職員が配置されており，障害者に適切なサービスを実施するための相談・判定にあたっています。具体的には，身体障害者の福祉に関して，主に次のような業務を行っています（身体障害者福祉法11条）。

・身体障害者に関する専門的な知識，技術を必要とする相談および指導
・身体障害者の医学的・心理的・職能的な判定

- 補装具の処方および適合判定や自立支援医療（更生医療）の要否判定
- 市町村の障害者総合支援法における支給や補装具費の決定に際し，市町村の求めに応じ意見を述べる

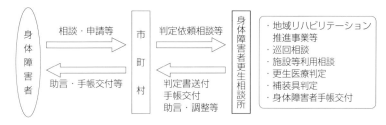

図Ⅲ-2　身体障害者更生相談所の業務の流れ

- 障害者総合支援法における支給要否の決定を行う際に，障害者等その家族，医師その他の関係者の意見を聴く
- 市町村の自立支援医療費の支給要否の決定を行う際に，障害者等その家族，医師その他の関係者の意見を聴く

　また身体障害者更生相談所は，福祉事務所長が身体障害者の福祉に関する相談・指導を行うにあたり，医学的，心理学的，職能的判定を要する場合に必要な判定を実施し，福祉事務所長に対し技術的指導を行います。相談は，来所相談の他，巡回相談も行っています。このように身体障害者更生相談所は，サービスの実施に関して市町村の指導にあたる他，実施上の判断材料を提供する重要な役割を果たしています。

❸ 身体障害者更生相談所の組織

　身体障害者福祉に関する相談体制は，2003年4月1日から，所長および事務職員の他，市町村等に対する専門的な技術的援助および助言，情報提供，市町村間の連絡調整，各種判定，相談等の専門的機能を維持するために身体障害者福祉司の配置をはじめとし，医師・理学療法士・作業療法士・義肢装具士，ケースワーカー，心理判定員，言語聴覚士，職能判定員，保健師または看護師などの専門職員が配置されています。

　職員の資格については，所長は原則として医師の資格をもつ者，心理判定員，職能判定員は大学等で心理学を専修する科目を修めて卒業した者など，ケースワーカーは身体障害者福祉司，社会福祉士または社会福祉主事の資格を有する者などとされています。

　身体障害をもつ人の福祉サービスは基本的に市町村単位で実施され，福祉事務所がサービス窓口になります。市町村福祉事務所には身体障害者福祉司や障害者福祉を担当する職員が配置されていますが，サービス提供のために専門的な知識・指導を求めることになっています。この他，身体障害をもつ人が都道府県等から委託を受ける身体障害相談員の制度があります。同じく障害をもつ立場から身体障害の相談・援助にあたります。

〔道中隆〕

III 福祉行政の組織・団体の役割

知的障害者更生相談所

知的障害者の福祉施策は，知的障害者福祉法等の法令に基づき，都道府県・市町村等が行うこととされ，援護の実施主体は，市町村とされています。そのため身体障害をもつ人の福祉サービスは市町村単位で実施され，福祉事務所がサービス窓口になります。市町村福祉事務所には知的障害者福祉司や障害者福祉を担当する職員が配置されていますが，サービス提供のために知的障害者更生相談所に対し，専門的な知識・指導を求めることになっています。この他，知的障害をもつ人が都道府県等から委託を受ける知的障害者相談員の制度があります。同じく障害をもつ立場から知的障害者の相談・援助にあたります。

都道府県では，知事の部局に行政組織として条例で民生部，厚生部，福祉部などの部局が置かれており，必要に応じて領域ごとに障害福祉課，社会課，福祉課，児童福祉課などの課（室）が置かれています。近年では行政機関のスリム化や保健福祉の連携強化の必要性から，これらの部局の組織再編成が進み，保健福祉部，健康福祉部といった名称も多用されています。また，社会福祉法により附属機関として，地方社会福祉審議会と都道府県児童福祉審議会が置かれています。

この他，知事の下には，社会福祉に関する専門の行政機関として，福祉六法および社会福祉関係法に規定された福祉事務所，児童相談所，身体障害者更生相談所，知的障害者更生相談所，婦人相談所などが設置されています。

知的障害をもつ人が日常生活について相談する機関としては，住民に最も身近な相談窓口として市町村福祉事務所（福祉事務所にも知的障害者福祉司を置くことができる）や市長村の障害福祉担当課がありますが，知的障害者のより専門的な相談窓口として，知的障害者更生相談所があります。

1 知的障害者更生相談所とは

知的障害者更生相談所は，知的障害者の更生援護の利便や市町村の援護の支援のために，知的障害者福祉法12条の規定により都道府県（義務必置）および指定都市（任意設置）が設置する専門の行政機関です。また知的障害者更生相談所は，2000年の社会福祉法改正と，2003年から障害者福祉サービスの事業が措置制度から契約制度へ移行することに伴い，各市町村が行う支給決定事務に対する援助・指導の役割を新たに担うこととなりました。

なお，2015年4月の時点で，知的障害更生相談所は，指定都市の任意設置を

▷1 政令指定都市の場合は，知的障害者更生相談所と身体障害者更生相談所は任意設置であり，婦人相談所は設置されない。

▷2 知的障害者更生相談所に配置される知的障害者福祉司（知的障害者の福祉に関する事務を司どる職員）は，専門的見地から市町村相互間の連絡調整，市町村への情報提供や相談・指導のうち専門的な知識・技能を要するものを行う（知的障害者福祉法13条1・3項）。市町村の福祉事務所に任意配置される知的障害者福祉司は，福祉事務所員に対する技術的指導や市町村業務のうち，相談・指導のうち専門的な知識・技術を要するものを行う（同条1項）。

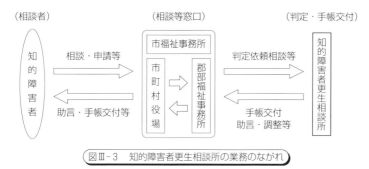

図Ⅲ-3　知的障害者更生相談所の業務のながれ

含めて，全国に84カ所設置されています。

2 知的障害者更生相談所の業務

　知的障害者の福祉についての家庭その他からの相談に応じ，医学的，心理学的および職能的判定とこれに付随して必要な指導を行い，市町村が行う援護の実施に関する専門的な技術的援助指導，市町村に対する情報提供などの事務が追加されるとともに，知的障害者更生相談所に知的障害者福祉司が配置されることになりました。具体的には，市町村の更生援護の実施に関し，次のような業務を行っています。

- ・市町村相互間の連絡調整，市町村への情報提供その他の援助
- ・相談・指導のうち専門的な知識や技術を必要とするもの
- ・18歳以上の知的障害者の医学的，心理学的及び職能的判定に係る業務（知的障害者福祉法11・12条）
- ・障害者総合支援法に基づく介護給付費，自立支援医療等の支給決定における意見陳述（知的障害者福祉法9・12条）
- ・障害者支援施設等への措置入所や知的障害者の更生援護を職親に委託する場合にあたっての医学的，心理学的及び職能的判定（知的障害者福祉法16条）

3 知的障害者更生相談所の組織

　知的障害者更生相談所には，職員としては，所長および事務職員の他，知的障害者福祉司，医師（精神科の診療に経験が深い者），心理判定員，職能判定員，ケースワーカー，保健師または看護師，理学療法士，作業療法士等の専門的職員が配置され，市町村などに対する専門的な技術的援助および助言や情報提供，市町村間の連絡調整，各種判定，相談等の専門的機能を維持することになっています。

　知的障害者福祉司は，社会福祉主事の資格を有し，福祉に関する事業に2年以上従事した者か，医師，社会福祉士の資格を有する者等の中から任用されます。

（道中隆）

Ⅲ　福祉行政の組織・団体の役割

婦人相談所（女性相談センター）

女性と家族を支える行政機関の一つとして、婦人相談所（以下、女性相談センター）があります。戦後成立した売春防止法において、女性相談センターは設置されましたが、高度経済成長期以降、女性の社会進出や個人の意識変革といった社会情勢や利用者のニーズの変化に伴い、女性相談センターは、多岐にわたる様々な相談に対応しています。

2001年の配偶者からの暴力の防止及び被害者の保護等に関する法律（以下、DV防止法）の制定により、2002年の同法施行から、女性相談センターは、配偶者暴力相談支援センターの業務を担っています。同法の施行以降、夫・親族からの暴力や離婚、医療、家庭内不和など社会生活を営む上で困難な問題を抱える女性からの相談を受けるとともに、DV被害者の一時避難の場についての情報提供や、必要に応じて一時保護を行うなどの機能を併せもつようになっています。

1　女性相談センターとは

女性相談センターは、1956年の売春防止法34条の規定より設立された行政機関であり、都道府県に設置が義務づけられています。売春防止法が成立して以降、売春を行うおそれのある女子（要保護女子）の保護更生のため、相談や一時保護等を行ってきました。しかし、この間、社会情勢の変化や個人の意識変革に伴い、2001年にはDV防止法が制定され、翌年の全面施行により配偶者暴力相談支援センターの機能も併せて担う専門の相談機関として位置づけられました。このように当初は、売春防止法に定める売春を行うおそれのある女子（要保護女子）の保護更生を行うことを目的として設置されましたが、制定の頃と時代背景が大きく異なり、その役割や機能が変化しています。女性相談センターは、女性の保護と自立支援を図るため、多岐にわたる相談への対応や一時保護を行うとともに必要に応じて婦人保護施設への入所を行うなど更生・援助を目的とした専門の相談機関です。なお女性相談センターは、2017年4月現在で、全国に47カ所設置されています。

2　配偶者からの暴力（DV）に関する相談窓口

配偶者からの暴力（ドメスティックバイオレンス、以下、DV）は、犯罪となる行為をも含む重大な人権侵害です。そのため配偶者暴力相談支援センターでは、

▷1　婦人相談所は、売春防止法に基づく行政機関であるが、ほとんどの都道府県では「女性相談センター」「女性相談所」といった名称を用いている。

▷2　婦人保護施設は、売春防止法36条に規定された施設である。高度経済成長期を過ぎると利用者数が激減し「婦人保護施設廃止論」が取り沙汰された。しかしDV防止法の中で、被害者の避難場所としての利用者ニーズが変化し重要な機能をもつこととなり、民間シェルターや母子生活支援施設などへの関心は高まっている。

▷3　配偶者とは、法律上の婚姻関係のみでなく事実婚、元配偶者を含む。

配偶者からの殴る，蹴る，突き飛ばすといった身体的暴力の他，長時間無視をする，生活費を渡さない，交友関係や電話，メールを監視するといった精神的な暴力，性的暴力なども含め，相談，各種情報提供など配偶者等からのDVや性暴力に関する相談窓口となっています。具体的には，夫や親族からの暴力，離婚，家庭内不和など社会生活を営む上で困難な様々な問題を抱える女性からの相談を受けるとともに，一時避難の場についての情報提供や，必要に応じて一時保護を行うなど，女性の「駆け込み寺」として，重要なセーフティネットの役割を担っています（図Ⅲ-4）。

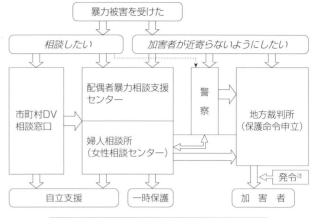

図Ⅲ-4　DV被害者のセーフティネットと支援の流れ

注：配偶者等からの暴力により，生命又は身体に重大な危害を受ける恐れがあるときは地方裁判所に申し立てると「接近禁止命令」（期間は6カ月間）や「退去命令」（期間は2カ月間）など保護命令が発令される。命令に違反すれば，1年以下の懲役又は100万円以下の罰金が課される。

3　女性相談センターの業務

　女性相談センターの業務は，①性行又は環境に照らして売春を行う恐れのある女子（要保護女子）の転落の未然防止と保護更生を図ること，②DV防止法に基づいて，配偶者からの暴力の被害者である女性（暴力被害女性）の保護を図ることを目的とし，必要な相談，調査，判定，指導・援助，一時保護を行う事業です。このように女性相談センターは，DV防止法上の配偶者暴力相談支援センターとしての機能も果たすこととされています（売春防止法34条，DV防止法3条，昭38厚生省発社34，昭38厚生省発社35）。

　具体的には，要保護女子に関する様々な問題に対して相談に応じること，要保護女子とその家庭について必要な調査並びに医学的，心理的および職能的判定を行うとともに，必要な指導を行うこと，要保護女子の一時保護を行うこととされています。法律制定当時の売春に関する相談から，経済的な問題，職業・就労，家族問題に関する相談が中心となり，最近では，DV防止法の施行に伴い，家庭内暴力など女性に対する暴力への対応が重要な課題となっています。また複雑な問題を抱えた利用者を支援するため，婦人相談員（女性相談員），ケースワーカーにはより高い専門性・技術性が必要とされています。なお，市町村は，その市町村が設置する施設において，配偶者暴力相談支援センターの機能を果たすことも求められています。

（道中隆）

▷4　都道府県または市長から委嘱され婦人相談所や福祉事務所等に駐在して業務を行う。業務内容は，担当地域の社会環境の実態把握に努めるとともに，関係機関等と緊密な連携を保ち，要保護女子等の早期発見に努め，その相談や必要に応じて指導を行う。

参考文献

大阪府女性センター（2016）「平成28年度大阪府女性相談センター事業概要（平成22年度実績）」。
宇山勝儀・船水浩行編著（2016）『福祉事務所運営論　第4版』ミネルヴァ書房。

Ⅲ　福祉行政の組織・団体の役割

 社会福祉協議会

1　地域福祉を推進する団体――社会福祉協議会

　社会福祉協議会（以下，社協）は，地域福祉推進の中心的な担い手として，社会福祉法に位置づけられている民間団体です。そのため，全国・都道府県・市町村に社協が組織されており，それぞれに専門の職員も配置されています[1]。また，その多くが社会福祉法人格を取得しています[2]。

　全国社会福祉協議会（以下，全社協）は，1908年に中央慈善協会として誕生しました。その後，数次にわたる変更により，現在の名称に改められています。法的な位置づけとしては，全社協及び都道府県社協は1951年の社会福祉事業法[3]の一部改正時に，市町村社協は1983年の社会福祉事業法の一部改正時に規定されました。ただし，地域の状況により，それ以前から設立されている社協も多くあります。

2　市町村社会福祉協議会

○法的な位置づけ

　社会福祉法109条において規定され，その事業として，①社会福祉を目的とする事業の企画及び実施，②社会福祉に関する活動への住民の参加のための援助，③社会福祉を目的とする事業に関する調査，普及，宣伝，連絡，調整及び助成，④その他，社会福祉を目的とする事業の健全な発達を図るために必要な事業が規定されています。また，その区域内における社会福祉を目的とする事業を経営する者及び社会福祉に関する活動を行う者の参加，及び，その区域内における社会福祉事業または更生保護事業を経営する者の過半数の参加，等が規定されています。

○実際の活動

　小地域（町会・自治会等）でのふれあいいきいきサロンや子育てサロン活動，ボランティア活動の推進や当該地方公共団体からの受託事業，介護保険法・障害者総合支援法に基づく事業，地域福祉活動計画の策定等の事業[4]を行っています。他にも，共同募金・歳末たすけあい運動の実施や，都道府県社協からの委託を受けて，生活福祉資金・日常生活自立支援事業の一部業務を行っている市町村社協もあります。このように，地域の実情に応じて多様な活動を行っていますが，すべての市町村社協で共通して実施されている事業はない，といえる

▷1　全社協には企画指導員，都道府県・政令指定都市社協には福祉活動指導員，市町村社協には福祉活動専門員が置かれている。

▷2　ここでいう社協には，日常生活圏域（小学校区，中学校区など）を区域にする任意組織である「校区（地区）社会福祉協議会」「校区（地区）福祉委員会」などは含まれない。これらの組織は，実際に地域福祉活動を進めていく中で，地域での福祉活動を中心的に担う組織として，地域住民との協働により組織化されている。

▷3　2000年に名称が現在の社会福祉法に変更されている。

▷4　Ⅷ-17 参照。

▷5　社会福祉基礎構造改革により，利用者保護制度として地域福祉権利擁護事業が創設され，2000年の改正により，福祉サービス利用援助事業として第二種社会福祉事業に位置づけられた。その後，名称が現在の日常生活自立支援事業に改称された。社会福祉法80・81条に規定されている。

ほど，その活動内容は様々です。

③ 都道府県社会福祉協議会

○法的な位置づけ

社会福祉法110条において規定され，その事業として，①各市町村を通じて広域的な見地から行うことが適切なもの，②社会福祉を目的とする事業に従事する者の養成及び研修，③社会福祉を目的とする事業の経営に関する指導及び助言，④市町村社協の相互の連絡及び事業の調整，が挙げられています。また，都道府県の区域内において，市町村社協の過半数及び社会福祉事業または更生保護事業を経営する者の過半数が参加するものと規定されています。

○実際の活動

ボランティア活動の推進，社会福祉施設間の連携・交流，生活福祉資金の貸付，社会福祉についての研修，福祉人材センター，日常生活自立支援事業，運営適正化委員会[46]，福祉サービスの第三者評価[47]等の事業を行っています。

④ 全国社会福祉協議会

○位置づけ

社協の中央組織として，全国各地の社協とのネットワークにより，福祉サービス利用者や社会福祉関係者の連絡・調整や活動支援，各種制度の改善への取り組みなど，社会福祉の増進に努めています。

○実際の活動

社会福祉制度・政策等に関する提言・調査や民生委員・児童委員との協働・支援，災害被災地への救援・支援[48]，福祉サービスの充実，福祉人材の養成と確保，社会福祉の情報発信等の事業を行っています。

⑤ 社会福祉協議会の今後のあり方

全国社会福祉協議会の「福祉ビジョン2011」には，新しい課題に向き合う社会福祉法人等の責任と使命として，①柔軟に対応できる制度内の福祉サービスの強化，確立，②制度で対応しにくいニーズに応える福祉サービス・活動の積極的展開，③市町村単位での相談・調整機能の連携・総合化の仕組みづくり，④制度改革の働きかけの4点が行動方針としてまとめられています。

社協についても，制度内の福祉サービスや委託事業等の実施に力点が置かれすぎているのではないか，という指摘がなされており，社協の組織の特性を活かしながら，地域内の社会福祉関係者，住民・ボランティアの協働体制をつくり，地域福祉を推進する要の役割を果たし，解決にあたっていくという手法を確立していくことが求められています。 （土本修一）

▷6 社会福祉法83条に，福祉サービス利用援助事業の適正な運営の確保と，福祉サービスに関する利用者等からの苦情を適切に解決するために，学識経験者で構成される運営適正化委員会を置くこととされている。

▷7 社会福祉事業者の提供する福祉サービスの質を，事業者や利用者以外の公正・中立な第三者評価機関が専門的・客観的な立場から評価を行って，事業者のサービスの質の向上を図るとともに，評価結果が公表されることによって利用者がサービスを選択する際に役立つ情報を提供することを目的として実施されている。福祉サービスの評価としては，福祉サービス第三者評価以外に，介護保険地域密着型サービス外部評価，介護サービス情報の公表の3つの評価制度がある。3つの制度は，国からの委託を受けた全社協の示すガイドラインによって規定され，各都道府県で運営されている。

▷8 近年多発する地震や水害といった大規模な災害時には，社協がそのネットワークを活かし，災害ボランティアセンターの設置や運営等について，近隣の社協が援助を行っている。そのために，社協同士や関係機関と災害時の協定を結んでいる所もある。また，普段から防災に向けた取り組みも行っている。

(参考文献)
全国社会福祉協議会(2010)「全社協福祉ビジョン2011──ともに生きる豊かな福祉社会をめざして」。

Ⅲ 福祉行政の組織・団体の役割

地域包括支援センター

1 地域包括支援センターの創設

　1997年に制定された介護保険制度は、施行後に見えてきた課題への対応を図るために、2005年に改正が行われました。この改正で、新たに「地域包括支援センター」が創設されました。

　要介護高齢者の生活を、住み慣れた地域で継続して支えるためには、介護だけではなく、保健、医療、福祉など様々な支援が必要です。家族、介護支援専門員、社会福祉士、保健師、かかりつけ医など医療機関、訪問看護ステーション、訪問介護士、民生委員、地域の人々など、様々な職種の人々が、必要に応じて関わっていくことが大切になります。

　地域包括支援センターには、保健師、主任介護支援専門員◁1、社会福祉士などがいます。その専門知識や技能を互いに活かしながら、地域の様々な機関や住民活動を結び付け、地域のネットワークを築いています。そのネットワークを活用し、地域の高齢者および高齢者を支える住民をサポートしています。さらに、地域の介護を支える介護支援専門員もサポートしています。どこに相談していいかわからない、どのような制度を利用してよいかわからない住民に対して、「ワンストップサービス◁2」の拠点として期待されています。

　高齢者の保健医療の向上および福祉の増進を包括的に支援することを目的とし、地域包括ケアシステム◁3の実現に向けた中核的な機関として、市町村に設置されています。

2 地域包括支援センターの役割

　公正、中立な立場から、総合相談支援、権利擁護、包括的・継続的ケアマネジメント支援、介護予防ケアマネジメントを担います。

○総合相談支援

　地域に住む高齢者および高齢者を支える住民の、様々な悩みや相談をすべて受け止め、住民が安心して暮らせるための拠点を担っています。「相談事のたらい回し」や、「相談をしたけど、十分な支援がされていない」といったことがないように、適切な機関、制度、サービスにつなぎ、かつ、その後も問題解決に結び付いているかフォローすることで、高齢者の支援をしています。

　それらを適切に行える前提として、保健、医療、福祉、介護をはじめ、活用

▷1 介護支援専門員として一定以上の実務経験を有し、所定の専門研修課程を修了した者に、その資格が与えられる。その業務において、十分な知識・経験をもち、また、他の介護支援専門員の助言、指導育成に携わる。
▷2 一度の手続き、または一つの部門で、必要とする関連作業をすべて完了できるサービス。
▷3 高齢者人口の割合が増加し続ける日本において、重度の要介護状態となっても住み慣れた地域で、自分らしい暮らしを人生の最期まで続けることができるように、住まい、医療、介護、予防、生活支援が一体的に提供される、地域の包括的な支援、サービス提供体制のことである。厚生労働省が、2025年を目途に、体制の構築を推進している。

可能な機関や団体（非公的なボランティアなども含め）などを把握し，ネットワークを構築することが重要な業務になります。また，高齢者世帯への戸別訪問，家族や近隣住民からの情報収集を行い，地域の実態を把握することにも努めています。

○権利擁護

認知症などで財産管理ができない，悪徳な訪問販売の被害にあった，虐待を受けているなど，高齢者が困難を抱えた場合には，家族，地域住民，民生委員，介護支援専門員などの支援だけでは，問題が解決できず，問題を抱えたまま生活をしている場合があります。権利擁護業務は，このような困難な状況にある高齢者が尊厳のある生活を維持し，安心して暮らせるように支援を行います。成年後見制度[4]の利用に関する支援も行います。

○包括的・継続的ケアマネジメント

高齢者を支援していくためには様々な職種，機関のサポートが必要です。それぞれが連携することで，個々の高齢者の生活全面を支えることができます。これを包括的ケアマネジメントといいます。

また高齢者を支えていく中で，在宅，病院，施設など，サポートする場が変化することがあります。それぞれが連携し，途切れることのないサポートをすることを継続的ケアマネジメントといいます。

このような包括的・継続的ケアマネジメントを行う上で，地域の個々の介護支援専門員が重要な役割を担います。しかし，一人の介護支援専門員が，様々な職種・機関と連携をとることは容易ではありません。

地域包括支援センターは，包括的・継続的ケアマネジメントを可能にするためのネットワークを構築し，地域の介護支援専門員と関係機関の間の連携をサポートします。また，介護支援専門員の日常業務や支援の困難な事例などへの指導，相談，助言も行います。

○介護予防ケアマネジメント

今は介護を必要としない高齢者が，今後も自立した生活を継続できるようにサポートしています。

また介護を必要としていても，介護を受けていない，もしくは受けられない高齢者もいます。本人や周囲が気づいていない，相談していない，孤立している，虐待を受けているなどで潜在化していることがあります。要介護認定の結果だけでなく，市町村の行う地域支援事業，様々な機関や住民とのネットワークを活用することで，早期発見，早期対応に努めています。

介護予防のサービスやプログラムは，通所，訪問または入所での指導，介護やリハビリなどがあります。個々の状態に応じたケアプランを作成し，サポートしています。

(玉井良尚)

▷4　認知症，知的障害や精神障害などにより判断能力が十分でない人が，財産管理や，日常生活での様々な契約などを行う時に，判断が難しく不利益を被ったり，悪徳商法の被害にあうことを防ぎ，権利と財産を守り支援する制度のことである。

Ⅲ　福祉行政の組織・団体の役割

8 社会福祉法人

1 福祉サービスの提供者である社会福祉法人

○社会福祉法人とは何か

　社会福祉法人は，社会福祉事業を行うことを目的に設立されている民法でいう公益法人の一つです。社会福祉法で「社会福祉事業を行うことを目的として，この法律の定めるところにより設立された法人」(22条)と位置づけられています。社会福祉法人を設立するためには，必要事項を取り決めた上で，所轄庁から認可を受ける必要があります(31条)。所轄庁は，都道府県知事であり，2つ以上の都道府県で事業を行う場合には，厚生労働大臣となります。全国に2万625法人があり，最も多いのは「施設経営法人」で全体の87.8％を占めています(2016年度末現在)。

○経営の原則

　社会福祉法人は，その経営の原則として，社会福祉事業の主たる担い手としてふさわしい事業を確実，効果的かつ適正に行うため，自主的にその経営基盤の強化を図るとともに，その提供する福祉サービスの質の向上及び事業経営の透明性の確保を図ること，公益事業を行う際には日常生活又は社会生活上の支援を必要とする者に対して，無料又は低額な料金で，福祉サービスを積極的に提供するよう努めなければならないことが示されています(24条)。公益性の高い法人であることを意識した経営，法人の目的実現のための取り組みを主体的に行うこととされています。

○社会福祉法人の管理

　社会福祉法人としての業務決定や意思決定をするために，社会福祉法人には機関として評議員，評議員会，理事，理事会及び監事役員を設置することとなっています(36条)。これらの機関の役割は図Ⅲ-5のとおりとなります。理事会は業務執行の決定機関であり，評議委員会は運営にかかる重要事項の決議機関という位置づけになります。

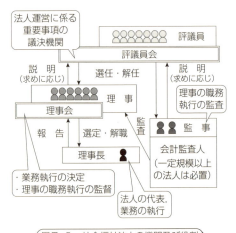

図Ⅲ-5　社会福祉法人の機関及び役割

出所：厚生労働省「社会福祉法人制度改革について」より一部抜粋。

Ⅲ-8 社会福祉法人

❷ 「高い公益性・非営利性」を持つ法人として──社会福祉法人制度改革

社会福祉法人は，70年近くにわたり，社会福祉事業の担い手として，私たちの生活を守る役割を果たしてきました。今日もその役割が変わることはありませんが，社会福祉事業の担い手の多様化，公益法人に求められる高い公益性と非営利性を担保することを目的として，2016年に社会福祉法改正が行われました。この法改正は社会福祉法人制度改革と名づけられ，公益性・非営利性を確保する観点から現行制度を見直し，国民に対する説明責任を果たし，地域社会に貢献する法人のあり方を徹底することを目的としています。具体的には以下の通りです。

○経営組織のガバナンスの強化

社会福祉法人を，一般財団法人や公益財団法人と同等以上の公益性を担保できる経営組織として位置づけました。具体的には，理事・理事長・理事会，評議委員・評議委員会，幹事，会計監査員について法律に明記しました。

○事業運営の透明性の向上

高い公益性を担保するため，定款，事業計画書，役員報酬基準を閲覧対象とし，閲覧請求者を国民一般に広げることとしました。また公開対象である資料の公開方法について，ホームページ等を活用することとされました。

○財政規律の強化

社会福祉法人が保有する財産について，事業継続に必要な財産を控除した上で，再投下対象財産を明確化し，これが生じた場合には，法人が策定する社会福祉充実計画に基づき，既存事業の充実や新たな取り組みに有効活用する仕組みを構築することとなりました。

○地域における公益的な取り組みを実施する責務

地域公益事業とは，日常生活又は社会生活上の支援を必要とする者に対して，無料又は低額な料金によるサービスの提供に取り組むことが規定されています（法24条2項）。

○行政の関与のあり方

都道府県の役割として市による指導監査の支援が位置づけられました。

このような法改正の中で，今後の社会福祉法人が問われる課題として，以下の点が指摘されています。①福祉に対する高いミッション（公益性），②公益性に裏づけられた経営組織，③共生の原理に基づくサービスの実施。人口減少，少子高齢社会の中で，社会福祉サービスを基盤とした生活保障の必要性が高まっています。社会福祉法人が本来持ち合わせている目的に照らしながら，今日の社会状況の中で果たすべき役割について，改めて問われています。

(小池由佳)

▷1 民法34条に基づく法人。公益事業を行う民間団体が主務官庁の許可を得て設立する。大きく分けて，公益社団法人と公益財団法人がある。

▷2 ここでのガバナンスは組織統治の意味。

▷3 社会福祉と関係のある公益を目的とする事業。有料老人ホーム等。

▷4 関川芳孝（2017）「社会福祉法人制度改革後の法人の適正な運営・経営のあり方について考える」社会福祉法人からし種の会役員研修会資料。

Ⅲ　福祉行政の組織・団体の役割

　社会福祉施設

　利用者の生活を守る社会福祉施設

○社会福祉施設とは何か

　私たちは普段，今置かれている環境の中に適応しながら生活をしています。しかし，高齢期となり介護が必要になったり，仕事と子育ての両立のため，保育を必要とする状況に置かれたりなど，今までの生活では環境と適応しながら暮らすことが難しくなることがあります。そのような状況になった時，社会福祉では様々な方法でサービスへとつなげますが，そのサービス方法の一つとして社会福祉施設があります。社会福祉施設は，生活上の課題を抱える人たち個々に見合ったサービスを提供することで課題解決を目的とする場といえます。

　社会福祉施設は，その利用形態により，入所施設・通所施設・利用施設の大きく3つに分けることができます。生活の基盤そのものを社会福祉施設とし，利用者との契約あるいは措置によって生活全般を提供する入所施設，生活基盤は家庭であり，必要に応じて生活の一部分を施設等と利用者の契約によりサービスが提供される通所施設，契約の有無にかかわらず，必要な人が必要に応じて利用する利用施設となっています。

○日本の社会福祉施設の状況

　厚生労働省は，毎年社会福祉施設の調査を実施し，その現状を把握しています。対象となる社会福祉施設は，①生活保護法に基づく保護施設，②老人福祉法に基づく老人福祉施設，③児童福祉法に基づく児童福祉施設，④売春防止法に基づく婦人保護施設，⑤母子及び父子並びに寡婦福祉法に基づく母子福祉施設，⑥障害者総合支援法に基づく障害者支援施設，⑦その他の社会福祉施設等となっています。社会福祉施設数全体としては減少傾向にあります。社会福祉施設の総数は，7万101施設（2016年10月1日現在）であり，最も多いのは保育所の2万6,265施設となっています。従来，社会福祉施設は各対象別に定められている社会福祉六法を基本として設置運営されていましたが，高齢社会における介護サービスの充実，高まる保育ニーズ等への対応が迫られる中，サービス提供の枠組みを主たる目的とした法律によって提供されるようになっています。

　尊厳を守る取り組み

Ⅲ-9 社会福祉施設

○個人の自己実現を目指すために

社会福祉施設は，いつの時代も，その時代の中で支援を必要とする人たちに寄り添いながら，サービスを提供してきました。今日の社会では，生命を守ることを第一としながら，よりよい生活の場を提供することが求められています。

その一つの方法として取り組まれるようになったのが，グループホームやユニットケアといった小規模集団での生活を可能とする仕組みです。大人数を相手に画一的なサービスを提供するのではなく，少人数で生活をすることを可能とする生活の場を提供することで，利用者一人ひとりのニーズに応じたり，自己実現や社会訓練に役立てたりすることが期待されています。この取り組みは，高齢者・障害者・子どもといずれの分野でも取り組まれるようになってきました。

○生命・生活を守る砦としての社会福祉施設

一方，社会福祉施設において，職員による利用者の尊厳を傷つける行為が行われたり，生活や生命の保障がなされなかった事件もありました。社会福祉施設が持っていた閉鎖性という性格が，施設内で行っている虐待等を発覚しにくくしている体制もありました。また，利用者の立場では，施設内で行われていることを訴える術を持ち合わせていなかったり，施設から退所させられることをおそれて明らかにすることができなかったという背景もありました。社会福祉法では，社会福祉施設に，その運営の透明性と情報提供，そして質の向上のための措置を行うことが示されています（75・78条）。また，これらの虐待行為から利用者を守るための法律として，高齢者虐待の防止，高齢者の養護者に対する支援等に関する法律等が制定されています。法律名からも明らかなように，高齢者等利用者を守ることと同時に，養護者である施設職員等を支援することも虐待を防ぐために欠かせないことです。社会福祉施設が利用者にとってもサービス提供者にとっても，生命や生活を守る場であることが必要です。

○社会福祉施設の存在を改めて考える

社会福祉施設に関する出来事として，2016年に神奈川県で起きた障害者施設における殺傷事件があります。入所者19名が殺害されるという痛ましい事件となりました。この出来事を通して，私たちは改めて社会福祉施設の存在意義を考える必要があります。この事件を起こした人物は「障害者は生きる価値がない」という主張の下，犯行を行いました。この捉え方は，社会における福祉サービスを必要とする人に対する一つの側面を示しているといえます。社会福祉施設での暮らしを必要としている人たちは，必要としない人からすれば「社会にとって必要がない人」という捉え方をされてしまうおそれがあります。施設で暮らす一人ひとりが「今を生きる」存在であり，社会福祉施設が，その一人ひとりの暮らしに意味があることを伝える場となることが必要です。そのためには，福祉を学ぶ私たちがその役割を担っているともいえます。（小池由佳）

Ⅲ　福祉行政の組織・団体の役割

社会福祉施設の設備と運営に関する基準

 社会福祉施設に求められる基準

○社会福祉施設の設備と運営基準

　利用者の生活の場となる社会福祉施設では，サービスを利用する人たちの権利を守るために，設備面と職員配置等の運営面から一定の基準を定めています。社会福祉法では，社会福祉施設の設備の基準として「都道府県は，社会福祉施設の設備の規模及び構造並びに福祉サービスの提供の方法，利用者等からの苦情への対応その他の社会福祉施設の運営について，条例で基準を定めなければならない」（65条）と定めています。これまで国が一括で定めていた社会福祉施設の設備及び運営基準ですが，地方分権一括法により，各都道府県で条例を定めることとなりました。ただし，条例を定めるにあたって，国による基準が示されており，地域の違いに関係なく，必要不可欠な項目と地方自治体の個性に合わせた基準を設置することが可能な項目があり，地方自治体では，それぞれの特性に合わせた条例を定めることとなります。

表Ⅲ-3　条例委任される基準の分類

参酌すべき基準	標　準	従うべき基準
十分参照しなければならない基準 （例：基準を超えて配置される職員等）	通常よるべき基準 （例：利用定員）	必ず適合しなければならない基準 （例：職員及びその人数）

　社会福祉施設の生活環境としての外的な基準（床面積等）に加えて，利用者にかかわる施設の運営に関する内容についても盛り込むことが示されています。この条文に基づいて，設備及び運営基準が施設の種類ごとに，省令または通知で定められています。社会福祉施設設置者には，これらの基準を遵守する義務があります（社会福祉法65条）。遵守されない場合には，設置認可の取り消しや事業停止といった処分があります。主な省令，通知は以下の通りです。

・児童福祉施設の設備及び運営に関する基準
・幼保連携型認定こども園の学級編制，職員，設備及び運営に関する基準
・救護施設，更生施設，授産施設及び宿所提供施設の設備及び運営に関す

る基準

・特別養護老人ホームの設備及び運営に関する基準

・指定介護老人福祉施設の人員，設備及び運営に関する基準

・障害者の日常生活及び社会生活を総合的に支援するための法律に基づく
障害者支援施設の設備及び運営に関する基準

○具体的な基準

ここでは，「児童福祉施設の設備及び運営に関する基準」を例に取り上げて，内容を確認します。目的は次のように示されています。「都道府県が条例で定める基準（以下「最低基準」という。）は，都道府県知事の監督に属する児童福祉施設に入所している者が，明るくて，衛生的な環境において，素養があり，かつ，適切な訓練を受けた職員の指導により，心身ともに健やかにして，社会に適応するように育成されることを保障するものとする」（省令2条）。児童福祉施設に入所している子どもたちが，人格が尊重される存在として成長することができる環境を整えることを目的としています。また，最低基準の向上について，都道府県知事は「都道府県児童福祉審議会（中略）の意見を聴き，その監督に属する児童福祉施設に対し，最低基準を超えて，その設備及び運営を向上させるように勧告することができる」とされています（省令3条）。この最低基準と児童福祉施設との関係をみると，「最低基準を超えて，常に，その設備及び運営を向上させなければならない」ことと最低基準を満たしていることを理由として，「設備又は運営を低下させてはならない」と定めています（省令4条）。

❷ 設備及び運営基準に関する動向──社会福祉事業での「基準」

近年では，社会福祉施設に関する基準だけでなく，社会福祉サービス全般について基準が定められるようになりました。たとえば，「里親が行う養育に関する最低基準」「指定地域密着型サービスの事業の人員，設備及び運営に関する基準」等が挙げられます。これらの基準がサービスの質を確保し，よりよいサービスを検討することに繋がっていきます。そのためには，一度定めた基準に対して，社会情勢や福祉ニーズを見ながら，適切に見直していく必要があります。

（小池由佳）

Ⅳ 福祉行政における専門職の役割

福祉専門職

 福祉専門職の社会的意義

　福祉専門職とは，対人援助専門職の一つです。対人援助とは，人が人または人の集団に対して行う援助のことを意味します。医師や看護師，弁護士，教師などが対人援助専門職といわれています。福祉専門職は，対人援助の中でも主に社会生活上の課題を抱えた人たちへの援助を行う専門職であり，社会福祉領域で必要とされる専門知識と専門技術を用いて，課題の解決に取り組んでいます。

　近年，日本を取り巻く社会経済情勢や人口構造の変化は，国民生活に大きな影響を与えています。少子高齢化の進展は，核家族化や地域社会のつながりの希薄化をもたらし，家族の介護機能や養育機能の低下，近隣住民等によるこれまでのインフォーマルサポートを脆弱化させています。また，貧困や低所得などの最低生活をめぐる課題を生み出しています。外国人労働者やいわゆるホームレスと呼ばれる人たちなどの社会的排除も大きな社会問題となっています。そして，今後は，人工知能（AI）を中心とするICT（Information and Communication Technology）の進化が一層予想され，国民生活にどのような影響をもたらすことになるのかについても注視していく必要があります。

　国民の抱える生活課題は，多様化し，拡大化しています。こうした複雑化した課題へ対応するためには，専門知識と専門技術を持った福祉専門職の存在が不可欠といえ，その時々の社会情勢に大きな影響を受ける国民一人ひとりの生活に適切に対応していくことが求められています。

② 福祉専門職の活動の場

　福祉専門職が活動する場は，国民の抱える生活課題の変化によって，現在，拡大，多様化してきていますが，ここでは便宜的に次の4つに区分して示します。

　○高齢者分野

　高齢者分野では，老人福祉法及び介護保険法に規定された福祉施設および事業等を挙げることができます。特別養護老人ホームなどの高齢者施設，地域で暮らす高齢者や介護する家族の相談援助を行う地域包括支援センターや居宅介護支援事業所などで，生活相談員や社会福祉士，介護支援専門員等として活動

しています。

○障害者分野

障害者分野では，障害者総合支援法に規定された障害福祉サービス等を挙げることができます。生活支援員や相談支援員等が，居宅や障害者支援施設等で障害者の日常生活又は社会生活を支援しています。また，精神保健福祉センターでは，精神保健福祉相談員や精神保健福祉士等が活動しています。さらに，身体障害者更生相談所や知的障害者更生相談所においては，身体障害者福祉司や知的障害者福祉司等が相談及び指導，医学的，心理学的及び職能的判定等の業務を行っています。

○児童分野

児童分野においては，児童養護施設や母子生活支援施設，児童自立支援施設，児童家庭支援センターなどの児童福祉施設において，児童指導員や家庭支援専門相談員，母子指導員，児童自立支援専門員等が入所児童の自立支援や地域の児童に関する福祉の相談等に従事しています。児童相談所においては，児童福祉司が障害相談や養護相談，育成相談，非行相談などを行っています。

○その他

社会福祉行政の第一線機関である福祉事務所では，査察指導員や身体障害者福祉司，知的障害者福祉司等の福祉専門職が配置され，福祉六法に定める援護，育成又は更正の措置に関する事務を行っています。生活保護法に規定された救護施設や更正施設では，生活指導員などが活動しています。生活困窮者自立支援法の自立相談支援機関では，相談支援員等が配置されています。そして，医療や地域保健の分野においても，福祉専門職が活動しています。精神保健福祉相談員として保健所で活動したり，病院の相談室では，医療ソーシャルワーカーが相談援助の業務を行っています。さらには，社会福祉協議会やNPO団体，司法・教育の分野においても福祉専門職は活動しています。

③ 福祉行財政における福祉専門職の役割

現在，介護保険制度をはじめとして，多岐にわたる社会福祉制度が用意されていますが，これらの制度が存在するだけでは，人々の生活課題を解決することはできません。近年，生活課題は，多様化・複雑化・深刻化しているといわれています。そのため，自らの生活課題とは何か，どのような制度を利用すれば解決できるのかなど，制度利用に至るまでの間に整理しなければならないことも多く，そのプロセスを支える支援を求めている人たちが多くいます。

福祉専門職は，まさにそのプロセスを支える役割を担っています。そして，その制度に基づいて適切に福祉サービスを提供し，人々の生活の改善に努めることが求められています。そして，制度の運用上の課題などがあれば，その改善を求めていく役割も担っています。

（鵜浦直子）

Ⅳ 福祉行政における専門職の役割

 社会福祉士

社会福祉士とは

　社会福祉士は，社会福祉士及び介護福祉士法に規定された，わが国最初の社会福祉専門職の国家資格です。福祉サービス関係者等との連絡および調整を図りながら，生活上の課題を抱えた人たちの相談に応じて，その人の尊厳を守り，自立した日常生活を営むことができるように支援します。社会福祉士は名称独占で，社会福祉士でない者はその名称を使用することはできません。社会福祉士になるためには，厚生労働大臣が実施する社会福祉士試験に合格し，社会福祉士登録簿に登録しなければなりません。

　現在，社会経済情勢や人口構造の変化によって，国民の抱える生活課題は，多様化・複雑化しています。介護や子育て，疾病，生活困窮，虐待や消費者被害等の重篤な権利侵害など，高度な専門的支援が必要とされる課題が増加しています。このような国民の生活課題に対応できる質の高い人材が求められており，社会福祉に関する専門知識と専門技術をもつ専門職である社会福祉士の活躍が期待されています。

2 社会福祉士の義務及び業務等

　社会福祉士及び介護福祉士法において，社会福祉士の義務として，①誠実義務，②信用失墜行為の禁止，③秘密保持義務，④連携，⑤資質向上の責務が定められています。①誠実義務では，利用者一人ひとりの立場に立って誠実にその業務を行うことを求めています。②信用失墜行為の禁止では，社会福祉士の信用を傷つけるような行為をしてはならないとしています。③秘密保持義務では，業務の中で知り得た秘密は，正当な理由なく漏らしてはならないと定めています。④連携においては，地域に即した創意と工夫を行いつつ，福祉サービス関係者等との連携を保持することを求めています。⑤資質向上の責務に関しては，日々変化していく社会情勢に適切に対応するために，常に自らの知識及び技能を向上させなければならないとしています。

　また，現在，高齢分野や障害分野，生活困窮者自立支援制度，厚生労働省に設置されている地域力強化検討会での「我が事・丸ごと」の地域づくりに関する議論などにおいて，地域を基盤とした包括的な相談支援体制の構築・維持が謳われるようになっています。社会福祉士は，その実現に向けて取り組むこと

▷1　正式名称は，地域における住民主体の課題解決力強化・相談支援体制の在り方に関する検討会。「新たな時代に対応した福祉の提供ビジョン」(厚生労働省2015年9月17日)「ニッポン一億総活躍プラン」(2016年6月2日閣議決定)を踏まえ，住民主体による地域課題の解決力強化・体制づくり，市町村による包括的相談支援体制等について検討するために設置された。

を期待されています。具体的には，地域特性，社会資源，人口動態等を把握するための知識と技術，地域の中で潜在化しているニーズや地域課題を他の専門職と協働して発見することが求められています。個々の利用者に対する相談援助だけでなく，地域アセスメントやアウトリーチしていくことも社会福祉士の重要な役割として求められるようになっています。

③ 社会福祉士の活動の場

社会福祉士の活動の場としては，まず特別養護老人ホームや児童養護施設などの社会福祉施設があります。生活相談員や児童指導員等として社会福祉士が活動しています。また，介護保険法に位置づけられた地域包括支援センター，社会福祉協議会，行政機関では福祉事務所や児童相談所などで，社会福祉士が活動しています。

司法分野や教育分野などでも活動しています。司法分野では，刑務所に社会福祉士が配置され，高齢や疾病，障害などにより出所後の自立生活に困難を抱える要保護受刑者の支援を行っています。教育分野では，スクールソーシャルワーカーとして，個々の児童生徒の支援にあたっています。その他，成年後見人等として，認知症や知的障害，精神障害等によって判断能力が不十分である人を支援している社会福祉士も多く存在しています。

④ 福祉行財政における社会福祉士の役割

これまでの社会福祉は，国が対象者別に用意した制度・施策の枠組みに基づいて実施されてきたといえます。しかし，地方分権や地域福祉の推進によって，それぞれの市町村の実情に応じた社会福祉が求められるようになっています。行政機関とサービス利用者である地域住民，福祉サービス提供者等が一緒になって，自分たちの地域について考え，それを実行していく動きが活発になってきています。地域福祉計画はその一例といえます。

地域住民とともに，地域住民の生活者としての視点を大切にしながら，福祉行政のあり方を考え，その取り組みを進めていく上で，社会福祉士には，次のような役割が期待できるといえます。

1つ目は，日頃の実践を通して，地域における福祉課題を把握し，それらの福祉課題を解決するための社会資源の開発や，人材の育成・確保に取り組むことです。2つ目は，地域住民との信頼関係を通して，地域住民一人ひとりの地域に対する意識を喚起する支援に取り組むことです。3つ目は，生活課題を抱えた人たちの代弁です。地域福祉計画などは，地域住民の参加の下で策定されますが，地域住民も多様であり，中には自分の意見を一人ではうまく伝えることができない人たちも存在しています。こうした人たちのニーズを適切に把握して，その方々の声を代弁していくことが期待されます。 （鵜浦直子）

Ⅳ 福祉行政における専門職の役割

 介護福祉士

 介護福祉士とは

　介護は長い間，基本的には家族でまかなわれるものと考えられ，家庭の中で行われてきました。家族に代わって高齢者の世話をするのであれば，誰にでもできることであり，介護は専門的教育や訓練を受けていない素人でできることだと考えられ，専門的で重要な仕事だとは考えられていませんでした。しかし，1986年に東京で開催された国際社会福祉会議において，「日本の社会福祉は発展してきたけれども，福祉人材に関しては，国家資格が全く存在しない」という矛盾が指摘され，資格制度の確立も重要な課題であるとして，社会福祉士及び介護福祉士法の制定に拍車がかかったといわれています。

　また，日本の高齢化は他国に類を見ないスピードで進み，介護需要が増加してきました。さらに家庭における介護力の低下もあり，介護を社会的に行うことの必要性が生じてきたことも，資格制度が必要となった社会的背景であるといえます。

　社会福祉士及び介護福祉士法は1987年に制定され，専門職としての介護福祉士が誕生しました。その後2007年に社会福祉士及び介護福祉士法等の一部を改正する法律が公布され，これによって法律の規定が改正されました。

　2007年の改正により，介護福祉士の定義は「介護福祉士の名称を用いて，専門的知識及び技術をもつて，身体上又は精神上の障害があることにより日常生活を営むのに支障がある者につき心身の状況に応じた介護（中略）を行い，並びにその者及びその介護者に対して介護に関する指導を行うこと（中略）を業とする者をいう」（社会福祉士及び介護福祉士法2条2項）と規定されています。さらに義務として，信用失墜行為の禁止，秘密保持義務，連携，名称の使用制限，誠実義務と資質向上の責務が規定されています。

　介護福祉士は名称独占の資格です。介護福祉士という名の下，専門的な知識と技術を兼ね備え，人間としての基本的なマナーを守り，他の職種と積極的に連携を行い，日々自己研鑽しながら，被介護者の生活を支えるための介護を行う者が介護福祉士であるといえます。

② 介護福祉士の仕事

　介護福祉士の資格が誕生して30年以上経過し，全国での介護福祉士登録者数

は2017年3月末現在で150万3,574人です。[1]

　介護福祉士は，介護老人福祉施設や介護老人保健施設，有料老人ホーム，障害者支援施設，病院等様々な場所で働いています。また，デイサービスセンターや小規模多機能型居宅介護事業所，訪問介護事業所等の在宅での生活を支援するためのサービスにも従事しています。

　サービス利用者（以下，利用者）の日々の生活を支えるために介護福祉士は働いていますが，ただ単に身のまわりの世話を行うということではありません。利用者の生活を支えるということは，利用者の命を守るということにつながります。食事や入浴，排泄等の援助を通して，生命を続けるための援助を行うのです。それが介護であり，その介護を行うことで利用者の生活が成り立っていきます。また，人それぞれに生活のスタイルは違います。それは生きてきた年数，生まれ育った場所，環境などたくさんの要因に左右されて，今があるからです。その背景を知った上で，一人ひとりにあった介護を介護福祉士は行っているのです。そして，その介護を受けるのは，どのような心身状況であったとしても人間であることに違いはなく，利用者は人間として尊重されることが絶対なのです。

　以上のことを踏まえ，利用者と直接かかわり，食事や排泄，入浴，衣類の着脱の援助，車椅子への移乗の援助から，調理，洗濯，掃除などの家事の援助，余暇活動の援助，コミュニケーションの援助など，あらゆる生活場面において，利用者が自分自身の力で行うことができることと困難な部分の両面をまずは把握します。そして，どのような援助を行うのが利用者にとって最善の方法かを，あらゆる情報を基に分析し，その時に必要であることを見出し，利用者の代わりに行い，または利用者が自立して行うことができるように支え，援助を実践していくことが介護福祉士の仕事です。

③ 介護福祉士の今後

　現在も日本の高齢化は進む一方であり，認知症の利用者，要介護度の高い利用者が増加し，介護問題はさらに深刻化します。介護福祉士による専門的な知識と技術，そして根拠に基づいた介護の必要性が問われてきます。

　介護福祉士登録者数は年々飛躍的に増加していますが，介護の仕事への従事者数は不足しているのが現状です。介護福祉士の専門性を追求し，その必要性を広く社会に広めることがまずは必要です。そして介護従事者の増加を目指していくことが，社会で介護を支えていくためにも今後さらに必要になってきます。

（武田千幸）

▷1　社会福祉振興・試験センターホームページ「社会福祉士・介護福祉士・精神保健福祉士の都道府県別登録者数（2017年3月末日現在）」(http://www.sssc.or.jp/touroku/pdf/pdf_t04.pdf)

参考文献

介護福祉学研究会監修（2002）『介護福祉学』中央法規出版。

Ⅳ　福祉行政における専門職の役割

4　精神保健福祉士

1　精神保健福祉士とは

　精神保健福祉士とは，主に精神保健福祉領域でソーシャルワークを行う精神科ソーシャルワーカー（Psychiatric Social Worker）の国家資格です。1997年に施行された精神保健福祉士法に基づき，精神保健福祉士国家試験に合格して資格を取得した人を精神保健福祉士と呼ぶようになりました。

2　精神保健福祉士になるには

　精神保健福祉士は，社会福祉士と同じように名称独占の国家資格です。したがって，精神保健福祉士以外の人が，この名称を用いて相談援助することは禁じられています。

　精神保健福祉士になるには，専門の知識や技術を身に付けることが必要です。毎年1回実施される精神保健福祉士国家試験に合格し，公益財団法人社会福祉振興・試験センターに登録の申請をし，登録されてはじめて精神保健福祉士という名称を用いて活動することができます。

　精神保健福祉士国家試験の科目は，社会福祉士との共通科目の他に，精神疾患とその治療，精神保健の課題と支援，精神保健福祉相談援助の基盤，精神保健福祉の理論と相談援助の展開，精神保健福祉に関する制度とサービス，精神障害者の生活支援システムという6つの専門科目があります。

3　精神保健福祉士が活動する場

　精神保健福祉士は，医療機関，地域活動支援センター，保健所，福祉事務所，グループホーム，就労移行支援事業所などで活動しています。近年，社会福祉協議会，保護観察所，教育機関，企業など，精神保健福祉士が活動する場は多岐にわたっています。その背景には，失業，老老介護，うつ病，孤独死，過労死，自死，虐待，ひきこもりなど，幾重にもわたる生活課題によって苦悩し，援助が必要な人が増えていることが関係しています。精神保健福祉士などの専門職が所属している機関や職種にかかわらず，専門職であるなしにかかわらず，多種多様な人たちが援助の担い手となって連携・協働することが必要となっています。

　精神保健福祉士は，活動する場によって仕事内容が異なります。たとえば，

▷1　精神保健福祉士法2条において，精神保健福祉士は次のように定義されている。「精神障害者の保健及び福祉に関する専門的知識及び技術をもって，精神科病院その他の医療施設において精神障害の医療を受け，又は精神障害者の社会復帰の促進を図ることを目的とする施設を利用している者の地域相談支援（中略）の利用に関する相談その他の社会復帰に関する相談に応じ，助言，指導，日常生活への適応のために必要な訓練その他の援助を行うこと（中略）を業とする者をいう」。

医療機関に従事する精神保健福祉士は，医師，看護師，臨床心理士，薬剤師などの他職種と連携し，患者や家族への相談援助，退院や社会復帰の援助，退院後の生活援助（社会資源の紹介や他機関との連携等）などを行います。また，障害者総合支援法に基づく障害福祉サービス等事業所に従事する精神保健福祉士は，サービスを利用する本人の希望や意向を尊重した援助計画の作成，本人の状況に合わせて援助が展開されているかどうかのモニタリング，本人が外出する時の同行，本人の希望に合う就労に向けた就職活動のサポートや就職後のフォローアップなどを行います。活動する場にかかわらず，精神保健福祉士は本人の人権や生き方を尊重し，その人がその人らしく生きていけるように共に歩む姿勢を大切にしています。

④ 災害における精神保健福祉士の役割

2011年3月11日に東日本大震災が起きました。地震や津波などの自然災害は誰もが予期しない突然の出来事であり，一人ひとりの人生を大きく揺り動かします。喪失体験の中でも，人生が一変することさえもある死別体験は，人の心身や人生に層となって影響を及ぼします。大切な人を喪うだけではなく，それまでに築いてきた多様なつながり，住まいや仕事，生きがいや希望などいくつも同時に喪うこともあります。喪失体験が積み重なれば積み重なるほど心身に及ぼす影響は大きく，中には，うつ病や心的外傷後ストレス障害（PTSD）の症状が表れる人もいます。

災害によって，大切な人が亡くなり，意気消沈して話せる状態ではない人に，精神保健福祉士として何と声をかけたらいいのか言葉が見つからず，ただただ付き添うことしかできなかったというお話を聴くことがあります。何かをするという行為よりも，共にいるということ，存在を存在で受け止めるということが人のささえになることもあります。共にいる中で様々な感情が表出されたり，健康状態や生活状況をうかがい知ることもあります。

近年，従来の相談援助のあり方を見直し，あらゆる人のあらゆる相談に早急かつ継続して対応する総合的かつ包括的な相談援助を推進していくことが喫緊の課題となっています。これは，災害の予防的な援助としても重要です。日頃から，あらゆる人があらゆる相談ができるような相談援助体制を日常生活圏域に整え，できる限り早い段階で対応すること，専門職が所属している機関や職種にかかわらず，専門職であるなしにかかわらず，多種多様な人たちが相談援助の担い手となること，さらには，一人ひとりが生活している地域を変えていくなど，既存の社会福祉制度の枠を超えた相談援助体制を創造することが災害の予防的な援助にもつながります。相談援助の体制づくりや地域づくりの担い手となり，一人ひとりの暮らしを援助することは，精神保健福祉士の役割として重要です。

（金子絵里乃）

Ⅳ　福祉行政における専門職の役割

 保 育 士

保育士資格の法定化

　1947年の児童福祉法制定に伴って，保母として保育士の資格が規定されました。保母は，児童福祉施設において保育に従事する女性のことをいい，当初は女性に限定されていました。

　その後，1977年3月からは，児童福祉施設において保育に従事する男性についても，女性と同じ方法で保母に準じる資格を付与することができるようになりました。さらに，保育現場に男性の保育者が定着してきていることなどによって，1999年4月に従来の「保母」の名称が男女共通資格としての「保育士」に改められました。

　2001年の児童福祉法改正では，保育士資格が児童福祉施設の任用資格から，名称独占の資格として正式に児童福祉法に位置づけられました。児童福祉法では，保育士を「登録を受け，保育士の名称を用いて，専門知識及び技術をもって，児童の保育及び児童の保護者に対する保育に関する指導を行うことを業とする者」（18条の4）と規定しています。また，保育士資格の法定化と併せて，信用失墜行為の禁止や秘密保持義務などに関する規定も設けられました。

2 保育士資格を取得するには

　図Ⅳ-1に示しているように，保育士となる資格を取得する方法は大きく分けると2つあります。

　一つは，厚生労働省が指定する保育士養成施設（大学・短大・専門学校等）を卒業するという方法です。厚生労働省が指定する保育士養成施設は，全国に約600カ所あり，毎年約4万人が卒業しています。

　もう一つは，保育士試験に合格するという方法です。保育士試験には筆記試験と実技試験があり，毎年1回実施されてきましたが，2016年度からは地域限定保育士の試験が新たに創設されました。これにより，前期（通常試験）と後期（地域限定保育士の試験または通常試験）の年2回実施されることになりました。

　いずれかの方法で保育士となる資格を取得した者が都道府県に備えられる保育士登録簿に登録することにより，「保育士」の名称を用いることができるとされています。

▷1　正式名称は「国家戦略特別区域限定保育士」。2015年に国家戦略特別区域法及び構造改革特別区域法の一部を改正する法律により創設。資格取得後3年間は当該自治体内のみで保育士として働くことができ，登録後3年経過すれば全国で保育士として働くことができる。

76

図Ⅳ-1　保育士の養成課程

注：2012年4月から，知事による受験資格認定の対象に認可外保育施設が追加された。
出所：厚生労働統計協会（2016）『国民の福祉と介護の動向 2016/2017』252頁。

3 保育士の職務内容

　保育士が働いている職場としては，保育所が圧倒的に多いですが，その他にも乳児院，児童養護施設，障害児入所施設などの児童福祉施設でも多くの保育士が活躍しています。また，認可外保育施設や病院などでも保育士は働いています。

　その職務内容は，施設によって異なりますが，保育所では乳幼児の保育や保育計画の立案などを中心的な業務として行っています。また，乳幼児に対する保育だけでなく，保護者，地域住民を対象とした乳幼児の相談や子育て支援の担い手としても期待されています。

　児童福祉法には「保育所に勤務する保育士は，乳児，幼児等の保育に関する相談に応じ，及び助言を行うために必要な知識及び技能の修得，維持及び向上に努めなければならない」（48条の4第2項）と規定されています。

　一方，児童養護施設や障害児入所施設などの入所施設では，洗濯や掃除などの家事一般も行い入所している子どもの日常的ケアにあたるとともに，学習指導や生活指導，自立支援など幅広い職務を行っています。　　　（石田慎二）

Ⅳ　福祉行政における専門職の役割

 介護支援専門員（ケアマネジャー）

 介護支援専門員（ケアマネジャー）とは

　介護支援専門員は，介護保険法の制定とともに1998年から実務研修が始まった資格です。介護保険法では，介護支援専門員は「要介護者又は要支援者からの相談に応じ，及び要介護者等がその心身の状況に応じ適切な居宅サービス，地域密着型サービス，施設サービス，介護予防サービス又は地域密着型介護予防サービスを利用できるよう市町村，居宅サービス事業を行う者，地域密着型サービス事業を行う者，介護保険施設，介護予防サービス事業を行う者，地域密着型介護予防サービス事業を行う者等との連絡調整等を行う者であって，要介護者等が自立した日常生活を営むのに必要な援助に関する専門的知識及び技術を有するものとして第69条の7第1項の介護支援専門員証の交付を受けたものをいう」と定義されています。

　介護保険制度に基づいた介護サービスには多様な種類があるため，誰か一人がその要否と内容を決定できるわけではありません。そこで，客観的な基準に基づいた要介護認定と，要介護度に応じた限度額の範囲内で作成されたケアプランに基づく介護サービスという仕組みが考えられ，それらの実務を担う職種として考えられたのが介護支援専門員です[41]。要介護者が，心身の状況に応じた適切なサービスが利用できるように，利用者と市町村，サービス事業者，介護保険施設等と調整を図りながらケアプランを作成し，具体的な社会資源と結びつけます。

　介護支援専門員になるためには，社会福祉士や介護福祉士，医師，看護師，歯科医師，薬剤師，理学療法士，作業療法士等，福祉，医療，保健の資格保有者で実務経験が5年以上ある者などが，都道府県の指定法人が行う実務研修受講試験を受けて合格し，その後87時間の実務研修を修了する必要があります[42]。国家資格ではありませんが，介護サービス計画作成に関しては業務を独占しています。

 介護支援専門員が働く職場

　介護保険法では，介護保険施設とケアプラン作成機関にはケアマネジャーを配置しなければならないと規定されています。また，地域包括支援センター[43]には主任介護支援専門員[44]の配置が義務づけられています。

▷1　堤修三（2006）『ケアマネジャーになるには』ぺりかん社。
▷2　厚生労働省ホームページ「介護支援専門員実務研修ガイドライン」2016.11版：実務研修ガイドライン（http://www.mhlw.go.jp/file/06-Seisakujouhou-12300000-Roukenkyoku/2016.11JITSUMUKENSHUGAIDORAIN_3.pdf）
▷3　2005年の介護保険法改正により誕生した。地域の高齢者やその家族などの心身の健康の維持，生活の安定，保健，福祉，医療の向上と増進のために必要な援助，支援を包括的に担う地域の中核機関とされている。主任介護支援専門員の他に，社会福祉士，保健師の配置も義務づけられている。
▷4　専任の介護支援専門員としての実務経験が5年以上ある者等で，64時間以上の主任介護支援専門員研修を修了する必要がある。

介護支援専門員は，居宅介護支援事業所，在宅介護支援センター，地域包括支援センター，介護保険施設，その他介護保険のサービス事業所等で働いています。

③ 介護支援専門員の仕事

○介護サービス計画作成・サービス担当者会議の開催

介護サービス計画とは，介護保険制度において要介護者が介護サービスを適切に利用できるよう，心身の状況，生活環境，本人および家族の希望等を勘案し，サービスの種類，内容，担当者等を定めた計画のことをいいます。利用者およびその家族が支援を受けながらどのような生活を送りたいと考えているかという意向を確認した上で，介護保険制度の理念である利用者の自立した生活を支援するために作成されるもので，介護支援専門員が立案します。在宅では居宅サービス計画，施設では施設サービス計画を作成し，それに基づいてサービスを依頼された各事業所が具体的なケア計画を立案し，実際にサービスが提供されることとなっています。

居宅サービス計画の作成に当たり，サービスを提供している事業所の担当者を招集し，サービス担当者会議の場を設けます。それぞれの事業所で行われているケアの状況や利用者の様子を報告し，情報を共有します。

○給付管理

介護保険では，要介護度によって受けられるサービスの限度額が決まっています。限度額内のサービスの利用であれば，利用者の負担は原則１割です。限度額を超えた分は利用者の全額負担になってしまうため，利用者の経済的な負担が増加してしまいます。多くの利用者や家族は限度額内でおさめたいという希望があり，その希望をかなえ，必要とされるサービスを組み合わせることが求められます。介護支援専門員は毎月利用者が利用したサービスについて各提供事業者から実績の報告を受け，給付管理の作業を行います。

○認定調査

介護保険の申請をした人全員が認定調査を受けることになります。原則は保険者である市町村の調査員が調査することになっていますが，多くは一定の研修を行った上で，民間事業所に所属する介護支援専門員に委託されています。認定調査では利用者のもとを訪れ，指定の調査項目をチェックします。詳しい状況については特記事項として記入することになります。

○地域包括支援センターでの仕事

地域包括支援センターでは，要支援１〜２と認定された人と非該当の人で今後要支援，要介護状態になるおそれのある人を対象に総合的にマネジメントを行います。社会福祉士，保健師と連携しながら，地域において介護予防サービスが提供できるようにマネジメントを行います。　　　　　　（武田千幸）

▷5　原則一割であるが，所得に応じて負担が増える。年収280万円以上（合計所得金額160万円以上）の利用者は２割負担である。

【参考文献】
池田書店編集部（2004）『福祉　仕事・資格・学校オールガイド 2006年版』池田書店。
前田崇博（2014）「介護保険制度」山縣文治・岡田忠克編『よくわかる社会福祉第10版』ミネルヴァ書房，148-151頁。
後藤真澄（2015）「計画の立案」介護福祉士養成講座編集委員会編『介護過程』（新介護福祉士養成講座⑨）中央法規出版，52-64頁。
稲葉敬子・伊藤優子（2006）『ケアマネジャーになるには』ぺりかん社。
菅野道生（2015）「地域包括支援センターと地域」東康祐・渡辺道代編『高齢者に対する支援と介護保険制度 第３版』弘文堂，172-186頁。
嶋崎東子（2015）「介護保険制度の運営」東康祐・渡辺道代編『高齢者に対する支援と介護保険制度 第３版』弘文堂，154-169頁。

Ⅳ　福祉行政における専門職の役割

社会福祉主事

社会福祉主事とは

　社会福祉主事は、社会福祉各法に定める住民の援護または更生の措置に関する事務を担う者に必要とされる資格です。社会福祉施設職員等としての資格にも準用されることがあります。

　社会福祉法において、社会福祉主事は、都道府県知事または市町村長の補助機関の職員と位置づけられています（社会福祉法19条）。社会福祉主事は、都道府県、市および福祉事務所を設置する町村に必ず配置しなければなりません（同法18条）。なお、福祉事務所を設置していない町村については、社会福祉主事を配置することができるとされています。

　社会福祉主事には、年齢が20歳以上であり、人格が高潔で、思慮が円熟し、社会福祉の増進に熱意があることが求められています。そして、①大学・短大等で厚生労働大臣の指定する社会福祉に関する科目を修めて卒業した者、②厚生労働大臣の指定する養成機関または講習会の課程を修了した者、③社会福祉士、④厚生労働大臣の指定する社会福祉事業従事者試験に合格した者、⑤①〜④に掲げる者と同等以上の能力を有する者として厚生労働省で定めるもの（精神保健福祉士など）という５つの要件のうちのいずれかに該当しなければなりません。

2 社会福祉主事の任用資格が必要とされる職種

　表Ⅳ-１は、社会福祉主事が任用資格として含まれている主な職種を一覧にして示したものです。社会福祉主事の任用資格が必要とされる職種の多くは、社会福祉行政の第一線機関である福祉事務所に配置されています。

　福祉事務所には、福祉事務所長、現業の事務についての指導監督を行う査察指導員、支援を必要とする人との相談面接、支援の必要性・内容の判断、生活指導等の現業の事務を行う現業員、事務を行う事務員がいます。そのうち、査察指導員と現業員が、社会福祉主事の資格を持った者から任用されることとなっています。2016年10月現在、福祉事務所における査察指導員のうち社会福祉主事資格を取得している者の総数は2,738人で取得率は72.8％となっています。現業員においては、１万7,760人が取得しており、取得率は71.7％となっています。また、生活保護担当の査察指導員でみてみると、社会福祉主事資格を有

IV-7 社会福祉主事

表IV-1 任用資格に社会福祉主事が含まれている主な職種

職種名	配置場所	職務内容
現業員	福祉事務所	支援を必要とする人との相談面接，支援の必要性・内容の判断，生活指導等の現業の事務を行う
査察指導員	福祉事務所	現業の事務についての指導監督を行う
老人福祉指導主事	福祉事務所	高齢者福祉に関する事務のうち，より専門的な知識や技術を必要とする内容にかかわり，現業員を指導監督する
知的障害者福祉司	知的障害者更生相談所 福祉事務所	知的障害者福祉に関する事務のうち，より専門的な知識や技術を必要とする内容に従事する
身体障害者福祉司	身体障害者更生相談所 福祉事務所	身体障害者福祉に関する事務のうち，より専門的な知識や技術を必要とする内容に従事する
家庭児童福祉主事	福祉事務所内設置の家庭児童相談室	家庭児童福祉の業務に従事する。家庭児童相談員とともに家庭児童相談室の業務を遂行する
家庭相談員	福祉事務所内設置の家庭児童相談室	家庭児童福祉の業務に従事する
児童福祉司	児童相談所	子どもの福祉に関する事務のうち，より専門的な知識や技術を必要とする内容に従事する

する人の割合は82.7％，現業員では82.0％となっています。

　その他，福祉事務所には，老人福祉指導主事，知的障害者福祉司や身体障害者福祉司，家庭児童福祉主事，家庭相談員など，社会福祉各法に定める住民の援護または更生の措置に関して，専門的にたずさわる職員が配置されています。これらの職員の任用資格の一つに，社会福祉主事が含まれています。児童相談所に配置される児童福祉司の任用資格としても社会福祉主事が挙げられています。

③ 社会福祉主事の職務

　福祉事務所には，都道府県設置の福祉事務所と，市町村設置の福祉事務所があります。それぞれの福祉事務所に社会福祉主事が配置されますが，そこで求められている事務は異なります。

　都道府県の社会福祉主事は，生活保護法，児童福祉法，母子及び父子並びに寡婦福祉法の福祉三法における援護または育成の措置に関する事務を行います。

　市町村の社会福祉主事は，生活保護法，児童福祉法，母子及び父子並びに寡婦福祉法，老人福祉法，身体障害者福祉法，知的障害者福祉法の福祉六法における援護または育成，更正の措置に関する事務を行います。

　福祉事務所を設置していない町村に配置される社会福祉主事は，老人福祉法及び身体障害者福祉法，知的障害者福祉法に定める援護又は更生の措置に関する事務を行います。　　　　　　　　　　　　　　　　　　　　　　（鵜浦直子）

▷1 「平成28年福祉事務所人員体制調査」（2017年9月21日公開）。

Ⅳ 福祉行政における専門職の役割

 民生委員

民生委員とは

　民生委員は，1948年に公布された民生委員法に基づいて配置されています。民生委員法は，民生委員が「社会奉仕の精神をもつて，常に住民の立場に立つて相談に応じ，及び必要な援助を行い，もつて社会福祉の増進に努めるものとする」（1条）とし，具体的な職務として，担当する区域における住民の生活状態を把握すること，生活に関する相談に応じ，助言や援助，適切な情報提供を行うこと，関係機関と連携しその活動を支援すること，行政の業務に協力することを規定しています（14条）。また，任期は3年とされており（ただし再任できる），給与は支給されません。さらに，民生委員は，住民の私生活に立入り，その一身上の問題に介入することも多いため，法律で守秘義務が課せられています。なお，民生委員は児童福祉法に基づく児童委員も兼務しているため，正式には民生委員・児童委員と呼ばれます。

民生委員の選出方法

　ところで，民生委員はどのように選出されるのでしょうか。まず，地域住民の中から民生委員にふさわしい人が，市町村に設置された「民生委員推薦会」を通じて都道府県知事に推薦されます。次に，都道府県知事がその人を厚生労働大臣に推薦し，厚生労働大臣から民生委員に委嘱されることになります。「民生委員にふさわしい人」は，実際には自治会・町内会などの地縁組織や民生委員・児童委員協議会の中で適切な人を選出することが一般的です。

民生委員の実際の活動

　次に，民生委員の実際の活動を見ていきましょう。民生委員には担当地区があり，その配置基準は**表Ⅳ-2**に示した通りです。こうした小さなエリアでの福祉課題の早期発見は，専門職には困難です（人口2～3万人に1カ所設置されることになっている地域包括支援センターの専門職と比較してみましょう）。民生委員は，担当する区域の中の一人暮らしの高齢者を定期的に訪問してその状態を把握したり，必要な相談にのったりしています。また，住民の

表Ⅳ-2　民生委員・児童委員の配置基準

区　　分	1人当たりの受持世帯数（基準）
東京都区部・指定都市	220～440世帯
中核市・人口10万人以上の市	170～360世帯
人口10万未満の市	120～280世帯
町　村	70～200世帯

出所：厚生労働省雇用均等・児童家庭局長，厚生労働省社会・援護局長通知（雇児発第433号／社援発第1145号）。

表IV-3 民生委員活動状況の年次推移

	2010年度[(3)]	2011年度	2012年度	2013年度	2014年度	対前年度	
						増減数	増減率(%)
相談・支援件数(件)	7,136,055	7,108,207	7,172,257	6,714,349	6,465,231	△ 249,118	△ 3.7
その他の活動件数[(1)](件)	24,518,355	26,545,304	26,681,004	26,198,777	27,122,151	923,374	3.5
訪問回数[(2)](回)	34,010,385	37,029,706	38,053,404	37,173,214	38,648,913	1,475,699	4.0

注：(1)「その他の活動件数」は，調査・実態把握，行事・事業・会議への参加協力，地域福祉活動・自主活動及び民児協運営・研修等の延回数である。
　　(2)「訪問回数」は，見守り，声かけなどを目的として心身障害者・児，ひとり暮らしや寝たきりの高齢者及び要保護児童等に対して訪問・連絡活動（電話によるものを含む。）を行った延回数である。
　　(3) 平成22年度は，東日本大震災の影響により，岩手県（盛岡市以外），宮城県の一部及び福島県（郡山市及びいわき市以外）を除いて集計した数値である。
出所：厚生労働省（2015）「平成26年度社会福祉行政業務報告（福祉行政報告例）」。

困りごとについて，必要な専門職（たとえば，地域包括支援センター）につなぐことも民生委員の重要な役割といえるでしょう。このように民生委員は，住民に身近な場所で福祉課題をキャッチできる重要な存在です。近年，市町村が中核となって地域包括ケアシステムを構築していくことが期待される中で，福祉課題の早期発見や要配慮者の見守りに民生委員が大きな役割を果たしているのです。さらに，高齢者サロンや子育てサロンの活動，災害時要援護者の台帳づくりといった小地域福祉活動のリーダーとしても大きな役割を果たしています。

表IV-3は民生委員の活動状況を示したものです。全国の民生委員委嘱数が23万1,339人（2014年度末）ですから，おおむね一人当たり平均して年間約28件の相談を受け，調査や行事，会議，地域福祉活動などに約117回参加し，高齢者などの見守り，声かけのために約167回訪問を行っていることになります。

❹ 民生委員のなり手不足と位置づけの明確化

最後に，民生委員制度の課題を見ておきましょう。第1の問題は，民生委員のなり手が不足していることです。その原因として考えられるのは，各世帯の抱える問題の複雑化や民生委員に期待される役割が大きくなっていることです。専門家ではない無給の住民である民生委員にとって，こうした期待に応えることができるか不安になるのは当然のことかもしれません。第2に，民生委員の位置づけの問題があります。民生委員は，法に定められ，厚生労働大臣から委嘱されて活動に従事するという意味で，公的な性格を持っています。一方，専門職ではなく地域住民の中から選出され，無給でその職務に従事することから委嘱ボランティアと呼ばれることもあります。このように，民生委員には行政から委嘱される特別職の地方公務員としての顔とボランティアとしての顔という二つの顔があります。求められる職務も年々過重になっており，専門職ではない住民にどこまでの役割を期待すべきなのか，きちんと整理することが必要な時期にきているといえます。　　　　　　　　　　　　　　　（永田祐）

Ⅳ 福祉行政における専門職の役割

 専門職ネットワーク

1 専門職ネットワークの必要性

　社会動向の変化に伴い，国民一人ひとりの抱える生活課題は多岐にわたり，複合的な要素も持ち合わせるようになりました。たとえば，介護の他に，疾病や生活困窮の問題，虐待や消費者被害等の重篤な権利侵害の問題など，重複した課題を抱える人たちが多くなってきています。

　また，支援を必要とする人が暮らす地域を基盤とした社会福祉の実践が求められるようになりました。援助を求めてやってくる人だけを対象にするのではなく，援助する側が積極的に地域に出向き，そこで暮らす人たちの生活の場を舞台にして実践することが重視されるようになっています。様々な生活課題を抱えた人たちを，その人たちが暮らす地域で包括的に援助することが求められるようになった今，特定の機関・施設だけで対応していくことは困難です。特定の機関・施設で対応できる課題を軸とした援助体制では，現在の広範化・複雑化した人々の生活課題を解決することは難しいといえます。

　そこで，本人の生活課題に合わせた援助体制を地域の中に築いていくことが求められます。その援助体制には，利用者の生活課題に応じて様々な専門職による参画が不可欠です。専門職ネットワークとは，多種・多様な専門職が力を合わせて，地域で暮らす人々の生活課題を解決するための協働の場として，そして，各々の役割や機能が効果的かつ相乗的に発揮されるための調整の場として必要となります。

　現在，厚生労働省は今後の地域福祉の方向性として「地域共生社会」の実現に向けた議論がなされています。そこでは，複合的な課題に対する包括的な相談支援体制の構築が議論されています。専門職ネットワークはその構築を支える重要な役割を担うことになります。

2 専門職ネットワークの特徴

　専門職ネットワークには，大きく分けて次の2つの特徴があるといえます。一つは，利用者本人やその家族の抱える個別の生活課題の解決を目的としたネットワークです。2つ目は，地域で共通する課題を解決し，地域の社会資源の改善や開発を目的とするネットワークです。

　個別の生活課題に対応する専門職ネットワークでは，たとえば高齢者では，

介護支援専門員を中心として，医療や福祉，介護など，個人の生活課題を解決するために各関係機関の専門職が連携を図り，包括的に個人の生活を支えていくことになります。

　地域で共通する課題を解決する専門職ネットワークでは，個別課題の専門職ネットワークと重層的な関わりをもちながら，地域の社会資源の改善や開発に取り組みます。

③ 各領域における専門職ネットワークの取り組み

❍地域包括支援センターにおけるネットワークの取り組み

　地域包括支援センターが担う包括的支援事業のなかで，ネットワークの構築が求められています。総合相談支援業務において，地域の実情を把握し，支援を必要とする高齢者に対して総合相談を行うとともに，継続的な見守り，さらなる問題発生の予防のためのネットワーク構築が求められています。包括的・継続的ケアマネジメント支援業務においても，地域における介護支援専門員のネットワークの構築・活用が求められています。

　さらに，包括的支援事業を効果的に実施するために，地域の保健・福祉・医療サービスやボランティア活動，インフォーマルサービスなどの様々な社会的資源が有機的に連携することができる環境整備を行うことが重要であるとし，こうした連携体制を支える共通的基盤として多職種協働による「地域包括支援ネットワーク」を構築することが必要であるとされています。

❍地域自立支援協議会におけるネットワークの取り組み

　障害者総合支援法では，市町村が実施する相談支援事業の取り組みとして，地域自立支援協議会の設置を求めています。この協議会では，障害福祉サービスの適切な利用を支える相談支援体制の構築を図るために，地域の障害福祉関係者による連携および支援体制に関する協議が行われます。そして，障害者等の地域生活を支援するために，関係者が共通の目的をもち，地域の実態や課題等の情報を共有して具体的に協働し，障害者の様々なニーズに対応するためのネットワークの場として機能することが求められています。

❍要保護児童対策地域協議会におけるネットワークの取り組み

　要保護児童対策地域協議会では，虐待を受けた児童などに対する市町村の支援体制を強化するために，関係機関が連携を図り，児童虐待等への対応を行います。具体的には，要保護児童等に関する情報，その他，要保護児童の適切な保護を図るための情報交換を行うとともに，要保護児童等に対する支援の内容に関する協議が行われます。個別の事例について適時検討する個別ケース検討会議，地域協議会の構成員の代表者が集まって協議する代表者会議，実務担当者から構成される実務者会議といった三層構造となっているところが多いようです。

（鵜浦直子）

V 福祉行財政の動向

福祉行政をめぐる裁判

　福祉行政をめぐる裁判として，①日本国憲法25条と生活保護基準を争点とした「朝日訴訟」，②日本国憲法25条と併給禁止の規定を争点とした「堀木訴訟」，③保育所建設費の超過負担を争点とした「摂津訴訟」を取り上げます。いずれも結果的には敗訴となりましたが，このような裁判を契機として国の基準が見直されるなど，制度の改善に大きな影響を与えました。

1 朝日訴訟

　1957年8月，生活保護を受給して国立療養所で療養していた朝日茂氏が，支給される生活保護費が低額すぎて日本国憲法25条の生存権が保障されないとして，厚生大臣（当時）を提訴しました。この訴訟を「朝日訴訟」といいます。

　第一審の東京地裁は，生活保護基準は低額すぎて違憲であるという朝日氏側の全面勝訴の判決を下しました。しかし，第二審の東京高裁は，生活保護基準は不当に低額とはいえるが，違憲であるとまで断定することはできないとして第一審とは反対の判決を下しました。朝日氏側は，これを不服として上告をしましたが，上告中に朝日氏が死亡したため，1967年に最高裁の訴訟は終了しました。朝日茂氏の養子夫婦が裁判の継承を申し出ましたが，保護受給権は一身専属の権利であるとして認められませんでした。

　朝日訴訟は，直接的には生活保護基準で定められた日用品費の月額600円（当時）が違法に低額であるかが争われたものです。しかし，そこには，①そもそも，要保護者または被保護者の保護処分を違法として言い争い得る権利（保護受給権）があるか，②厚生大臣の保護基準設定行為が，果たして，司法審査に服するものであるかどうか，③「健康で文化的な最低限度の生活」とは，具体的にいかなるものを指すかという問題がありました。[1]

　①については，第一審，第二審において保護受給権はあるとの見解をとっていました。最高裁は主要な争点についての判断を示した付加意見を述べていますが，そこでも保護受給権の存在は認められました。

　②についても，第一審，第二審において積極的な立場がとられました。最高裁の付加意見においても，厚生大臣の保護基準設定行為について，その判断に誤りがあれば違法として裁判所の審査を受けるべきと述べられました。

　③については，何が「健康で文化的な最低限度の生活」であるかについての厚生大臣の判断を，裁判所としてどの程度まで尊重すべきかという点に関して，

▷1　渡部吉隆（1967）「いわゆる朝日訴訟事件最高裁判決の解説」『ジュリスト』374，46頁。

V-1 福祉行政をめぐる裁判

V

第一審，第二審において異なる判断が出されました。最高裁の付加意見では，不当に低額であるとはいえるが，違憲であるとまで断定できないとする第二審の結論が支持されました。

朝日訴訟は「人間裁判」とも言われ，国民の人権意識の高揚に寄与するとともに，その後の生活保護行政のあり方にも大きな影響を与えました。

2 堀木訴訟

視覚障害者で障害福祉年金を受給していた堀木フミ子氏は，夫と離婚した後，児童扶養手当を申請しました。しかし，当時の児童扶養手当制度には公的年金の併給禁止の規定があり，請求は却下されました。堀木氏は，これを不服として1970年7月に提訴しました。この訴訟を「堀木訴訟」といいます。

堀木訴訟では，障害福祉年金と児童扶養手当との併給禁止の規定が日本国憲法25条（生存権）に違反するかどうかが争点となりました。

第一審の神戸地裁は堀木氏側の勝訴の判決を下しましたが，第二審の大阪高裁は第一審とは反対に堀木氏側の敗訴の判決を下しました。堀木氏は最高裁へ上告をしましたが，第二審が支持されて堀木氏側の敗訴が確定しました。

最高裁は，日本国憲法25条に基づいて具体的にどのような内容の法律を整備するかは，立法府の裁量に任せられており，それが著しく合理性を欠き明らかに裁量の逸脱・濫用とみなされる場合を除いて，裁判所が審査判断する事柄ではないとの判断を示しました。その上で，この併給禁止の規定がその裁量権の行使を著しく誤ったものとは言えないとして，堀木氏側の主張を排斥した第二審の判決を支持する結論を下しました。

堀木訴訟は日本国憲法25条について正面から争ったものであり，この最高裁の判決は，その後の日本国憲法25条に関する裁判に影響を与えました。

3 摂津訴訟

1973年8月，大阪府摂津市は保育所建設費の超過負担をめぐり国を被告として提訴しました。この訴訟を「摂津訴訟」といいます。

第一審の東京地裁は，超過負担の実態などには全く立ち入らないで，手続き上の問題から具体的な請求権はないとして摂津市の請求を棄却する判決を下しました。第二審の東京高裁も同様の判断を示し摂津市の控訴を棄却しました。

摂津訴訟は，初めて地方自治体が国を訴えたということで社会的に大きな反響を呼びました。また，この摂津訴訟の過程で多くの地方自治体から超過負担解消の意見書が出されるなど，当時大きな議論となっていた超過負担の問題を提起したという点でも意義がありました。摂津市の控訴は棄却されましたが，この訴訟を契機として保育所建設費をめぐる超過負担の問題は，国によってかなり改善されました。 （石田慎二）

Ⅴ　福祉行財政の動向

児童福祉法改正

　児童福祉法は，1947年に制定されました。その後，時代の変化に合わせて小さな改正は繰り返されてきましたが，大幅な改正は行われてきませんでした。しかし，少子化の進行や児童や家庭を取り巻く環境の変化などを背景として新たな問題が表面化してきたことにより，1997年に児童福祉法制定以来50年ぶりの大幅な改正が行われました。さらに，2000年代以降もめまぐるしく改正されています。ここでは，その改正の内容について説明します。

1　1997年の児童福祉法改正

　1997年の改正では，第1に保育施策の見直しが行われ，保育所への入所方式が措置制度から選択利用方式へ変わりました。第2に，施設の機能や名称変更が行われ，「教護院」が「児童自立支援施設」に，「養護施設」が「児童養護施設」に，「母子寮」が「母子生活支援施設」になりました。また，情緒障害児短期治療施設（現・児童心理治療施設）への入所年齢制限が廃止されました。第3に，児童家庭支援センターが新たな児童福祉施設として創設されました。第4に，都道府県児童福祉審議会による意見聴取が位置づけられました。第5に，児童自立生活援助事業や放課後児童健全育成事業が第二種社会福祉事業として位置づけられました。

2　2000年の児童福祉法改正

　2000年に社会福祉法が施行されたことに伴って，児童福祉法も一部改正されました。

　2000年の改正では，第1に，母子生活支援施設，助産施設への入所方式について保育所と同様に措置制度から選択利用方式へ変わりました。第2に，虐待などの通告について児童委員を介して，児童相談所または福祉事務所に通告できることとされました。第3に，児童相談所所長および児童福祉司の任用資格として社会福祉士が追加されました。第4に，一時保護期間について開始から原則2カ月と明記されました。

3　2001年の児童福祉法改正

　2001年には，都市化の進行および家族形態の変容など児童を取り巻く環境が大きく変化し，児童の健やかな成長に影響を及ぼすおそれのある事態が生じて

いることを鑑み，地域において児童が安心して健やかに成長することができるような環境を整備するために，児童福祉法の改正が行われました。

2001年の改正では，第1に，これまで届け出をしなくても運営できていた認可外保育施設に届け出を義務づけ，また認可外保育施設に対する監督が強化されました。第2に，保育士の資格が名称独占の資格として法定化されました。第3に，児童委員の職務の明確化が図られ，また主任児童委員が法定化されました。

④ 2003年の児童福祉法改正

2003年には，急速な少子化の進行等を踏まえ，すべての子育て家庭における児童の養育を支援するため，地域における子育て支援の強化を図ることを趣旨とした児童福祉法の改正が行われました。

2003年の改正では，第1に，市町村における子育て支援事業が法定化されました。具体的には，①保護者からの相談に応じ，情報の提供および助言を行う事業（地域子育て支援センター事業，つどいの広場事業など），②保育所等において児童の養育を支援する事業（放課後児童健全育成事業，乳幼児健康支援事業，一時保育事業，特定保育事業など），③居宅において児童の養育を支援する事業（出産後等の保育士等派遣事業）が規定されました。また，市町村における子育て支援事業のあっせん等の実施も規定されました。

第2に，市町村保育計画の作成が義務づけられました。これは，保育所の待機児童数が多い都道府県および市町村に，その解消を図るための計画の作成を義務づけるというものです。

⑤ 2004年の児童福祉法改正

2004年には，次世代育成支援対策を推進するため，児童虐待等の問題に適切に対応できるように，児童福祉法の改正が行われました。

2004年の改正では，第1に，児童相談に関する体制の充実が図られました。この改正により市町村は一次的な相談窓口として位置づけられました。また，児童相談所の役割としては，緊急性の高い，高度な専門性を要する相談など市町村での対応が困難な相談への対応，市町村への技術支援などの後方支援などが位置づけられました。さらに，中核市等における児童相談所の設置，要保護児童対策地域協議会の設置についても規定されました。

第2に，児童福祉施設，里親等のあり方の見直しが行われました。具体的には，乳児院および児童養護施設の入所児童に関する年齢要件の見直し，児童養護施設等の業務として退所した児童に対する相談・援助の位置づけが行われました。

第3に，要保護児童に係る措置に関する司法関与の見直しが行われました。

具体的には，家庭裁判所の承認による入所措置期間を2年以内とすることなどが規定されました。

2008年の児童福祉法改正

2008年には，急速な少子化の進行，児童虐待などの問題に鑑み，時代の社会を担うすべての子どもが健やかに生まれ，育成される環境の整備を図るため，子育て支援の充実，要保護児童に対する家庭的環境における養育の充実などを目的とした児童福祉法の改正が行われました。

2008年の改正では，第1に，子育て支援に関する事業が法定化されました。具体的には，①乳児全戸訪問事業（生後4カ月までの乳児のいるすべての家庭を訪問し，乳児およびその保護者の心身の状況や養育環境等の把握，情報提供，相談，助言などを行う），②養育支援訪問事業（養育支援が必要とされる家庭を訪問して，具体的な養育に関する相談，指導，助言などを行う），子育て支援拠点事業（乳幼児およびその保護者が相互の交流を行う場所を開設し，子育てについての相談，情報提供，助言などを行う），一時預かり事業（家庭で保育を受けることが一時的に困難となった乳幼児を保育所等で一時的に預かり必要な保護を行う）が規定されました。

第2に，家庭的保育事業が法定化されました。これは，保育士等が自宅等で乳幼児を預かって保育を行う事業で，「保育ママ」と呼ばれることもあります。

第3に，養育里親の研修等の義務化，制度的な位置づけの明確化，里親の支援体制の整備などの里親制度の改正が行われました。

第4に，小規模住居型児童養育事業が法定化されました。これは，一定人数以上の児童を，養育者の住居において養育する事業で，「里親ファミリーホーム」と呼ばれることもあります。

第5に，年長児自立支援策の見直しが行われました。これにより，児童自立生活援助事業について，支援を要する場合は18歳を超えても利用できるようになりました。

第6に，被措置児童等虐待（施設等への入所措置等をされた児童に対して施設職員等が行う虐待）の防止が規定されました。これにより，被措置児童等虐待を発見した者に通告義務が課せられ，通告を受けた都道府県は事実確認や必要な措置を行うことなどが義務づけられました。

その他にも，要保護児童対策地域協議会の機能強化，家庭支援機能の強化などが行われました。

2011年の児童福祉法改正

2011年には，民法改正によって親権の一時停止制度の創設，未成年後見制度の見直しが行われたことに伴って児童福祉法も改正されました。

2011年の改正では，①親権の喪失や未成年後見制度への児童相談所長の役割

の規定，②子どもの最善の利益確保のための児童福祉施設長の権限の強化，③2カ月を越える親権者等の同意のない一時保護の延長について児童福祉審議会の意見聴取制度等が定められました。

8 2012年の児童福祉法改正

2012年には，障がい者制度改革推進本部等における検討を踏まえて障害保健福祉施策を見直すまでの間において障害者等の地域生活を支援するための関係法律の整備に関する法律（2010年12月交付）に伴って改正された児童福祉法が施行されました。

2012年の改正では，障害児およびその家族が，身近な地域で必要な支援を受けられるようにするため，従来の障害種別ごとに分かれた施設体系について一元化が図られ，従来の知的障害児施設，自閉症児施設，盲児施設，ろうあ児施設，肢体不自由児施設，肢体不自由児療護施設，重症心身障害児施設などは障害児入所施設に，知的障害児通園施設，難聴幼児通園施設，肢体不自由児通園施設などは児童発達支援センターに再編されました。

9 2016年の児童福祉法改正

2016年の改正では，第1に児童の権利に関する条約という言葉が初めて児童福祉法上に位置づけられました。具体的には，第1条に「全て児童は，児童の権利に関する条約の精神にのつとり，適切に養育されること，その生活を保障されること，愛され，保護されること，その心身の健やかな成長及び発達並びにその自立が図られることその他の福祉を等しく保障される権利を有する」と規定されました。

第2に，母子保健法の改正によって新たに創設された母子健康包括支援センターなどの母子保健施策を中心に妊娠期から子育て期まで切れ目ない支援を行うことで児童虐待の発生予防・早期発見を図ることになりました。

第3に児童虐待発生時の迅速・的確な対応について，児童相談所における弁護士の配置，特別区（東京23区）の児童相談所の設置などが新たに規定されました。

第4に被虐待児童への自立支援について，親子関係再構築支援について関係機関が連携して行うべき旨が明確化され，さらに大学等への進学する者を支援するために自立援助ホームの対象が22歳まで延長されました。また，児童相談所の業務として里親支援が位置づけられました。　　　　　　　　（石田慎二）

Ⅴ 福祉行財政の動向

 介護保険改革

1 介護保険はどうすれば利用できるか

　介護保険は社会保険の一つです。介護保険を利用するには，前提として，保険料を支払う必要があります。保険料を支払う被保険者は，第1号被保険者[注1]と第2号被保険者[注2]に分けられます。介護保険は地域保険であるため，基本的に住所を有する市町村の介護保険を利用します。しかし，年齢等要件を満たすだけでは介護保険の保険給付は受けられません。まず，市町村に申請し，市町村が全国一律の基準で行う要介護・要支援認定（以下，要介護認定）で，介護が必要な状態であることが認められなければなりません。市町村への申請は，申請書に被保険者証を添えて市町村の窓口の他，最寄りの地域包括支援センター，居宅介護支援事業者，介護保険施設等に申請代行をしてもらうことができます。

　要介護認定は，市町村が派遣する訪問調査員が行う心身の状況に関する基礎調査を基にコンピュータで算出された介護に要する時間（一次判定），訪問調査員の特記事項および主治医意見書を基に，介護認定審査会での合議により二次判定を行います。その際，第2号被保険者については，介護が必要になった原因が加齢による身体または精神上の障害（特定疾病[注3]）により生じたものかも併せて判定します。その結果を市町村に報告し，それに基づいて市町村は，申請者に対して要介護1〜5，要支援1・2，非該当（自立）の通知を行います。

　通知を受けた被保険者は，要介護度ごとに設定されている保険給付額の範囲で，介護保険のサービスを利用することが可能です。どこのサービスを利用するかは，被保険者自身が選ぶことができます。介護保険では，介護サービス事業者とサービス利用者は契約により，サービスの提供と利用を行います。

2 介護保険ではどんなサービスが利用できるか

　介護保険の保険給付は，要介護者に対する介護給付[注4]と要支援者に対する予防給付[注5]に大きく分けられます。また，介護給付と予防給付は，それぞれ都道府県が事業者の指定・監督を行うものと，市町村が事業者の指定・監督を行うものに分けられます。一方，非該当者で要支援・要介護のおそれのある二次予防事業対象者は，地域包括支援センターから介護予防事業等の地域支援事業のサービスが利用可能です。

　これらのサービスの中で，施設サービスを利用するには施設の介護支援専門

▷1　65歳以上の被保険者。

▷2　40歳以上65歳未満で医療保険加入者の被保険者。

▷3　がん（がん末期），関節リウマチ，筋萎縮性側索硬化症，後縦靱帯骨化症，骨折を伴う骨粗鬆症，初老期における認知症，進行性核上性麻痺・大脳皮質基底核変性症およびパーキンソン病【パーキンソン病関連疾患】，脊髄小脳変性症，脊柱管狭窄症，早老症，多系統萎縮症，糖尿病神経障害・糖尿病性腎症および糖尿病性網膜症，脳血管疾患，閉塞性動脈硬化症，慢性閉塞性肺疾患，両側の膝関節または股関節に著しい変形を伴う変形性関節症の16種類。

▷4　都道府県・政令指定都市・中核市が指定・監督を行うサービスでは，居宅介護サービス，居宅介護支援，施設サービスがある。市町村が指定・監督を行うサービスでは，地域密着型介護サービスがある。

▷5　都道府県・政令指定都市・中核市が指定・監督するサービスでは，介護予防サービスがある。市町村が指定・監督を行うサービスでは，地域密着型介護予防サービス，介護予防支援がある。

員（以下，ケアマネジャー）に施設サービス計画を作成してもらいます。それ以外のサービス利用では，利用者等が自ら作成する場合を除いて，一般には要介護1以上の者は居宅介護支援事業所のケアマネジャーに居宅介護サービス計画を作成してもらい，要支援1・2および必要と認められる二次予防事業対象者は地域包括支援センター等の職員に介護予防サービス計画を作成してもらい，それぞれのサービス計画（ケアプラン）に基づいて利用が可能となります。

3 介護保険を利用するにはお金はいくら必要か
――保険料・利用者負担

　介護保険の財政は，利用者が負担する費用以外を，公費（50%）と保険料（50%）で賄っています。介護保険の利用には，前提として保険料の納付が必要です。第1号被保険者の多くは，支給される年金から保険料が天引き（特別徴収）されます。第1号被保険者の保険料額は，市町村が政令で定める基準に従い条例で定める保険料率に基づき算定され，被保険者の負担能力に応じて9段階の定額保険料が決められます。第2号被保険者は，加入する医療保険の保険料に介護保険分を上乗せして定率保険料を支払っています。

　介護保険の保険給付対象のサービスの利用では，居宅介護サービス計画費と介護予防サービス計画費には利用者負担は発生しませんが，それ以外のサービス利用にはいずれも利用総額の1割（一定以上所得者は2割）の自己負担が必要です。また，施設サービスや一部のサービスを除いて，居宅サービス系のサービス利用では要支援・要介護度ごとに1カ月で保険給付される額の上限（支給限度額）が決められており，それを上回る利用では，原則，10割の利用者負担となります。また，これら以外に，食費や居住費・滞在費の負担が必要です。

　地域支援事業の場合は，利用料は事業内容により異なり，無料のものから基本料金以外に実費や職員の交通費の支払が必要なものがあります。

4 2005年改正で介護保険はどう変わったか

　介護保険制度は，施行から5年を目途に制度見直しを行うことになっていました。その際は，その時の要介護者等に提供する保健・医療・福祉サービスの体制の状況，保険給付に要する費用の状況，国民負担の推移，社会経済情勢，障害者の福祉施策，医療保険制度等との整合性，市町村が行う介護保険事業が円滑に実施されているかを考慮し，被保険者と保険給付の受給者の範囲，保険給付の内容と水準および保険料等の負担のあり方について検討して，その結果に基づき必要な見直しを行うと介護保険法の附則に規定されていました。

　2005年の改正に向けては，障害者の支援費制度をその財源不足から介護保険制度への統合が目指されましたが，障害当事者らの反対により統合は見送られました。これにより，被保険者と保険給付の受給者の範囲に変更はありません

▷6　基準となる第5段階以上の段階設定は，市町村の判断で弾力化（設定を細かく）することが可能である。

▷7　2018～2020年度の全国平均額は1カ月5,514円となる。

▷8　要支援1：50,030円
　　　要支援2：104,730円
　　　要介護1：166,920円
　　　要介護2：196,160円
　　　要介護3：269,310円
　　　要介護4：308,060円
　　　要介護5：360,650円

でした。残った保険給付の内容と水準および保険料等の負担のあり方を中心に改正が行われました。

2005年改正では,「制度の持続可能性」「明るく活力ある超高齢社会の構築」「社会保障の総合化」の3点を制度見直しの基本的視点としました。介護保険制度は,2000年4月のスタート以来,居宅サービスを中心に,サービス利用者および介護サービス事業者の数が急増しました。介護保険の総費用の実績は2000年度に3.6兆円であったのが,2005年度には6.4兆円となりました。2015年には第1次ベビーブーマーが前期高齢者に達し,2025年にはそれらの世代は後期高齢者となります。このため,介護保険の総費用は年々増加することが見込まれ,特に制度の持続可能性については,重要かつ緊急に対応が必要な問題でした。また,介護保険サービスが,利用者の要介護状態の維持や改善に十分寄与しておらず,重度化を防止できていないことも問題となりました。そこで,2005年度改正の主な内容は次の5点でした。

・「予防重視型システムの確立」では,市町村を責任主体とし,「介護予防システム」を確立するため新予防給付と地域支援事業を創設しました。
・「施設給付の見直し」では,いわゆるホテルコストとして,居住費用と食費を徴収する一方,低所得者に対して配慮を行いました。
・「新たなサービス体系の確立」では,地域密着型サービス・地域包括支援センターの創設と医療と介護の連携の強化を図ることとなりました。
・「サービスの質の向上」として,すべての事業者を対象に情報開示のシステムの導入と開示情報の標準化を行い,事業者の指定更新制の導入や指定に当たっての欠格要件を見直し,ケアマネジャーの現任研修の義務化や資格の更新制の導入と更新時研修の義務づけの見直しを行いました。
・「負担のあり方・制度運営の見直し」として,第1号被保険者の保険料設定区分を細分化し,市町村の保険者機能を強化して事業者への立ち入り権限や地域密着型サービスの指定・指導監督等を行うことができるようにし,要介護認定に関して新たに要支援2の設定等を行いました。

5 2008年改正で介護保険はどう変わったか

2008年改正は,介護保険のサービス提供の内容に関わる部分では大きな変化はありませんでした。しかし,2006年12月に当時全国展開した介護サービス事業者による介護報酬の不正請求が明らかとなり,介護保険制度に対する国民の信頼が大きく揺らいだため,2008年度改正では,介護サービス事業者の不正事案の再発を防止し,介護事業運営の適正化を図るため,法令遵守等の業務管理体制整備の義務づけ,事業者の本部等に対する立入検査権の創設,不正事業者の処分逃れ対策,介護サービス事業者の指定・更新の欠格事由の見直し,事業廃止時のサービス確保対策充実などに関する改正が行われました。

6 2011年改正で介護保険はどう変わったか

介護保険制度施行から10年が経過し，サービス利用者の拡大や制度の定着に至りましたが，2025年にはさらに高齢者ケアのニーズや単独世帯が増大し，認知症を有する者の増加が想定されるため，平成21年度地域包括ケア研究会報告書を踏まえ，「地域包括ケアシステムの実現」と「持続可能な介護保険制度の構築」を目指して，介護保険制度の見直しが図られました。改正では，「医療と介護の連携の強化等」「介護人材の確保とサービスの質の向上」「高齢者の住まいの整備等」「認知症対策の推進」「保険者による主体的な取組の推進」「保険料の上昇の緩和」が行われました。これらにより，高齢者が地域で自立した生活が営めるよう，医療，介護，予防，住まい，生活支援サービスが切れ間なく提供される「地域包括ケアシステム」の実現に向けた取り組みを進めました。

7 2014年改正で介護保険はどう変わったか

2013年12月に成立した持続可能な社会保障制度の確立を図るための改革の推進に関する法律により2014年6月に介護保険法改正を含めた地域における医療及び介護の総合的な確保を推進するための関係法律の整備に関する法律（医療介護総合確保推進法）が制定されました。これらの法律は，効率的かつ質の高い医療提供体制を構築するとともに，地域包括ケアシステムを構築することを通じて，地域における医療および介護の総合的な確保を推進することを目的に，介護保険法も大幅な改正が行われました。改正では，「新たな基金の創設と医療・介護の連携強化」「地域における効率的かつ効果的な医療提供体制の確保」「地域包括ケアシステムの構築と費用負担の公平化」「その他」が行われました。中でも，予防給付（訪問介護・通所介護）を地域支援事業へ移行，特別養護老人ホームへの新規入所者を要介護3以上に限定，第1号保険料の多段階化・軽減強化，一定以上所得のある利用者の自己負担を2割へ引き上げ，サービス付き高齢者向け住宅の住所地特例化などがありました。

8 2017年改正で介護保険はどう変わったか

2016年12月に成立した地域包括ケアシステムを強化するための介護保険法等の一部を改正する法律により「保険者機能の強化等による自立支援・重度化防止に向けた取組の推進」「新たな介護保険施設の創設」[9]「地域共生社会の実現に向けた取組の推進」[10]「現役世代並みの所得のある者の利用者負担割合の見直し」[11]「介護納付金における総報酬割の導入」が行われることになりました。

（岡田直人）

▷9　介護医療院で要介護者に長期療養のための医療と日常生活上の世話（介護）を一体的に提供する。

▷10　「我が事・丸ごと」の地域作り・包括的な支援体制の整備と新たに共生型サービスを位置づける。

▷11　2割負担者のうち特に所得の高い層の負担割合を3割とする。

参考文献

厚生労働省（2006）『介護保険制度改革の概要——介護保険法改正と介護報酬』。

厚生労働省（2008）「介護保険法及び老人福祉法の一部を改正する法律案について」。

地域包括ケア研究会（2010）『地域包括ケア研究会報告書』平成21年度老人保健健康増進等事業による研究報告。

厚生労働省老健局総務課（2016）『公的介護保険制度の現状と今後の役割（平成27年度）』。

Ⅴ 福祉行財政の動向

社会福祉基礎構造改革

改革の背景と経緯

　社会福祉基礎構造改革は，1990年代後半のわが国において行われた，伝統的な福祉サービスの提供体制を抜本的に改める取り組みです。

　（旧）厚生省社会・援護局長の私的懇談会「社会福祉事業のあり方に関する検討会」が1997年11月に公表した報告書「社会福祉の基礎構造改革について（主要な論点）」，また，（旧）厚生省中央社会福祉審議会社会福祉基礎構造改革分科会が1998年6月に公表した「社会福祉基礎構造改革について（中間まとめ）」（以下，中間まとめ）などにおいて，改革の基本的な方向性が策定されました。具体的な改革内容を代表するものとして，2000年の社会福祉事業法等の改正（社会福祉事業法は社会福祉法へと改称）が挙げられますが，1997年の介護保険法の制定や，保育所の選択利用への移行を行った1998年の児童福祉法の改正なども同時期に進められており，改革は福祉サービス全般の潮流として捉えられる必要があります。

　「中間まとめ」は，社会福祉制度に「かつてのような限られた者の保護・救済にとどまらず，国民全体を対象として，その生活の安定を支える役割を果たしていくことが期待されている[1]」と述べています。少子高齢化，家族機能の変化などに伴って，国民全般に生活安定のための福祉サービスへの需要が生まれているものの，伝統的な社会福祉の基本的枠組みが，終戦直後の生活困窮者に対応したもので，不十分であるとの政府の認識が改革の背景にあったと言えるでしょう。

▷1　厚生省中央社会福祉審議会社会福祉基礎構造改革分科会（1998年6月）「社会福祉基礎構造改革について（中間まとめ）」（厚生労働省 HP〔http://www1.mhlw.go.jp/〕）。

2 改革の内容

　「中間まとめ」において，掲げられた社会福祉基礎構造改革の基本的な方向性は次の6つです。

- ・サービス利用者と提供者の対等な関係
- ・個人の多様な需要への地域における総合的支援
- ・信頼と納得が得られるサービスの質と効率性の確保
- ・幅広い要望に応える多様な主体の参入促進
- ・住民の積極的な参加による豊かな福祉文化の土壌の形成
- ・情報公開等による事業運営の透明性の確保

この6つの方向性を利用者と福祉事業者の関係から整理し、その具体的な内容をまとめてみましょう。

社会福祉基礎構造改革の具体的な改革内容として第1に挙げられるのが、事業者と利用者の関係を対等なものにすることです。従来は、福祉サービスの利用の可否や内容を行政機関が決定するという措置制度が中心でしたが、利用者が自らの意思で福祉事業者を選択し、契約を結ぶ形態へと移行することです。措置から契約への移行は、介護保険制度や支援費制度において実現しました。また、保育所の利用にも利用者の選択を重視した仕組みが取り入れられました。

具体的な改革内容として第2に挙げられるのが、事業者の改革です。地方公共団体や社会福祉法人などの伝統的な福祉サービスの供給主体だけでなく、民間企業や特定非営利活動法人（NPO法人）などの参入が想定されました。これら多様な事業者のサービスの質の向上を目指して、そのサービス内容を積極的に評価し、利用者の選択に貢献することが目指されました。社会福祉法には社会福祉事業の経営者による福祉サービスの自己評価や情報提供などの規定が設けられました。

そして、第3に利用者保護の整備です。福祉サービスの事業者と利用者の関係が対等であるとされても、重度の認知症高齢者などにおいては、選択を十分に行使できない可能性もあります。社会福祉法に、事業者が福祉サービス利用の援助や苦情解決に努めることが規定されました。また、成年後見制度などの体制が整備されました。

これらに加えて、社会福祉法においては、市町村地域福祉計画及び都道府県地域福祉支援計画が法定化されるなど地域福祉のより一層の充実も図られることになりました。

（狭間直樹）

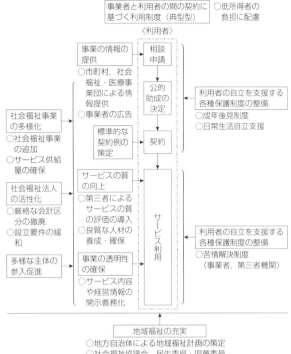

図V-1 社会福祉基礎構造改革の全体像

出所：社会福祉法令研究会編（2001）『社会福祉法の解説』中央法規出版、33頁を一部改変。

▷2 社会福祉法令研究会編（2001）『社会福祉法の解説』中央法規出版、28-49頁。

V 福祉行財政の動向

5 障害者総合支援改革

1 契約方式

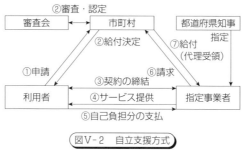

図V-2 自立支援方式

出所：宇山勝儀・船水浩行編著（2010）『社会福祉行政論――行政・財政・福祉計画』ミネルヴァ書房，230頁。

日本の障害者福祉サービスは，措置制度に基づき提供されてきました。この措置によるサービス提供を，利用者の選択によるサービス提供に改めたのが，2003年4月に始まった支援費制度です。支援費制度においては，障害者がサービスを選択し，施設や事業者と対等の関係に立って，契約に基づきサービスを利用することになりました。利用者の自己決定の尊重，利用者本位のサービス提供が目標とされました。しかし，制度実施後，サービス利用が急増して財源不足となり，住んでいる地域によっても利用量に大きな差が発生するといった問題が発生しました。このような問題に対して，個人の利用選択の仕組みを残しつつ，再度，障害者福祉サービスの仕組みを再編成したのが障害者自立支援法（現・障害者総合支援法）です。

2 障害者自立支援法による再編内容

障害者自立支援法の下で行われた改革の概要は，以下の通りです。

第1にサービス体系の再編です。従来からの身体・知的・精神障害者の3つの分野に分かれていた在宅や施設のサービスを一元化したことです。また「施設」全体でのサービスではなく，「施設」内での個々のプログラムごとにサービス化しました。この結果，かつては，授産施設は，身体障害，知的障害者，精神障害者ごとに規定されていましたが，障害者自立支援法の下では，障害の種別にかかわらず，たとえば「就労継続支援B型」などの日中のプログラムと「施設入所」の2つのサービスを提供する場所として再編されることになりました。

第2に，職業的自立につながる給付が強化されることになりました。たとえば，就労移行支援といって，就労を希望する障害者に対して，一定期間，生産

活動の機会を提供して就労に必要な知識や能力の向上を図る訓練を行うサービスなどが新設，強化されました。

次に第3に，サービス利用方法も大きく改正されることになりました。障害者自立支援法では，介護保険のように要介護度を客観的に判定する障害程度区分認定の仕組みが取り入れられています。介護保険の調査項目79項目に，行動障害や精神面に関する27項目を加えて，要介護度を調査します。調査結果に基づき，一次判定（コンピューター判定）と二次判定（審査会での総合判定）によって，非該当及び区分1から6までの判定がなされます。また，障害者自立支援法では，所得に応じた負担（応能負担）から，利用したサービス量に応じた負担（応益負担）へと利用者負担が改められ，利用者はサービス費用の1割を定率負担することが原則になりました。

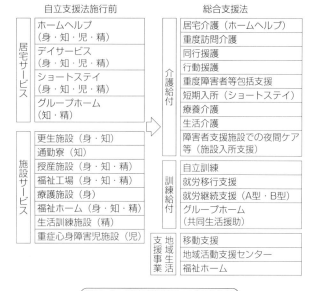

図V-3　障害者福祉サービスの体系

注：表中の「身」は「身体障害者」，「知」は「知的障害者」，「精」は「精神障害者」，「児」は「障害児」を対象としたサービスであることを意味する。
出所：厚生労働省HP。

3　障害者総合支援法へ

しかし，制度実施後，障害者自立支援法は多くの批判に直面することになりました。特に，利用したサービス費用の定率1割負担へと原則が転換されたことによる利用者負担の増大，それにともなってサービスの利用を差し控える人が多くなったことなどが問題視されました。政府は，所得に応じた利用者負担軽減策の実施を余儀なくされました。

2012年6月，障害者自立支援法は障害者総合支援法へと名称が変更され，障害者福祉サービス利用の中心的な法律として再出発することになりました。サービスの体系など基本的な枠組みは，自立支援法を踏襲していますが，法律の目的・理念の修正，一定の難病患者も法律の対象とすること，などの改正が図られています。また，2014年4月には障害程度区分が障害支援区分に改められました。障害程度区分においては知的障害や精神障害などの特性が二次判定の段階で反映されることが多く，地域によって判定結果に大きな差があることが課題となっていました。106項目であった認定調査項目が80項目に改められ，様々な障害特性が一次判定の段階で反映される新しいコンピューター判定式が取り入れられています。

（狭間直樹）

Ⅴ　福祉行財政の動向

6　地方分権

 地方分権の必要性

　地方自治体にどの程度の権限を委譲するべきか，国と地方の関係はどうあるべきかについては長らく議論が行われてきました。社会福祉サービスの多くは，身近な地方自治体，特に市町村がその実施に大きく関わっています。地方分権は社会福祉サービス領域においても，大きな課題の一つです。

　福祉サービスは，必ずしも全国的に画一的な供給になじまず，地域の実情を考慮する余地が大きいといえるでしょう。また，サービスの運営にあたっては，地域住民の積極的な参加が望ましいといえるでしょう。そのためにも身近な自治体が責任と権限をもち，独自の判断でサービスを提供していくことが望まれます。しかし，分権の結果，福祉サービスの内容や費用負担において自治体間の格差が生じることもあります。全国的に国民に平等に保障されるべき最低水準とのバランスを保つことも重要です。

 地方分権改革

▷1　宇賀克也（2011）『地方自治法概説』有斐閣，93頁。

　1999年の地方分権推進一括法による制度改革は，地方自治制度の大きな転換点となりました。この制度改正では，地方自治法などが改正され，従来の機関委任事務が廃止されました。機関委任事務は，たとえば，国の事務を地方自治体の長などに委任するものでした。この場合，地方自治体の長は，国の指揮監督に従わなければならないため，地域住民による自治が展開できなくなるといった問題点が指摘されてきました。

　機関委任事務も含めて地方自治体の事務は，自治事務と法定受託事務に再編成されました。自治事務は「地方公共団体が処理する事務のうち，法定受託事

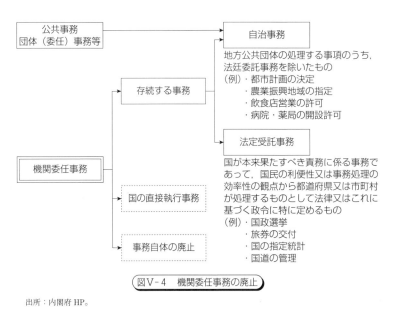

図Ⅴ-4　機関委任事務の廃止

出所：内閣府HP。

100

務以外のものをいう」（地方自治法2条8項）と
されています。法定受託事務は，都道府県・市
町村・特別区の事務でありながら，国によって
適正な処理が確保される必要があり法律や政令
で定められたもの（第1号法定受託事務），市町
村・特別区の事務でありながら，都道府県によ
って適正な処理が確保される必要があり法律や
政令で定められたもの（第2号法定受託事務），
の2つに分類されます（地方自治法2条9項）。
自治事務については，地方公共団体の自主的判
断をより尊重し国等の関与が制限されています。
一方で，法定受託事務については，国または都
道府県にとってその適正な処理を確保する必要性が高いため，より強力な関与
の仕組みが設けられています。

　社会福祉サービスにおいても，生活保護の決定や実施は，全国的な公平性・
平等性を考慮して，法定受託事務と位置づけられましたが，生活保護のうち自
立助長のための援助を含む社会福祉関係の事務はほぼすべて，地方自治体が個
別に柔軟に対応できるように自治事務に位置づけられました。介護保険や，児
童福祉サービスの多くも自治事務に位置づけられていますが，一部は法定受託
事務となっています。

③　三位一体の改革

　財政においても，日本の仕組みは国の税金による国庫負担金等を地方に支出
し，地方の自主性を育むものになっていないという指摘がありました。小泉純
一郎内閣における「経済財政運営と構造改革に関する基本方針2002」（2002年6
月25日閣議決定）では，効率的で小さな政府を実現する観点からも，国庫補助
負担金，地方交付税を削減し，代わりに地方に税源移譲することが検討されま
した（いわゆる三位一体の改革）。2004年度から2006年度予算において，約4.7兆
円の国庫補助負担金の削減，約5.1兆円の地方交付税等の削減，約3兆円の税
源移譲，が実現したとされています。生活保護費をめぐっては，国は当初，国
の負担の引き下げなどを主張しましたが，地方自治体の強い反発にあい従来の
負担を存続することになりました。

　その他，1999年から2010年にかけて推進された市町村合併や，いわゆる「大
阪都構想」に代表される近年の政令指定都市をめぐる議論も社会福祉サービス
に大きな影響を与える可能性があります。都道府県や市町村の自主性，権限や
責任はどうあるべきなのか，今後も慎重な議論が必要でしょう。

（狭間直樹）

▷2　迫田英典編（2010）
『図説 日本の財政 平成22
年度版』東洋経済新報社，
236頁。

表V-1　社会福祉領域の主な法定受託事務の例

社会福祉法	社会福祉法人の設立認可の受理・調査，定款変更・解散命令・解散・合併の認可，社会福祉法人への報告徴収・検査・必要な措置・業務停止命令・役員の解職勧告・解散命令など。
生活保護法	（都道府県，市および福祉事務所を設置する町村が行う）保護の決定かつ実施，保護の決定および通知，保護の停止・廃止の決定および通知など。（都道府県が行う）事務監査，資料提出要求および必要な指示，保護施設設置の届出受理，保護施設の設置・休止・廃止の認可など。
児童福祉法	国立児童福祉施設措置児童の費用徴収に関する負担能力認定事務
介護保険法	社会保険診療報酬支払基金等に対する報告徴収

出所：宇山勝儀（2006）『新しい社会福祉の法と行政 第4版』光生館，184頁
より抜粋。

V 福祉行財政の動向

 行財政改革の動向――NPM・PFI等

1 新公共経営（NPM）

　近年の行政改革では，新公共経営（NPM: New Public Management）と呼ばれる改革手法が大きな影響力を持っています。より効率的に政府を運営するために，公共サービスを民営化したり，行政運営に民間企業の経営手法を導入したりする改革の総称です。その原則は，次の4つの要素に分けられます。[41]

- 市場機構の活用：民間委託など競争原理を導入する。
- 成果志向：具体的な目標基準を設定し，成果を厳しく評価していく。
- 顧客志向：サービスの利用者を顧客として捉え，顧客満足度を高める。
- 分権化・権限委譲：下位の組織に権限委譲し，自律的な経営を行わせる。

　こうした競争原理を導入した改革の特徴は，福祉サービスにおいても随所に見られます。介護保険制度の下では，地方公共団体・社会福祉法人の他に，民間企業やNPO法人が事業者として展開するようになり，利用者の選択の下，一定の競争状態が発生する可能性があります（市場機構の活用）。また，利用者が十分に選択できるように，事業者のサービス内容を具体的に数字などで評価することも模索されています（成果志向）。評価の際には，専門家の視点だけではなく，利用者の実際の満足度も重視されています（顧客志向）。特に，市場機構の活用として近年，注目された改革手法を考えてみましょう。

2 指定管理者制度

　2003年の地方自治法改正で，公の施設の運営を民間企業やNPO法人に委ねることが可能となりました。これを指定管理者制度といいます。従来の管理委託制度では公の施設の運営委託は，いわゆる外郭団体などの公的団体に限られていましたが，これを緩和したものです。公立のスポーツ施設（体育館など），基盤施設（公園・駐車場・水道施設など），文教施設（図書館・文化会館など），社会福祉施設（特別養護老人ホーム・保育所など）などを対象として，3年間や5年間といった具合に一定期間を区切って公立施設の運営者に民間団体を指定します。様々な基準を考慮して，事業者の選定が行われ，場合によっては応募した事業者の間で競争状態が発生することもあります。

　総務省の調査によれば，公営住宅を除いた全国の都道府県立施設（指定都市・市町村立施設を除く）の52.2％が指定管理者による運営になっています。[42]

▷1　山本清（1997）「会計検査と政策科学」（宮川公男編『政策科学の新展開』東洋経済新報社）を参考にした。

▷2　総務省自治行政局行政経営支援室（2016）「公の施設の指定管理者制度の導入状況等に関する調査結果」（総務省HP〔http://www.soumu.go.jp/〕）。

V-7 行財政改革の動向——NPM・PFI 等

表V-2 公立図書館における指定管理者の内訳

		特別区	政令市	市	町村	合計
図書館数		107	56	248	58	469
指定管理者の性格	①民間企業	103	44	194	24	365
	② NPO	2	1	23	14	40
	③公社財団	0	11	24	16	51
	④その他	2	0	7	4	13

注：その他：未定を含む
出所：日本図書館協会図書館政策企画委員会（2016）「図書館における指定管理者制度の
　　　導入等について2016年調査（報告）」。

公立図書館への指定管理者の導入状況をみてみましょう。日本の公立図書館は
3,280施設にのぼりますが（2016年4月1日現在），そのうち2015年度までに指定
管理者を導入した市区町村立図書館は469施設です。このうち，8割近くが民
間企業を管理者に指定しています。

　公共施設への指定管理者の導入は運営コストの削減やサービス向上などのメ
リットがあるとされる一方で，選定基準が曖昧であること，結果的に施設で働
く人の雇用条件が不安定になるなどの問題点が指摘されています。福祉サービ
スにおいても指定管理者制度の導入は議論が分かれる問題となっています。公
立保育所の場合，指定管理者制度導入以前においても，保育業務委託を行う事
例が見受けられましたが，より広範に，施設の管理を含めて，公立保育所の管
理運営に社会福祉法人などを指定する地方自治体も増えてきました。保育士の
雇用条件や保育内容に問題が生じていないか，注意深く見守る必要があるでし
ょう。

3 PFI

　指定管理者が既存の公立施設の運営管理を比較的短期間，民間団体に委ねる
のに対して，民間資金を活用し，施設建設から運営管理までを，幅広く柔軟に
民間企業に任せるのがPFI（Private Finance Initiative）の手法です。国や地方
自治体の庁舎建設や文化施設などに用いられることが多くなっていますが，刑
務所の建設運営にも用いられており，道路・空港などの公共事業へも適用拡大
が模索されています。民間資金の導入によって，地方自治体の初期投資が低く
抑えられること，民間企業のノウハウが活かされやすいなどのメリットが指摘
されており，福祉サービスにおいても，公立のケアハウスの建設運営に導入さ
れている事例があります。

　しかし，PFIにも多くの課題が指摘されています。事業計画が途中で中止と
なり，自治体の直営に戻された施設もあります。民間企業の創意工夫のメリッ
トとデメリットを見極め，制度を安定して運営させることが課題であるといえ
るでしょう。　　　　　　　　　　　　　　　　　　　　　　　　（狭間直樹）

▷ 3 日本図書館協会
（2016）「公共図書館集計
（2016年）」（日本図書館協
会 HP〔http://www.jla.
or.jp/〕）。

▷ 4 日本図書館協会図書
館政策企画委員会（2016）
「図書館における指定管理
者制度の導入等について
2016年調査（報告）」（日本
図書館協会 HP，http://
www.jla.or.jp/）。

参考文献

出井信夫（2005）『指定管
理者制度』学陽書房。

V 福祉行財政の動向

生活困窮者自立支援制度

1 背 景

　生活困窮者自立支援制度が創設された背景には，家族構造やグローバル化による雇用環境の変化によって，稼働年齢層を含めた生活困窮者の増加が顕著になってきたことが挙げられます。具体的には，非正規雇用労働者をはじめとして，働いているにもかかわらず生活に困窮するワーキングプアの問題や，ニートや引きこもり，ホームレスといった社会的排除の問題に，社会保障関連制度や分野ごとに縦割りの福祉制度は十分対応できず，結果として，生活保護受給者が増加することになりました。2008年の世界的金融危機において，多くの失業者が生み出され，同年末に民間団体が開設した「年越し派遣村」に多くの人が集まったことは，こうした日本社会の変化を象徴的に表していたといえます。

　こうした問題に対して，国も様々な施策を打ち出してきました。2009年10月には，ワーキングプアを対象とした住居を失った離職者を支援する新しいセーフティネット（第2のセーフティネット）施策が，職業訓練受講給付金，住宅支援給付，総合支援資金貸付制度を通して実施されました。2011年には求職者支援制度が施行され，2012年には10年間の時限立法として2003年に成立したホームレス自立支援法の期間がさらに5年間延長されました。こうした中で，総合的な生活困窮者支援を生活保護の見直しと一体的に議論するため，2012年4月に生活困窮者の生活支援の在り方に関する特別部会（以下，特別部会）が社会保障審議会に設置され，翌2013年1月には報告書がまとめられました。この内容を踏まえ，2013年12月に生活困窮者自立支援法が成立し，2015年4月から施行されることになりました。

2 制度の概要

　生活困窮者自立支援制度は，第1のセーフティネット（社会保険）と第3のセーフティネット（生活保護制度）との間の第2のセーフティネットとして位置づけられています。すなわち，生活保護に至る手前にセーフティネットを張り，貧困を未然に防止するという役割が期待されています。そのため，制度の対象となるのは，「現に経済的に困窮し，最低限度の生活を維持することができなくなるおそれのある者」（法2条）と規定されています。しかしながら，生活困窮者の多くは，複合的な生活課題を抱えて様々なつながりから排除されて

▷1　被保護世帯人員・保護率とも，1995年の約60万2,000世帯（0.7%）を底として，一貫して上昇しており，2014年には約161万2,000世帯（1.70%）まで上昇している。また，従来被保護世帯は，高齢・傷害／疾病・母子が三大類型であったが，リーマンショック後は特に稼働年齢層と考えられる「その他世帯」の割合が大きく増加している。

▷2　国が基金を造成して創設された緊急人材育成支援事業により，雇用保険受給資格のない求職者が無料で職業訓練を受講できる「基金訓練」と，訓練受講中の生活を支える「訓練・生活支援給付」の両制度が開始され，2011年に求職者支援制度として制度化された。

▷3　住宅支援給付は，離職者で住宅を喪う，またはその恐れがある人に対し，賃貸住宅の家賃額を補助する制度として2013年までの時限措置として実施され，生活困窮者自立支援制度の居住確保給付金として制度化された。

▷4　総合支援資金は，都道府県社会福祉協議会を実施主体として，市町村社会福祉協議会が窓口となって行っている生活福祉資金の新たな類型として創設された。生活再建までの間に必要な生活費などを貸付ける

おり，表面に表れた経済的課題のみに対応しても本質的な解決には至らないことが立法の過程でも指摘されてきました。特別部会の最終報告は，「生活困窮者が孤立化し自分に価値を見出せないでいる限り，主体的な参加へ向かうことは難しい。一人一人が社会とのつながりを強め周囲から承認されているという実感を得ることができることは，自立に向けて足を踏み出すための条件である。新たな生活支援体系は，地域社会の住民をはじめとする様々な人々と資源を束ね，孤立している人々が地域社会の一員として尊ばれ，多様なつながりを再生・創造できることを目指す」と述べて，社会的孤立の解消と地域づくりが生活困窮者自立支援制度の重要な基盤となることを指摘しています。

国も，「生活困窮者支援を通じた地域づくりも目標の一つであり，孤立状態の解消などにも配慮することが重要」であり，「複合的な課題を抱える生活困窮者を幅広く受け止める」としており，経済的困窮だけでなく，社会的に孤立している人を含めた幅広い支援対象を設定していると考える必要があります[49]。つまり，本制度は，生活困窮が，経済的な問題だけでなく，社会的孤立に起因する複合的な問題であると認識し，それを包括的に受け止めるような相談支援のあり方を目指しているといえます。

生活困窮者自立支援制度の全体像は，巻末資料4（168頁）のとおりです。まず，福祉事務所を設置している自治体は，生活困窮者自立相談支援事業と離職により住居を失った生活困窮者等に対して家賃相当の住宅確保給付金の支給を必須事業として行わなければなりません。自立相談支援機関は，「生活困窮者からの相談に応じ，必要な情報の提供や助言等を行い，認定就労訓練事業の利用のあっせん，プランの作成等の支援を包括的に行う」こととされており，主任相談支援員，相談支援員，就労支援員の3職種を配置することが基本とされています。また，住宅確保給付金については3カ月を基本とし（引き続き住宅確保給付金を支給することが就職の促進に必要であると認められる時は，3カ月ごとに9カ月を上限），一定の条件を満たす対象者に対して住宅扶助基準額を上限とした家賃額が支給されます。さらに，これらの必須事業に加え，就労準備支援事業，一時生活支援事業，家計相談支援事業，学習支援事業といった任意事業を行うことができます。

支援員による具体的な支援は，①社会的孤立を含めた「生活のしづらさ」に焦点を当てた支援，②事後対応型ではなく，早期発見・早期対応によって深刻な事態に陥ることを未然に防ぐ予防的アプローチ，③相談を待つだけでなく，専門職が地域に出向くアウトリーチ機能の推進，④一時的な支援ではなく，一人ひとりに合わせた伴走型支援，⑤「出口」は，就労支援の強化だけでなく，一般就労に至るまでの中間的就労の場づくりといった社会資源の創出，⑥自立相談支援機関だけでなく，当事者，地域住民，多様な専門職等がネットワークを構築して行う協働といった点に留意して行うことが必要です[410]。　　　（永田祐）

制度。生活困窮者自立支援制度創設後は，自立相談支援事業の利用が貸付けの要件となっている。

▷5　雇用保険を受給できない休職者に対し，訓練を受講する機会を確保するとともに，支給条件を満たす人に対し，最長2年を上限に給付金（毎月10万円の職業訓練受講給付金）を支給する制度。

▷6　ホームレスの自立の支援等に関する施策の目標を明示するとともに，国及び地方公共団体の責務として，施策の策定及び実施を位置づけた法律。2017年には2027年までさらに10年間延長することが決定された。なお，ホームレス対策事業として実施されていたホームレス緊急一時宿泊事業は，生活困窮者自立支援制度の一次生活支援事業として制度化された。

▷7　社会保障制度審議会（2013）「生活困窮者の生活支援のあり方に関する特別部会　最終報告書」。

▷8　社会保障制度審議会（2013）「生活困窮者の生活支援のあり方に関する特別部会　最終報告書」。

▷9　厚生労働省社会・援護局地域福祉課生活困窮者自立支援室（2015）「生活困窮者自立支援制度について」。

▷10　岩間伸之（2014）「新たな生活困窮者自立支援制度の理念と方法──地域を基盤とした『総合相談』の展開」『日本の地域福祉』27，23-26頁。

V 福祉行財政の動向

9 我が事・丸ごと地域共生社会

「縦割り」の限界

　2000年以降，高齢者，障害者，児童福祉において，市町村が中心的な役割を担い，相談を受け止め，支援へとつなぐ流れが構築されるようになっており，それを計画化して推進する体制が一定程度整ってきました。また，各分野内での横断的な問題解決の場として，多様な関係者が協議し，連携する場がつくられるようになっており，多様な関係機関が包括的な支援を実施するために情報を共有し，個別ケースの検討だけでなく，地域の支援ネットワークを構築し，地域課題を発見して，新たな社会資源の開発や政策形成につなげていく機能が期待されています（⇨Ⅰ-6 参照）。このように，高齢，障害，児童のそれぞれの分野ごとに，市町村を中心として関係者が包括的な支援を行うための体制整備が進められてきました。

　もちろん，各分野におけるこうした体制を整備することは重要であり，それを一層強化することも必要です。しかし，いわゆる制度の狭間といわれるような問題や分野をまたがるような複合的な課題を抱えた世帯の問題は，分野ごとの福祉を充実させるだけでは解決ができないことも明らかになってきました。家族の規模が縮小し，職住分離がますます進み，グローバル化によって雇用環境が大きく変化する中で，家族や地域社会，職域などとうまくつながれずに，複数の不利が重なることで社会の周縁に追い込まれてしまう社会的排除の問題が顕在化しているからです。たとえば，若者や中高年男性の孤立無業状態は，家族や地域社会，職域といった中間集団の存在を前提に組み立てられてきたこれまでの日本の福祉制度では解決できない制度の狭間といえます。また，8050問題といわれるような状況など，複合的な困難を抱えた世帯の課題を「世帯全体の課題」として受け止め，支援することも分野ごとの福祉を整備するだけでは困難です。

　こうした現状に対し，厚生労働省は，2015年9月に発表された「誰もが支え合う地域の構築に向けた福祉サービスの実現──新たな時代に対応した福祉の提供ビジョン」（以下，提供ビジョン）において，「高齢者に対する地域包括ケアシステムや生活困窮者に対する自立支援制度といった包括的な支援システムを，制度ごとではなく地域というフィールド上に，高齢者や生活困窮者以外に広げる」ことを通じて，「高齢者，障害者，児童，生活困窮者といった別なく，地

▷1　主に80代の親と50代の子が困窮し，世帯ごと孤立するケースが8050問題と呼ばれるようになった。独居者に比べて緊急性が低いと誤解されがちで，制度につながりにくい事例が多く，制度の狭間の典型的な事例として紹介されるようになった。

域に暮らす住民誰もがその人の状況に合った支援が受けられる」新しい地域包括支援体制を構築すると提起しました。このように，新しい地域包括支援体制とは，地域包括ケアシステムの対象を全世代・全対象に拡大し，分野を問わない相談支援を行っていくことを意味しています。同時に，提供ビジョンは，包括的支援体制は，行政や専門職だけでは構築できず，それを受けとめる地域づくりが必要であるという観点から，住民を含む多様な主体の参加に基づく「支え合い」と協働することで，共生社会を創造していくとしています。

この分野を問わない相談支援と「支え合い」の協働による共生社会の構築というビジョンは，2016年7月に閣議決定された「ニッポン一億総活躍プラン」に「地域共生社会の実現」として盛り込まれ，厚生労働省内に「『我が事・丸ごと』地域共生社会実現本部」が設置されました。提供ビジョンにおける「支え合い」が「我が事」に，「分野を問わない相談支援」が「丸ごと」に対応しており，この両者の協働によって地域共生社会を実現することが今後の基本方針として明確化されたといえます。さらに，今後の進め方については，地域における住民主体の課題解決力強化・相談支援体制の在り方に関する検討会が設置され，2016年12月には「中間とりまとめ」が公表されました。それを踏まえて社会福祉法の改正が検討され，2017年5月には地域包括ケアシステムの強化のための介護保険法等の一部を改正する法律（以下，地域包括ケアシステム強化法）が成立し，2018年4月から改正社会福祉法が施行されることになりました。

▷2　厚生労働省　社会・援護局地域福祉課「地域における住民主体の課題解決力強化・相談支援体制のあり方に関する検討会　中間とりまとめ」。

❷　改正社会福祉法の内容

改正社会福祉法で改正，新設された条文のうち，特に重要だと思われる4条，6条2項，106条3項，107条の内容を確認しておきましょう（**表Ⅴ-3**参照）。

まず，4条では2項が新設され，「地域生活課題」が定義されました。地域生活課題は，地域住民及びその世帯が抱える①福祉，介護，介護予防，保健医療，住まい，就労及び教育に関する課題，②地域社会からの孤立，③日常生活を営み，あらゆる分野の活動に参加する機会が確保される上での課題であり，地域社会からの孤立，社会参加の機会の欠如を含めて地域生活課題と捉えられています。地域福祉の推進とは，こうした地域生活課題を，地域住民や社会福祉を目的とする事業を経営する者及び社会福祉に関する活動を行う者，すなわち，住民やボランティア，民生委員や社会福祉法人等が，関係機関と連携して解決していくこととされています。

また，6条2項では，こうした地域福祉を推進するための施策を行うことを国及び地方公共団体の責務として規定し，国及び地方公共団体の役割を明確にしました。

そして，その具体的な体制は，106条の3で「包括的な支援体制の整備」と

表Ⅴ-3　改正社会福祉法の主な改正点（下線部分が，新たに追加されたもの）

（地域福祉の推進）

第4条　地域住民，社会福祉を目的とする事業を経営する者及び社会福祉に関する活動を行う者（以下「地域住民等」という。）は，相互に協力し，福祉サービスを必要とする地域住民が地域社会を構成する一員として日常生活を営み，社会，経済，文化その他あらゆる分野の活動に参加する機会が確保されるように，地域福祉の推進に努めなければならない。

　2　地域住民等は，地域福祉の推進に当たつては，福祉サービスを必要とする地域住民及びその世帯が抱える福祉，介護，介護予防（要介護状態若しくは要支援状態となることの予防又は要介護状態若しくは要支援状態の軽減若しくは悪化の防止をいう。），保健医療，住まい，就労及び教育に関する課題，福祉サービスを必要とする地域住民の地域社会からの孤立その他の福祉サービスを必要とする地域住民が日常生活を営み，あらゆる分野の活動に参加する機会が確保される上での各般の課題（以下「地域生活課題」という。）を把握し，地域生活課題の解決に資する支援を行う関係機関（以下「支援関係機関」という。）との連携等によりその解決を図るよう特に留意するものとする。

（福祉サービスの提供体制の確保等に関する国及び地方公共団体の責務）

第6条　（略）

　2　国及び地方公共団体は，地域住民等が地域生活課題を把握し，支援関係機関との連携等によりその解決を図ることを促進する施策その他地域福祉の推進のために必要な各般の措置を講ずるよう努めなければならない。

（包括的な支援体制の整備）

第106条の3　市町村は，次に掲げる事業の実施その他の各般の措置を通じ，地域住民等及び支援関係機関による，地域福祉の推進のための相互の協力が円滑に行われ，地域生活課題の解決に資する支援が包括的に提供される体制を整備するよう努めるものとする。

　　　一　地域福祉に関する活動への地域住民の参加を促す活動を行う者に対する支援，地域住民等が相互に交流を図ることができる拠点の整備，地域住民等に対する研修の実施その他の地域住民等が地域福祉を推進するために必要な環境の整備に関する事業

　　　二　地域住民等が自ら他の地域住民が抱える地域生活課題に関する相談に応じ，必要な情報の提供及び助言を行い，必要に応じて，支援関係機関に対し，協力を求めることができる体制の整備に関する事業

　　　三　生活困窮者自立支援法第2条第2項に規定する生活困窮者自立相談支援事業を行う者その他の支援関係機関が，地域生活課題を解決するために，相互の有機的な連携の下，その解決に資する支援を一体的かつ計画的に行う体制の整備に関する事業

　2　厚生労働大臣は，前項各号に掲げる事業に関して，その適切かつ有効な実施を図るため必要な指針を公表するものとする。

（市町村地域福祉計画）

第107条　市町村は，地域福祉の推進に関する事項として次に掲げる事項を一体的に定める計画（以下「市町村地域福祉計画」という。）を策定するよう努めるものとする。

　　　一　地域における高齢者の福祉，障害者の福祉，児童の福祉その他の福祉に関し，共通して取り組むべき事項

　　　二　地域における福祉サービスの適切な利用の推進に関する事項

　　　三　地域における社会福祉を目的とする事業の健全な発達に関する事項

　　　四　地域福祉に関する活動への住民の参加の促進に関する事項

　　　五　前条第1項各号に掲げる事業を実施する場合には，同項各号に掲げる事業に関する事項

　2　市町村は，市町村地域福祉計画を策定し，又は変更しようとするときは，あらかじめ，地域住民等の意見を反映させるよう努めるとともに，その内容を公表するよう努めるものとする。

　3　市町村は，定期的に，その策定した市町村地域福祉計画について，調査，分析及び評価を行うよう努めるとともに，必要があると認めるときは，当該市町村地域福祉計画を変更するものとする。

して，「地域住民等及び支援関係機関による，地域福祉の推進のための相互の協力が円滑に行われ，地域生活課題の解決に資する支援が包括的に提供される体制を整備するよう努めるものとする」とされ，市町村が包括的な支援体制を構築する責務を規定しました。包括的な支援体制とは，具体的には，一〜三の各号にある通り，①住民の主体的な活動を活発にするための環境整備，②地域

住民によるニーズ発見と発見した課題を専門職と協働して解決していくための体制整備、③分野を越えた相談支援機関同士の連携の体制整備を行うということです。つまり、住民が「我が事」として地域課題の解決に主体的に取り組む環境を整備し、一定の圏域でこうした活動を支援しつつ、住民が発見した課題を受け止め、専門職が協働して解決する体制、さらには市町村域で、圏域では解決できない課題を専門職同士の連携によって受け止めてく体制を「包括的な支援体制」として、市町村がその整備に努めなければならないと規定しているのです。

さらに、107条では、市町村が策定する地域福祉計画に、「地域における高齢者の福祉、障害者の福祉、児童の福祉その他の福祉に関し、共通して取り組むべき事項」に加え、「前条第1項各号に掲げる事業を実施する場合には、同項各号に掲げる事業に関する事項」（すなわち、106条の3の包括的な支援体制のこと）を位置づけることを定めています。

要約すると、改正社会福祉法の要点は、①地域生活課題を多様な主体が協力して解決していくことを地域福祉の推進と規定し（4条）、②それを国や地方公共団体が推進していく責任があると定め（6条2項）、③その具体的内容を包括的な支援体制として位置づけるとともに（106条の3）、④市町村及び都道府県が地域福祉計画という計画に位置づけて推進していくことを明確にした（107条及び108条）とまとめることができます。

❸ 分野横断的な地域福祉の実現に向けて

以上のように、「我が事・丸ごと」地域共生社会は、地域住民の主体的な課題解決力（我が事）と専門職による分野を問わない相談支援（丸ごと）が協働して、課題を包括的に受け止め、解決していくとともに、誰もが役割を持って暮らすことができる地域づくりを進めていくという方向性です。ただし、それを実現していくためには、市町村の単位で縦割りに構築されている分野ごとの相談窓口や地域の中で行われている様々な会議を統合する必要があります。高齢、障害、児童の各分野は、それぞれ異なる法律や制度、財源の下で運用されており、行政組織の機構改革が必要になる場合もあるでしょう。また、地域と協働するといっても、人口減少や高齢化によって地域の担い手も不足しています。地縁組織だけでなく、まちづくりや農業など様々な地域づくりに関わる人や組織との連携も重要になります。最後に、包括的な支援体制は、市町村がそれぞれの地域の実情に応じて作り上げていくことが必要ですが、国による財政措置などを今後検討していくことが重要なことは言うまでもありません。

（永田祐）

Ⅵ　福祉計画の目的と意義

福祉計画とは何か

本書が対象とする計画

　「計画」は，日常生活でも使われるなじみのある言葉です。たとえば，大学生が授業の履修計画を立てるといった場合の計画がどのような意味で用いられているか考えてみましょう。厳密にいえば，社会福祉士の資格を取得したいとか，英語を話せるようになりたいといった「目標」を持って，それを可能にするために最も「合理的な」時間割を作成することが「計画的に」履修するということになります。本書で取り扱う計画も「将来の望ましい状態を構想し，現状を体系的に変革していく科学的かつ合理的な目標達成の方法」と定義することができます。したがって，「福祉計画」という場合には，福祉の望ましい状態（目標）を構想して，そのために現状をどう変えていけばよいのか，科学的で合理的な方法を設定していくこと，と考えておけばよいでしょう。

　一般的に，福祉計画は①臨床，②経営・管理，③政策という3層に分類することが可能です。臨床における福祉計画は，ケアプランのような個別援助の支援計画を指し，経営・管理における福祉計画は，社会福祉法人や福祉サービスを提供する事業所の運営・経営計画を指します。こうした計画も目標を設定して，それを達成していくための方法を追求する，という点に違いはありません。ただし，本書で扱う福祉行政における福祉計画は，これらの計画ではなく，政策としての福祉計画をいいます。つまり，個別援助や組織の計画ではなく，社会福祉政策における計画について説明することがここでの目的です。

福祉計画が必要な理由

　なぜ福祉行政において福祉計画が必要なのか，という疑問に答えるために，先程の履修計画をもう一度例に考えてみましょう。そもそも履修できる授業の数が限られていれば（つまり，資源が限られている場合），計画を立てる必要はありません。また，目標を達成するために必要な授業が明確であれば（つまり，複雑ではない場合），わざわざ計画を立てなくてもよいということになるでしょう。日本の社会福祉も従来は福祉ための予算や施策が限られており，社会福祉は限られたサービスを限定された対象者に配分する制度が中心でした。こうした中では，福祉計画の必要性が大きくクローズアップされることはなかったのです。しかし，高齢化の進展に伴う高齢者の増加，核家族化や都市化の進展に

▷1　和気康太（1996）「社会福祉計画の歴史」定藤丈弘・坂田周一・小林良二編『社会福祉計画』有斐閣。

▷2　坂田周一（2007）『社会福祉政策 改訂版』有斐閣。

伴う家族や地域の支援機能の低下によって，福祉サービスのニーズは急増しており，それに応えるための資源をどのように調達し，どのように提供していくべきか（供給体制といいます）を考えていくことが必要になってきたのです。

さらに，福祉行政という視点から重要なのは，基礎自治体が福祉サービスを提供する主体なったという点です。2000年に施行された地方分権一括法により，生活保護など一部の事務を除いて福祉行政の大部分が自治事務となりました（ V-6 参照）。つまり，福祉サービスの供給体制は住民にとって身近な基礎自治体が，自ら考え，構想していかなければいけなくなったのです。その結果，基礎自治体に，福祉計画を策定する主体としての自覚や能力が求められるようになっているのです。

③ 福祉計画の種類

福祉行政における福祉計画には，大まかに法令によるものとそうでないものがあります。法令によるものには，根拠法があり，策定主体（誰が策定するのか），計画の趣旨（なぜ策定するのか）が定められています。具体的には老人福祉法に規定された老人福祉計画，介護保険法に規定された介護保険事業計画，障害者基本法に規定された障害者計画，障害者総合支援法に規定された障害福祉計画，次世代育成支援対策推進法に規定された次世代育成支援行動計画，子ども子育て支援法に規定された子ども・子育て支援事業計画，社会福祉法に規定された地域福祉計画などがあります。また，法令によらないものには，社会福祉協議会が呼びかけて策定する民間の行動計画である地域福祉活動計画があります。これらの詳細は，「Ⅷ 福祉計画の実際」において詳しく説明します。

④ 計画過程

先に履修計画の例を出しましたが，実際に履修計画を作ることはスタートであって，ゴールではありません。実際に授業を受け，知識を身に付けなければ，社会福祉士の資格は取れませんし，英語を話すこともできるようにはならないからです。計画過程とは，計画案を策定し，実施し，評価に基づいて再び実施することの繰り返しをいいます。こうしたサイクルを PDCA サイクル（Plan Do Check Action）と呼ぶこともあります。こうした計画過程の具体的な進め方と方法については，「Ⅶ 福祉計画の方法」において詳しく説明します。

⑤ 予算と計画の違い

国も地方自治体（都道府県・市町村）も必要な施策ごとのサービス提供量を金額に換算し，毎年予算を決めています。しかし，予算は毎年，あらゆる代替案が検討され，合理的に策定されるわけではありません。これに対して計画は予算の長期的な指針，合理性を示すものという違いがあるといえます。（永田祐）

▷3 PDCAとは，P（Plan：計画），D（Do：実施），C（Check：評価），A（Action：改善）を指す。計画を立案して，実施し，その成果とプロセスを評価し，必要な部分について改善して，また計画を作り，実施するというサイクルをPDCAサイクルという。

Ⅵ 福祉計画の目的と意義

 福祉計画の歴史

1 福祉計画の展開

福祉計画の歴史区分について，和気は1945～1959年を萌芽期，1960～1973年を試行期，1974～1989年を展開期，1990年以降を確立期と分類しています。以下，この分類に従って，Ⅰ-3～Ⅰ-6と一部重複する部分もありますが，戦後の福祉計画の歴史を振り返ります。

萌芽期には，戦後の混乱の中で（旧・新）生活保護法（1946・1950年），児童福祉法（1947年），身体障害者福祉法（1949年）が成立し，福祉三法体制が確立しますが，体系的な制度が存在しない中で社会福祉単独で策定された計画はなく，戦後の社会保障制度に関する構想の中で社会福祉について触れられるにすぎませんでした。和気はその代表的なものとして国の経済計画である「経済自立5か年計画」に対応して，国民年金制度の確立などを内容として策定された「社会保障5か年計画」（1955年）を挙げています。

試行期とされる1960年代になると日本経済は飛躍的に成長し，「もはや戦後ではない」と言われるようになっていきます。そうした中，精神薄弱者福祉法（現・知的障害者福祉法）（1960年），老人福祉法（1963年），母子福祉法（現・母子及び父子並びに寡婦福祉法）（1964年）が相次いで成立し（福祉六法体制の確立），社会福祉の範囲と量が拡大していきました。社会福祉の体制が整備されるにしたがって，次第に社会福祉の計画的実施についても関心が向けられるようになっていきます。国レベルでは社会福祉に関する計画として社会福祉施設緊急整備5か年計画（1971～1975年）が策定され，地方自治体でも独自の計画が策定されるようになっていきます。代表的なものとしては，シビルミニマムの概念を提起した東京都中期計画（1968年）が挙げられます。その背景には，各地で革新自治体が成立し，国の施策に先駆けた自治体の単独事業が広がりを見せるようになってきたこともありました。

展開期とされる1974年以降は，飛躍的な経済成長が石油ショックを境に低成長に移行し，福祉政策の見直しが議論されるようになる時期です。それまでの欧米の福祉国家を目指す姿勢は転換され，社会福祉の費用抑制政策が主張されるようになりました。新経済社会7か年計画（1979年）は，日本の目指すべき方向は西欧型の福祉国家ではなく日本型福祉社会であるとし，日本の高い三世代同居率を福祉の「含み資産」として自助と社会連帯を基本とするシステムへ

▷1 和気康太（1996）「社会福祉計画の歴史」定藤丈弘・坂田周一・小林良二編『社会福祉計画』有斐閣。

▷2 自治体によって保障されるべき都市における市民生活の最低水準のこと。具体的には社会保障，教育文化，環境衛生，住宅，防災などにおける市民生活の最低水準であり，自治体の行政サービスによってその実現が求められる（阿部齊ら（2005）『地方自治の現代用語 第2次改訂版』学陽書房）。

▷3 革新系政党（具体的には社会党，共産党）の支援を受けた候補者が首長となった自治体。特に，1960年代後半以降東京都，大阪府，横浜市，大阪市，北九州市などで次々と成立し，環境問題，福祉，住民参加などで実績を作ったが，その後退潮し，現在では保守と革新の区別が曖昧になり，ほとんど使われなくなっている。

▷4 Ⅰ-5 側注参照。

VI-2　福祉計画の歴史

表VI-1　福祉計画の発展過程

萌芽期

| 1950年 | ・社会保障制度に関する勧告（社会保障制度審議会） |
| 1955年 | ・社会保障5か年計画 |

試行期

1960年	・国民所得倍増計画を閣議決定（池田勇人内閣の下で策定された長期経済計画）
1968年	・東京都中期計画
1971年	・厚生省が社会福祉施設緊急整備5か年計画を策定

展開期

1979年	・新経済社会7か年計画を閣議決定（日本型福祉社会論が提起される）
1984年	・全国社会福祉協議会が『地域福祉計画──理論と方法』を刊行
1989年	・今後の社会福祉のあり方について（福祉関係3審議会合同企画分科会）（福祉八法改正へ） ・厚生省・大蔵省の合意により高齢者保健福祉推進10か年戦略（ゴールドプラン）が策定される

確立期

1990年	・老人福祉法改正により老人保健福祉計画が法定化される
1993年	・障害者基本法の改正により、「障害者対策に関する新長期計画」が障害者基本計画として位置づけられる
1994年	・ゴールドプランが改訂され、新ゴールドプランが策定される ・今後の子育て支援のための施策の基本的方向について（エンゼルプラン）が策定される（文部・厚生・労働・建設各大臣（当時）の合意により）。
1995年	・政府の障害者対策推進本部が障害者基本法に基づく「障害者プラン──ノーマライゼーション7か年戦略」を策定。
1999年	・大蔵・文部・厚生・労働・建設・自治の6大臣合意により、「重点的に推進すべき少子化対策の具体的実施計画について」（新エンゼルプラン）が策定される ・大蔵大臣・厚生大臣・自治大臣合意により、ゴールドプラン21が策定される
2000年	・社会福祉法により地域福祉計画が法定化（施行は2003年）される ・介護保険法により介護保険事業計画が法定化される
2002年	・社会保障審議会福祉部会「市町村地域福祉計画及び都道府県地域福祉支援計画策定指針の在り方について（一人ひとりの地域住民への訴え）」を公表 ・障害者基本計画に基づく「重点施策実施5か年計画」（新障害者プラン）が策定される。
2003年	・次世代育成支援行動計画（次世代育成支援対策推進法）が法定化される
2005年	・障害福祉計画（障害者自立支援法）が法定化される

出所：和気康太（1995）「社会福祉計画の歴史」『社会福祉計画』有斐閣を参考に筆者作成。

　の転換を主張しました。その一方、この時期には行政だけでなく社会福祉協議会が民間の立場から計画策定に取り組む動きも広がっていきました。全国社会福祉協議会は1984年に『地域福祉計画──理論と方法』を出版し、市町村社会福祉協議会が地域福祉計画（ただし、2000年以降の社会福祉法に定められた地域福祉計画とは異なります）を策定することを推進しました。社会福祉協議会が策定する民間の福祉関係者及び住民の地域福祉計画は、現在では地域福祉活動計画として整理され、多くの市町村で地域福祉計画と一体的に策定されるようになっています。

　最後に、福祉計画の確立期とされる1990年以降は、戦後形作られた社会福祉の基礎構造が改革される時期と重なっています。これ以降の展開については、次項で詳しく見ていくことにします。

② 社会福祉の計画化へ

社会福祉の計画化の大きな転機となったのは，1980年代後半以降の一連の福祉改革の流れです。低成長経済の中で，社会福祉に対する費用の抑制と同時に措置制度に代表される中央集権的で硬直的な戦後の社会福祉の仕組みの改革が求められた時期であり，社会福祉の分権化と民営化が同時進行で進んでいく時期でもあります。

1989年3月，福祉関係3審議会合同企画分科会は，「今後の社会福祉のあり方について」と題する答申をまとめました。国は，それを受けて12月に高齢者保健福祉推進10か年戦略（ゴールドプラン）を策定し，1999年までに実現すべき高齢者保健福祉のサービスの目標量を示すと同時に，21世紀の本格的な高齢社会の到来を目前に控え，高齢者の保健福祉の推進を図るために，最も身近な市町村で福祉サービスが一元的かつ計画的に提供される体制を作ることを目的に，福祉関係法の大規模な改正を行いました（福祉八法改正）。

▷5 I-5 参照。

この改正により，社会福祉事業法（現・社会福祉法）は，「国，地方公共団体，社会福祉法人，その他社会福祉事業を経営する者は，…（中略）…計画的な実施に努めなければならない」（傍点筆者）と改正され，社会福祉を計画に基づいて推進していくことが明確にされました。また，老人福祉法及び老人保健法（現・高齢者の医療の確保に関する法律）の改正によって，老人保健福祉計画の策定が都道府県，各市町村に義務づけられることになりました。これにより，すべての市町村が高齢者福祉サービスの具体的な目標値を定めた計画の策定を経験することとなり，福祉計画の歴史の中で大きな転換点となりました。その後，今後の子育て支援のための施策の基本的方向について（エンゼルプラン）（1994年）とそれを受けた児童育成計画（地方版エンゼルプラン）の策定指針（1995年）や障害者プラン──ノーマライゼーション7か年戦略（1995年）とそれを受けた市町村障害者計画策定指針が策定されるなど，福祉における計画行政の考え方が浸透していくことになりました。

③ 2000年以降の展開と現在

2000年以降の福祉計画は，社会福祉基礎構造改革によって福祉サービスが措置制度から契約制度へと変化し，分権化によって福祉行政の主体が基礎自治体（市町村）へと転換したことを反映して，国が主体となった計画から基礎自治体が中心となった計画へと変化していきます。

具体的には，2000年に介護保険制度が施行され，介護保険事業にかかる保険給付の円滑な実施を図るため，都道府県と市町村は介護保険事業計画を策定することが義務づけられました。これに伴い老人福祉法に定める都道府県および市町村老人福祉計画は介護保険事業（支援）計画と一体のものとして策定され

VI-2 福祉計画の歴史

表VI-2 福祉計画の一覧

策定主体	高齢者福祉		障害者福祉		児童福祉		地域福祉	
	行　政		行　政		行　政		行　政	社会福祉協議会
根拠法	老人福祉法	介護保険法	障害者基本法	障害者総合支援法	次世代育成支援対策推進法	子ども・子育て支援法	社会福祉法	―
国	―	基本指針	障害者基本計画	基本指針	行動計画策定指針	基本指針	―	―
都道府県	都道府県老人福祉計画	都道府県介護保険事業支援計画	都道府県障害者計画	都道府県障害福祉計画	都道府県行動計画	都道府県子ども・子育て支援事業支援計画	都道府県地域福祉支援計画	
市町村	市町村老人福祉計画	市町村介護保険事業計画	市町村障害者計画	市町村障害福祉計画	市町村行動計画	市町村子ども・子育て支援事業計画	市町村地域福祉計画	地域福祉活動計画

ることになりました。

　また，障害者分野では，2002年に国が障害者基本法に基づく障害者基本計画としては第2次となる障害者基本計画（重点施策実施5か年計画〔新障害者プラン〕）を策定し，地域生活移行の方針を明確にするとともに，2004年には都道府県及び市町村が障害者施策全般にかかる都道府県障害者計画，市町村障害者計画を策定することが義務づけられました。また，2005年に制定された障害者自立支援法（現・障害者総合支援法）では，障害福祉計画が規定され，市町村は各年度における障害福祉サービスの必要な量の見込み，その確保のための方策を盛り込んだ市町村障害福祉計画を策定し，都道府県障害福祉計画は広域調整の観点から市町村の計画を支援するものとされました。

　児童福祉の分野でも，2003年に次世代育成支援対策推進法が制定され，都道府県及び市町村は，2005年から5年を1期とした地域の子育て支援サービスの整備目標を盛り込んだ都道府県・市町村行動計画の策定が義務づけられることになりました。また，2012年に子ども・子育て支援法が成立したことに伴い，市町村および都道府県行動計画の策定は義務から任意となり，幼児期の学校教育・保育・地域子ども・子育て支援事業についての需給計画である市町村子ども・子育て支援事業計画および都道府県子ども・子育て支援事業計画の策定が義務づけられることになりました（詳細は，VIII-7・9 参照）。最後に，これらの基礎自治体レベルでの福祉計画を総合化する計画として想定されているのが，社会福祉法に規定されている地域福祉計画といえます（ただし，地域福祉計画の策定は努力義務規定）。

　このように，2000年以降の社会福祉は，基礎自治体である市町村が中核となって社会福祉の計画的な推進を図ることが主流になっていることを押さえておく必要があります。**表VI-2**はそれを整理したものです。それぞれの計画の詳細は「VIII　福祉計画の実際」で詳しく説明されます。　　　　　（永田祐）

115

Ⅵ 福祉計画の目的と意義

福祉計画における住民参加

1 参加の意味

まず，福祉計画への参加を考える前提として，「参加」の意味を考えてみましょう。参加は大きく社会参加と政治参加に分けることができます。社会参加は実際に社会活動（地域活動やボランティア活動）に参加することで，政治参加は政治的な意思決定に参加することです。福祉計画は，福祉行政における計画ですから，計画への住民参加という場合は，政治参加を意味することになります。ところで，参加は英語では take part といわれますが，これは「一部を担う」ということを意味しています。つまり，福祉計画に住民が参加するということは，これまでは行政や専門家が担っていた福祉計画の「一部」を住民も「担う」ということ意味しているのです。

▷1 武川正吾（1996）「社会政策における参加」社会保障研究所編『社会福祉における市民参加』東京大学出版会。

2 住民参加が必要な理由

Ⅵ-1 で，「福祉計画」について，「福祉の望ましい状態（目標）を構想して，そのために現状をどう変えていけばよいのか，科学的で合理的な方法を設定していくこと」と定義しました。こうした過程に住民が参加することが望ましいのはなぜでしょうか。計画が合理的でなければならないとすれば，官僚や専門家が客観的で科学的なデータに基づいて策定した方が，良い計画ができるのではないかとも考えられます。もちろん，専門家の科学的な合理性は計画を作る上で重要ですが，近年，生活や現場の持っている知恵の大切が指摘されるようになっています。これは，専門的な知識（専門知）に対して，現場の知恵（現場知）とか，生活者の知ということができます。特に，福祉計画の場合は，地域に暮らす住民や福祉サービスを利用する主体である当事者こそが何が必要かを最もよく知っており，住民や当事者の参加が重要であることが認識されるようになっています。したがって，福祉計画は住民や当事者と行政や専門家が協働して策定することが望ましいと考えられるようになっているのです。

▷2 藤垣裕子（2003）『専門知と公共性──科学技術社会論の構築へ向けて』東京大学出版会。

また，住民の参加が求められる理由はそれだけではありません。2000年に施行された地方分権一括法によって，基礎自治体である市町村は福祉行政の主体となりました。一方で，財政的な制約の中で，市町村だけで急増する福祉ニーズに応えていくことは容易ではありません。そこで，市町村も住民とともに福祉行政のあり方を考え，合意形成を図り，住民の活動と連携していかなければ，

その責務を果たせなくなっているのです。このように，政府がすべてを決定していく時代から，多様な主体が政策の決定や計画の策定に関与していくという考え方をガバメント（政府）に対して，ガバナンス[44]といいます。

❸ 福祉計画への住民参加の一般化

　これまで日本の社会福祉は，住民参加という視点からは遅れた領域でした。その理由は，日本の社会福祉が中央集権的であり，中央政府で決められたことに対して，基礎自治体が独自に決められることが少ない制度だったからです。ところが，こうした状況は地方分権改革や社会福祉基礎構造改革[45]などを経て大きく変化しています。以下，具体的な例を見ておきましょう。

　まず，社会福祉法は，地域福祉計画を策定もしくは変更しようとする時は，「あらかじめ，地域住民等の意見を反映させるよう努めるとともに，その内容を公表するよう努めるものとする」（107条）と定めています。また，介護保険法では，「市町村は，市町村介護保険事業計画を定め，又は変更しようとするときは，あらかじめ，被保険者の意見を反映させるために必要な措置を講ずるものとする」（117条）と被保険者の参加を法で義務づけています。さらに，障害者総合支援法では市町村障害福祉計画の策定にあたって「市町村は，市町村障害福祉計画を定め，又は変更しようとするときは，あらかじめ，住民の意見を反映させるために必要な措置を講ずるよう努めるものとする」（88条）と定めていますし，次世代育成支援対策推進法では，次世代育成支援行動計画の策定にあたって「市町村は，市町村行動計画を策定し，又は変更しようとするときは，あらかじめ，住民の意見を反映させるために必要な措置を講ずるもの」（8条）と定めています（傍点筆者）。

　こうした例にみられるように，福祉計画の策定に当たっては，住民がそこに参加し，決定に関与することが当然のこととされるようになっています。また，参加が法律に明記されているということは，上記の福祉計画の策定に当たっては，住民が参加していない計画はそもそも計画として成り立たないということを意味しています。もはや福祉行政への住民参加は，「望ましいこと」ではなく「当然しなければならないこと」になっているのです。

　しかしながら，法律に明文化されたからといって，実際に住民や当事者の意見が計画に反映されるようになっているかは別の問題です。参加を進めるためには，参加のための支援が必要です。たとえば，知的障害者が参加して意見を述べたりするためには，文字を読みやすくしたり，わかりやすく説明するといった配慮や支援が必要です。また，参加する住民がどのように選ばれるのかといった問題も検討しなければいけない問題です（代表性）。さらに，政策を決定するために選挙で選ばれた議員から構成される議会や首長と住民参加の関係も考えなければならない問題だといえます。　　　　　　　　　　　　　（永田祐）

▷3　これからの地域福祉のあり方に関する研究会（2008）「地域福祉における『新たな支えあい』を求めて」全国社会福祉協議会。

▷4　直訳すれば，「統治」の意味であるが，社会政策の文脈で使われる場合，「ガバメントからガバナンスへ」という形で使われる場合が多い。こうした文脈では，複雑な現代社会の課題をガバメント（政府）のみで解決することはできず，地域住民や非営利組織，企業など多様な主体が公共的意思決定に参加し，課題を解決していくことをいう。

▷5　V-4 参照。

Ⅶ 福祉計画の方法

 福祉計画の過程と策定

1 「福祉計画の過程」の 2 つの意味

「福祉計画の過程」という言葉には，2 つの意味が含まれていると考えることができます[1]。一つは，計画の策定から実施・評価・見直しに至る過程（計画策定サイクル）という意味であり，もう一つは，計画策定サイクルのうち計画の策定の部分に注目し，策定に着手してから計画書という完成品ができ上がるまでの過程（計画策定プロセス）という意味です。

前者の「計画策定サイクル」は多くの計画の基本となる考え方・方式であり，通常「Plan-Do-See」もしくは「Plan-Do-Check-Action（PDCA サイクル）」と表現されます。つまり，計画の策定（Plan）―実施（Do）―評価（Check）―評価に基づく行動・計画の改善等（Action）を繰り返す方法です。このように一定期間で計画を見直し，再策定をする方法は「ローリング方式」と呼ばれており，福祉計画においても介護保険事業計画（3 年ごとのローリング方式）など，多くの計画で実施されています。後者の「計画策定プロセス」については当然，前者の「計画策定サイクル」の一部ではあるのですが，近年福祉計画の策定において住民参加[2]が一般的に行われるようになっていることもあり，この計画の策定過程自体にも注目することの重要性が高まっています。

2 計画策定サイクル

以下では，PDCA サイクルに沿って福祉計画の過程を説明していきます。

○計画の策定（Plan）

福祉計画の策定は，多くの場合都道府県・市町村（行政）が策定主体となり，住民の代表者や福祉関係者，学識経験者等の参加を得て，策定委員会等とよばれる組織を設け，そこでの意見集約を行いながら計画案が作成されます。

計画策定プロセスは，①策定に必要な情報（既存計画の評価，ニーズの状況等）の収集と取りまとめ，②策定委員会への情報提供・意見収集，③庁内での議論・取りまとめ，④最終決定，計画書の印刷，計画の公表という形をとります。①から③の要素は，順番が入れ替わったり，繰り返し行われたりすることもあります。

④の最終決定については，行政計画は庁議等の名前で呼ばれる行政内部の意思決定機関における決定や議会での議決を経て正式に決定されます。そのため，

▷1 和気康太（2012）「福祉計画の理論と方法」社会福祉士養成講座編集委員会編『福祉行財政と福祉計画』中央法規出版，124 頁。

▷2 国や地方公共団体，企業等が実施する事業や計画策定の立案・実施などの過程に，住民が参加すること。なお「参加」とは，広い意味で強制によらない自発的な行動を指す。

通常，計画が作られたことを表現する場合に，「作成」という言葉ではなく，「定める」という字の入った「策定」という言葉が用いられます。

図Ⅶ-1 福祉計画の過程

○計画の実施（Do）

計画が策定されると，ほとんどの計画は「計画書」として印刷・製本し，公表されるとともに，地方自治体のホームページ等に掲載されます。計画は策定したら終わりではなく，計画に基づき着実に実施していくことが重要です。そのため計画の実施主体が行政である場合は，その計画書に基づき年度ごとに必要な予算を確保し，事業等を実施していくことになります。また，行政以外にも住民，地域組織等の役割が計画書に記載されている場合もあり，その場合には強制力はありませんが，それぞれの主体が計画の内容を実行に移していくことが期待されています。

○計画の評価（Check）

計画の評価には大きく2つの種類があります。進行状況の確認を主な目的とした評価（モニタリング）と最終的な評価です。

「モニタリング」は，計画が当初のねらいどおりに進行しているかどうかを確認するものです。計画書を作成した時点では，当然その時のニーズに対応した最良の方策を考えるわけですが，状況の変化などにより，ニーズも必要な方策も変わってくることがあります。また，何らかの事情により実施主体が計画書での取り組みを十分に実施しない，できない場合も出てきます。これらの状況を確認し，必要な対応を検討するため，前述の策定委員会を「進行管理委員会」等に組み換えるなどして，継続的に進捗状況を把握することも多くなってきています。

一方，計画の最終的な評価は，多くの場合は「ローリング方式」による次の計画を立てる際の参考とするために行われますが，大きな状況の変化があった場合には計画最終年度以外にも行われることもあります。そこでは，当初立てた目標が達成されたか等について，多面的な評価が行われることになります。なお，この評価の際には，後で述べる「費用-効果分析」などの手法が用いられることもあります。

○計画の改善・再策定（Action）

多くの計画では，通常3年・5年・10年等の計画期間を設定しており，計画期間が終わる約1年前には次期計画の策定に取りかかります。計画の評価結果を踏まえ，また社会状況の変化等を勘案し新たな計画が策定されます。

（榊原美樹）

Ⅶ 福祉計画の方法

2 ニーズの種類と測定

1 ニーズの種類

○「社会的」なものとしての「ニーズ」

福祉計画を策定する前提には，その計画によって解決を目指す課題・問題の存在があります。それらは通常，ニーズと呼ばれ，ニーズの測定は計画策定に不可欠なものです。しかし，ニーズという言葉は日常会話でもよく使われており，一義的に定義をすることが難しい言葉です。

はじめに，一人ひとりの生活者にとっての福祉の「ニーズ」について考えると，「その人が暮らし，活動をしていくために必要なことや満たされなければいけないこと」ということができます。それらのニーズは，本人が必要を感じている場合も，感じていない場合もあります。本人が必要を感じており，さらに社会に対してそれを表明している場合を「エクスプレスト・ニード」といいます。一方，本人が自覚していなくても，専門家が必要と判断したものは「ノーマティブ・ニード」といいます。

一方で，もう少し広い意味でのニーズの定義としては，以下の三浦文夫による定義が有名です。「社会的ニーズとは『ある種の状態が，①一定の目標なり，基準からみて乖離の状態にあり，そして②その状態の回復・改善等を行う必要があると社会的に認められたもの』である」。②に「社会的に認められたもの」とあるように，本人が必要と感じていても，それが社会的に対応すべきニーズと判断されない場合もあることには注意が必要です。そして，福祉計画に関していえば，計画の策定過程を通して②の「社会的に認められたニーズ」の範囲を明確にし，そのニーズを充足させる取り組みを立案することが重要です。

○福祉計画とニーズの関係

さらに福祉計画の策定においては，既存のサービス等に対する利用希望の状況（利用ニーズ）の把握と，これまでの取り組みでは解決が図られていない課題・ニーズの状況（未対応ニーズ）の把握とを分けて考える必要があります。前者は介護保険事業計画など，計画において記載すべきサービスの種類などが一定程度定まっている計画策定の際に把握すべきニーズであり，後述するように，量的なニーズ把握の方法が中心となります。一方後者は，計画策定を通じて新たな取り組み（施策・サービス等）を立案する必要がある際に把握すべきニーズであり，質的なニーズ把握の方法が主に用いられます。

▷1 これらの分類は，ブラッドショー（Bradshaw, J.）によるものであり，この2つ以外に，①本人が必要を感じている場合（フェルト・ニード），②その人と同じ特性を持ちながらも，すでにサービスを利用している人がいる場合にそこにニーズがあるとするもの（コンパラティブ・ニード）の2つの分類がある。ニーズの分類に関しては，他に「客観的ニーズ」「主観的ニーズ」「貨幣的ニーズ」「非貨幣的ニーズ」等もある。
▷2 三浦文夫（1995）『社会福祉政策研究 増補改訂』全国社会福祉協議会，59頁。

2 ニーズの測定

○質的・量的なニーズ把握の方法

> サービスの必要量＝推計された高齢者人口（推計人口×予測高齢化率）
> 　　　　　　　×出現率（要援護高齢者の出現割合）
> 　　　　　　　×利用率（総要援護高齢者に占める利用者の割合）
> 　　　　　　　×利用水準（当該サービスの量的単位，通所介護では週の利用回数）

> 図VII-2　ニーズ推計のモデル（通所介護を例に）

出所：平野隆之（2010）「福祉系計画の目的と意義」社会福祉士養成講座編集委員会編『福祉行財政と福祉計画 第2版』（新・社会福祉士養成講座）中央法規出版，104頁。

質的なニーズ把握の方法では，サービス利用者や専門職等に対するヒアリング調査や懇談会等を行い，そこでの発言などを分析し，ニーズを把握します。この方法は，ニーズの量を正確に測ることは困難ですが，利用者等の切実な生の声を聞くことができます。これは先に見た「エクスプレスト・ニード」や「ノーマティブ・ニード」を把握するものということもできます。

量的なニーズ把握の方法では，利用者やサービス提供者，地域住民などに対するアンケート調査や，これまでのサービス利用実績などから得られるデータを分析し，ニーズを把握します。こうした技法の代表的なものとしては，1980年代以降に主として高齢者保健福祉の領域で開発された「ニーズ推計」の技法が挙げられます。ニーズ推計の技法は老人保健福祉計画で全面的に取り入れられ，その後，介護保険事業計画，さらに障害福祉計画などの他の分野の福祉計画でも用いられるようになっています。

○介護保険事業計画におけるニーズ推計のモデル

ニーズ推計のモデルは，具体的には**図VII-2**のように表されます。

高齢者人口は，市町村の住民基本台帳等[43]を基に推計されます。その人口に，要介護認定[44]者数の出現率を掛け合わせ，要支援者・要介護者数を推計します。この要支援者・要介護者数の推計を基に，各種サービスの利用見込み（利用率や利用水準）を掛け合わせ介護サービスの必要量を推計します。利用率等は，現状の数字をあてはめるだけでなく，利用者に対する利用意向調査の結果などを基に，将来的にそれが増加したり減少したりすると見込む（判断する）こともあります。

○小地域でのニーズ把握

ニーズ測定に関する最近の動向として，市町村よりもさらに小さなエリア（地域）ごとでのニーズ把握への注目の高まりが挙げられます。たとえば，介護保険制度では高齢者が住み慣れた地域で生活を継続することができる単位として「日常生活圏域」を設定することが求められており，その単位ごとのデータ収集やニーズ把握が取り組まれてきています。このような小地域単位でのニーズ把握により，計画の内容がより地域の特徴や実情にあったものとなることが期待されます。

（榊原美樹）

▷3　法律に定められた各種の事項（住民の住所・氏名・生年月日・男女別など）が記載される住民票を取りまとめたもの。行政サービスの基礎資料として使用される。

▷4　介護保険の給付を受ける際に必要となる認定であり，要介護状態区分は最重度の要介護5から最も軽い要介護1までの5段階，要支援区分は要支援2と要支援1の2段階に分けられる。

Ⅶ 福祉計画の方法

福祉計画の評価とモニタリング

 福祉計画の構成

○「目標」と「手段」

　福祉計画の評価を考えるにあたっては，福祉計画がどのような内容で構成されているかということが重要になります。一般的に計画は，ある課題や問題（ニーズ）を解決していくために，何を目指すのか（目標）を決め，そのために何が必要かを見通し（予測），必要なもの（手段）を明らかにし，かつそれを関係者の合意の下で進めていく（合意形成）ための重要なツールということができます。そのため計画書には，少なくとも「目標」とそれを実現するための複数の「手段」（取り組み・プログラム）が記載されることになります。

　ある架空の自治体（Ａ市）における障害福祉計画の構成の一部をみてみましょう（**表Ⅶ-1**）。

　Ａ市では障害福祉計画の策定過程において，知的障害と身体障害を併せ持つ重複障害者のホームヘルプサービスをはじめとする生活支援サービスの利用率が，他自治体と比べて極端に少ないことが明らかになりました。その理由を調査したところ，障害者の家族のサービス利用への抵抗感が強いこと，提供されていたホームヘルプサービスの質が必ずしも良くないことが明らかになりました。しかし現状のままでは，利用者の生活の質の観点，また介護者の介護負担の観点からも望ましい状態ではありません。そこで市は，「重複障害者のサービス利用率の向上」を目標として掲げ，①ヘルパーに対する研修講座，②介護者に対する説明会の開催，③ホームヘルプ事業所の運営支援の3つのプログラムを実施することにしました。さらにＡ市では，障害児のサービス利用や障害児・者の移動手段という点でも課題があったため，これらを束ねて「生活支援の充実」という大きな目標を掲げることにしました。

○評価の階層性

　このように，計画は複数の階層を持っています。そのため，計画の評価についても，具体的な「手段」が適切に実行されたかということに対する評価と，策定時に立てた「目標」が達成できたのかどうかということに対する評価の両面から行う必要があります。

　表Ⅶ-1の事例を基に，目標の評価の仕方について確認すると，「目標（中）」に関する評価は，重複障害者のサービス利用率や，利用者のQOL，保護者・

▷1　クオリティ・オブ・ライフ（生活の質）の略。ある人がどれだけ「いきがい」を保ち，自分らしい生活を送ることができているかを指標を設定し計測する。

VII-3 福祉計画の評価とモニタリング

表VII-1　障害福祉計画の構成例

計画項目	項目の性質
目標1：生活支援の充実	目標（大）
課題1：重複障害者のサービス利用率の向上	目標（中）
方策①ホームヘルパーに対する研修講座の実施	手　　段
方策②介護者に対する説明会の開催	手　　段
方策③ホームヘルプ事業所の運営支援	手　　段
課題2：障害児のサービス利用率の向上	目標（中）
方策（省略）	手　　段
課題3：障害児・者の移動手段の拡充	目標（中）
方策（省略）	手　　段
目標2：就労支援の充実	目標（大）
※以下省略	

介護者の介護負担感の変化などが指標となります。また，「目標（大）」の評価は，複数の「目標（中）」の評価結果を踏まえ，総合的に判断されることが一般的です。それにより，たとえば生活支援の中で，重複障害者への生活支援は充実したが，障害児への支援は十分ではなかったため，次期の計画では障害児への支援を重点的に取り組もう，といった方針が決められることになります。

2　プログラムの評価方法

○プログラム評価のためのロジックモデル

計画の「目標」を達成するための「手段」の一つひとつ，もしくはその「手段」を組み合わせたものは「プログラム」と呼ばれます。このプログラムを評価するにあたっては，「投入（Inputs）・活動（Activities）・結果（Outputs）・成果（Outcomes）」という流れ（ロジック）に分けて評価することが提案されています。[2]

「投入」は資金や人，時間などプログラム実施のために投入される資源のことであり，「活動」は投入を基に実際に行われる活動，「結果」は活動の結果生み出されるもの，「成果」は最終的な成果ということになります。「成果」は，計画の当初に立てた「目標」と一致することが望ましいものといえます。さらに，プログラムの評価は，①「投入・活動・結果・成果」のすべての実施状況についての評価である「プロセス評価」，②「成果」に関する評価である「インパクト評価」，③「投入」と「成果」の関係についての評価である「コスト・パフォーマンス評価」の3つに分けられます。

○事　　例

先程の事例を基に，プログラムの評価の枠組みを示したものが，図VII-3です。前述したように，A市では重複障害者への支援の充実のため，3つの方策（手段）を立案しました。そして実際に資源を「投入」し，上記3つの「活動」が実施された結果，月に150時間だった利用時間が300時間に延びるという「結果」が生み出されました。そして，利用者のQOL，介護者の介護負担感に

▷2　龍慶昭・佐々木亮（2004）『「政策評価」の理論と技法 増補改訂版』多賀出版，27頁。

ついて調査を行ったところ，それぞれ改善という「効果」が認められました。

これはプログラムがうまくいった事例ですが，実際には「投入・活動・結果・成果」のいずれかの段階で問題が生じることも少なくありません。そのため，次に述べる「モニタリング」が重要になります。また，「投入」から「結果」までは想定通りでも，期待された「成果」がみられない場合もあります。その場合は目標を実現するためのプログラムの立案自体に誤りがあったということになります。

○プロセス評価（モニタリング）

「プロセス評価」は一般にモニタリングと呼ばれているもので，プログラムの執行過程が当初のデザインどおりに実施されているか，想定された質・量のサービスを提供しているか，という問いに答える評価です。計画書全体の観点からいえば，複数にわたる計画の実施項目のうちどの程度が着手されているかを把握し，公表していく取り組みということもできます。モニタリングは，先に見た「投入・活動・結果・成果」のすべての項目について行われます。

○インパクト評価

次に「インパクト評価」は，実施された政策（プログラム）によって，対象とする人口や対象とする社会状況への「改善効果」（インパクト）があったのかなかったのか，あったとしたらどの程度あったのか，という問いに答える評価です。計画は基本的に，ある課題・問題の解決を最終的な目標としているため，この「効果」に関する評価は大変重要なものです。

ただし「効果」を正確に計測するためには，「目標」が抽象的に表現されたままでは調査が難しく，目標を操作的に定義して，測定可能な変数として設定することが必要になります。[43] 図Ⅶ-3の事例では，プログラム実施前のQOLや介護負担感を計測しておき，実施後にそれらの値を再度計測し，比較することなどが必要になります。

このインパクト評価については，プログラムの実施対象（サンプル）自体を母集団からランダム・サンプリング[44]によって選び，それをさらに実施グループ・比較グループに分け，それらのプログラム実施後の差を計測する「ランダム実験法」など様々な手法があります。しかし，厳密な評価を実施しようとするとコストが多くかかることや，比較グループに対する倫理的問題（本来受けるべきサービスを受けさせなくてよいのかという問題）からの制約もあります。

○コスト・パフォーマンス評価

「コスト・パフォーマンス評価」（費用・効率性分析）は，プログラムによってもたらされた社会状況のあらゆる変化（社会便益）[45]とプログラムの実施にかかったあらゆる費用（社会費用）の差を計算するものです。その効果を生む上で，どの程度効率的な資源投入が行われたかを評価するものといえます。[46] コスト・パフォーマンス評価が必要とされる背景には，同じ効果があるのならより費用

▷3 坂田周一（1996）「社会福祉計画の基礎概念」定藤丈弘・坂田周一・小林良二編『社会福祉計画』有斐閣，24頁。

▷4 無作為抽出法ともいう。統計調査などで，特別の意図を働かせずに，調査対象を母集団（調査対象の全体）から抽出する方法。

▷5 個人・集団の幸福や福祉につながる利益のこと。

▷6 冷水豊（1996）「福祉計画におけるサービス評価」定藤丈弘・坂田周一・小林良二編『社会福祉計画』有斐閣，184頁。

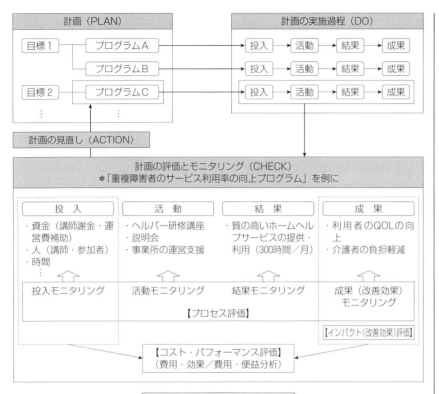

図Ⅶ-3 計画の評価とモニタリング

の少ない事業を選ぶ方が良い，という考え方があります。社会費用と社会便益の両方とも金額で明らかにできる場合の効率評価法を「費用-便益分析」，社会費用は金額で表せるが社会便益は利用者の満足感のような質的な尺度やその他の実物量などでしか表せない場合の評価法を「費用-効果分析」といいます。

なお，「費用-効果分析」の場合，複数の政策（プログラム）案の間の効率性を比較するものであるのに対し，「費用-便益分析」は，一つの事業の費用と効果を比較して効果が費用を上回るかどうかによって，その事業を実施するか（あるいは継続するか）どうかを判断するという目的でも活用することができます。

(榊原美樹)

▷7　坂田，前掲書，25頁。

▷8　平岡公一（1996）「費用—効果分析」定藤丈弘・坂田周一・小林良二編『社会福祉計画』有斐閣，196頁。

Ⅶ　福祉計画の方法

費用効果分析

1　「費用-効果分析」の概要

「費用-効果分析」は，ある政策（プログラム）を実施するために必要となる費用と，それによって達成された成果を効率性の観点から評価する「コスト・パフォーマンス評価」の一つであり，社会費用（必要なコスト）は金額で表せるが社会便益（成果）は利用者の満足感のような質的な尺度やその他の実物量などでしか表せない場合に用いられる評価法です。

実は，私たちは日常生活において，無意識的にこのような評価・分析を行っています[41]。たとえば，私たちは買い物の際に，性能や品質が同じであれば，できるだけ価格が安い商品を買おうとします。逆に，同じ価格であれば，できるだけ性能や品質が高い商品を選ぼうとします。車のテレビコマーシャルなどでは，よく「この価格でこの"性能"！」という言葉が聞かれますが，これは投入する「費用」に対して，得られる「効果」が高い商品だということをアピールする表現だといえます。政策（プログラム）の選択においても，同じ効果があるならば，より費用の少ない事業を選択する方が，効率性という観点からみて，望ましいことは間違いありません。しかし車のような一般的な商品とは異なり，実施に必要な費用や得られる効果は，プログラムの検討段階では必ずしも明確ではありません。そのため，「費用-効果分析」を行うことが必要となります。

2　「費用-効果分析」の手法

「費用-効果分析」を実施する際の手順は，①分析の対象とするプログラムの確定，②費用と効果の検討項目の列挙，③費用と効果の測定，④費用と効果の比較，という4段階から構成されると見ることができます[42]。

「費用-効果分析」を実際に行うためには，ある程度の経済学の専門的な知識が必要となります。たとえば，社会費用の計算では，プログラムの運営にかかった直接費用の他，①プログラムによって引き起こされる民間部門のコスト，②プログラムによって引き起こされる意図しないダメージ，③投入する資源の減価償却費[43]など，あらゆるコストを洗い出し，計算することが求められます。他にも，家族介護の費用を例にとれば，実際に家族が支払っている諸費用のほかに，介護や育児を担う家族が就労できない（あるいは就労が制限される）こと

▷1　龍慶昭・佐々木亮（2004）『「政策評価」の理論と技法 増補改訂版』多賀出版，122頁。

▷2　平岡公一（1996）「費用-効果分析」定藤丈弘・坂田周一・小林良二編『社会福祉計画』有斐閣，197頁。
▷3　長期間にわたって使用される固定資産の設備投資に要した支出をその資産が使用できる期間（年月）に応じて配分する手続きによって算出される費用のこと。

に伴う収入の減少分の推定値を含める必要があります。[4]

3 「費用-効果分析」の活用

次に,「費用-効果分析」を活用する場面についてみていきましょう。一般的に,計画の過程は「Plan-Do-See」もしくは「PDCAサイクル」等のサイクル型で理解されています。福祉計画においても,実際にローリング方式をとっている計画が多数あります。しかし,計画を構成する一つひとつの政策（プログラム）についてもこのサイクル型の過程を想定することには問題点もあります。それは,いったん政策（プログラム）が形成されると自動的に更新されて終了はしない,執行が終わらなければ評価もされない,ということになるからです。そのため,図Ⅶ-4に示すような考え方も提示されてきています。

このモデルでは,政策（プログラム）は,社会問題の存在から始まり,その解決をもって終了する直線型（ライン＆エンド型）の過程として捉えられています。そして評価は,過程の最初から終わりまであらゆる段階で手段として用いられることになり,「費用-効果分析」も図中の★の段階で活用されます。

さらに日本では,パイロット・プロジェクト（試験的実施）の重要性はあまり強調されていませんが,本格実施に至る前にパイロット・プロジェクトを実施し,それをコスト・パフォーマンスの観点から評価することにより,効率的で効果のある政策（プログラム）を選択することが可能となります。

このように,「費用-効果分析」は,同一の効果をもたらすプログラムの中から,費用の面で最も安いプログラムを選択するために活用されることが多くあります。このため「費用-効果分析」は別名「最小費用分析」とも呼ばれます。

ただし,実際には同一の効果をもたらすプログラムの立案はなかなか困難です。たとえば,車の運転ができない高齢者の通院・買い物等のニーズに対応するプログラムの案としては,①自治体内を循環する「福祉循環バス」,②複数の利用者が乗り合いで利用する「デマンドタクシー」,③ボランティアによる「移送サービス」など複数の方策が考えられます。これらは,実施にかかる費用は当然異なります。さらに効果の点でも,高齢者にとって必要な移動が可能となるという点では同じですが,使いやすさやそれに伴う満足度などは当然異なるはずです。このことから,「費用-効果分析」は意思決定のための材料にはなりますが,プログラムの選択には,評価結果を踏まえた判断が求められることになります。

（榊原美樹）

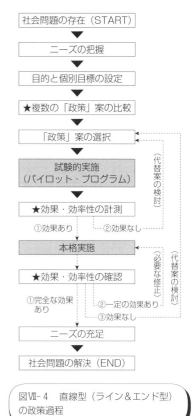

図Ⅶ-4　直線型（ライン＆エンド型）の政策過程

注：★の部分で「費用-効果分析」や「費用-便益分析」が行われる。
出所：龍慶昭・佐々木亮（2004）『「政策評価」の理論と技法 増補改訂版』多賀出版,22頁を一部改編。

▷ 4　平岡,前掲書,200頁。

Ⅶ 福祉計画の方法

費用便益分析

1 「費用-便益分析」の概要

「費用-便益分析」は，「費用-効果分析」と同様に，ある政策（プログラム）を実施するために必要となる費用とそれによって達成された成果を効率性の観点から評価する「コスト・パフォーマンス評価」の一つです。

「費用-効果分析」との最も基本的な相違点は，事業の効果を原則としてすべて貨幣タームに換算して測定・表示するという点にあります。そのため，たとえば車について「この価格でこの"性能"！」という金銭では測れない効果で評価するのではなく，購入することによって得られる金銭的なメリット，たとえば節約できる交通費や，移動時間の短縮によって生まれた時間での生産（賃金）などのデータ（効果）を積み上げる必要があります。

2 「費用-便益分析」の手法

「費用-便益分析」を実施する際の手順は，①分析の対象とするプログラムの確定，②当該プログラムの「社会便益」と「社会費用（コスト）」の特定，③「社会便益」と「社会費用」を可能な限り貨幣価値に換算し計測，④「社会便益」から「社会費用」を差し引いて，「純社会便益」を計算，という4段階から構成されると見ることができます。

なお，「社会便益」を適切に測定するためには，直接的な便益だけでなく，間接的・波及的な便益まで考慮に入れる必要があります。たとえば図Ⅶ-5は，職業訓練プログラムの「費用-便益分析」の例ですが，「犯罪行為の減少」や「代替的サービスの利用減少によるコスト削減」まで考慮に入れられています。

3 「費用-便益分析」の活用

次に，「費用-便益分析」を活用する場面についてみていきましょう。「費用-効果分析」は複数の政策選択肢の中から費用対効果という点で最も効率的な政策を選択するものであり，複数の政策選択肢が存在することを前提とするのに対して，「費用-便益分析」は必ずしもそのような前提を必要としません。そのため，一つの事業の費用と効果を貨幣単位で表示して比較し，効果が費用を上回るかどうかによって，その事業を実施するか（あるいは継続するか）どうかを判断するという目的で活用することができます。

▷1 平岡公一（1996）「費用-効果分析」定藤丈弘・坂田周一・小林良二編『社会福祉計画』有斐閣，196頁。

（単位：US $）

（貨幣価値換算額）

社会便益	
直接	
―雇用の増加による生産の拡大	3,276
―プログラム参加期間中の生産	757
間接	
―犯罪行為の減少	2,919
―ドラッグ／アルコール依存の減少	31
―代替的サービスの利用減少によるコスト削減	244
―その他の便益	172
（小　計）	7,399
社会費用	
直接	
―プログラムの運営費	2,796
―機会費用（参加メンバーがプログラムに参加しなければその期間に挙げられたはずの生産）	881
―中央オフィスの間接費	1,347
間接	
―その他の費用	46
（小　計）	5,070
（合　計）	2,327

（純社会便益）

図Ⅶ-5　コスト・パフォーマンス（費用－便益分析）の計算例
―― Job Corps 職業訓練プログラムのコスト・パフォーマンス計算

出所：龍慶昭・佐々木亮（2004）『「政策評価」の理論と技法 増補改訂版』多賀出版，113頁を一部改編。

　たとえば道路や橋の建設の際，建設にかかると見込まれる費用と，建設によって得られる便益（物流・観光の増大，交通渋滞の緩和による経済効果等）を比較し，事業の是非が検討されるということが行われています。この場合，便益の部分を正確に見込まないと正しい判断ができないことには注意が必要です。また費用が便益を上回る場合，プログラムの総事業費を抑える方法が検討されるかもしれませんが，その場合も，事業費の抑制によって効果の部分が変わることが無いように注意する必要があります。

　「費用－便益分析」は道路建設等の公共事業の分野や開発援助（ODA や NGO[2][3]による開発途上国支援）等の分野については実際に多く行われていますが，福祉の分野に関しては，これまでのところ研究も少なく，実践上も積極的に取り組まれているとはいえない状況にあります。これは，便益計算の難しさなども背景にあると思いますが，コスト・パフォーマンスに優れた政策（プログラム）を実施しなければならないという内外からの圧力が乏しいことの表れといえるかもしれません。さらに，海外では政策評価全般について，コンサルタントや大学の研究所等の外部の機関に委託をすることが多いといわれています。評価の客観性や専門性の観点からも外部機関による評価が広がることが望まれます。

（榊原美樹）

▷2　Official Development Assistance の略。政府開発援助のこと。国際貢献のために先進工業国の政府および政府機関が開発途上国に対して行う援助や出資。
▷3　Non-Governmental Organizations の略。民間人や民間団体のつくる機構・組織（非政府組織）。日本においては，主に「国際協力に携わる組織」を表すことが多い。

VIII 福祉計画の実際

1 地方自治体の総合計画
──総合計画は必要か

　2011年5月，地方自治法の一部が改正され，市町村が議会の議決を経て基本構想を定める義務が撤廃されました。本項では，①地方自治法の改正理由，②総合計画の必要性，③総合計画の内容，④総合計画の位置づけ，⑤今後の展望に分けて解説します。

1　地方自治法の改正理由

　地方分権を進め，地方自治体が自主的・自律的に地域づくりを行うためには，必ずしも必要でない規制を撤廃し，それぞれ地方自治体の置かれている状況に応じて，自らの判断に委ねることが適切と考えられるからです。

2　総合計画の必要性

　総合計画を策定するか否か。策定する場合はどのような内容を盛り込むべきか。策定に際し議会の議決を経るか否か。

　これらは，本来，国で一律に決めることではなく，各地方自治体が住民や議会との話し合いの中で決定すべきことです。ここで大切なポイントは，法改正に伴い総合計画を策定する必要がなくなったと理解するのではなく，総合計画の必要性や内容，策定方法等について，地方自治体において真剣に議論し決定することが求められている点です。

3　総合計画の内容

　各市町村により異なりますが，基本構想，基本計画の2種類またはこれらに実施計画を加えた3種類をもって総合計画と位置づけている市町村がほとんどです。これらの区分は，それぞれの総合計画の中で定められます。

　一般的には，表Ⅷ-1のような例が多く見られます。

表Ⅷ-1　総合計画の構成（例）

	基本構想	基本計画	実施計画
計画期間	10～25年	5～10年	1～3年
議会の議決	要	不要	不要
内容	まちの将来像，まちづくりの方向性など	事業の達成目標，重点施策など	事業メニュー，事業期間，事業費など

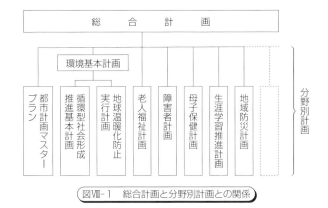

図Ⅷ-1　総合計画と分野別計画との関係

4 総合計画の位置づけ

地方自治体では，総合計画と分野別計画に基づき，計画的な行政が行われています（図Ⅷ-1）。また，分野別計画においても当該分野の全般を網羅する基本計画と個別部門の実施計画に相当する計画があります。

5 今後の展望

改正後の地方自治法では，市町村の基本構想の策定に関して，議会の議決が不要となりますが，地方分権の視点に立った時は，まったく逆の視点から眺める必要があります。

つまり，基本構想を含めた行政各般の主要な計画については，首長限りで策定するのではなく，市町村の自主的な判断により，議会の議決を経て定めることができるようになったと理解するのが適切です。

これらについては，さらなる市民参加の促進に向けて，今後，「まちづくり基本条例」や「自治基本条例」の制定なども含めて，総合的な観点から活発な議論が行われることが想定されます。

また，近年では，自治体経営の理論に基づき，政策・施策の「選択と集中」を明らかにした総合計画や，首長のマニュフェストとの整合に配慮した総合計画も見られるなど，総合計画は，より戦略的な色彩を帯びたものに変貌しつつあります。

（土本修一）

VIII 福祉計画の実際

 地方自治体の総合計画の事例

1 どのような総合計画が求められているのか

　従来型の総合計画は，市町村が行う各種事業を体系的に整理し，あらゆる事業を推進するといった総花的な計画が主流でした。このような計画は，右肩上がりの経済成長下においては財源の担保も十分にあるので実効性が期待できるだけでなく，各種事業が列記されているのでわかりやすいものでした。

　ところが，低成長時代に入り，すべての事業がこれまで通りに実施できない事態を迎えた中，限られた財源をいかに有効に活用し，市民が求める成果を実現するかという転換的なアプローチが求められています。また，市民の行政に対する関心が高まる中，各施策の達成度を評価し，改善し，実行できる総合計画が求められています。

2 市民参加はどのように変わったか

　現在，多くの地方自治体において，市民参加を得て総合計画を策定することが常となっていますが，時代とともにその手法や形態も大きく変わりつつあります。

　従来は，市民アンケート調査等により市民全体のニーズを統計的に処理し，これに地域の課題を組み合わせて行政自身が施策を提示する方式が主流でした。

　ところが，地方分権が進展しつつある近年では，国の動向を見ているだけでなく，よりきめ細かく市民のニーズを収集し，自らの判断で地域に応じたまちづくりを行う必要があります。

　そこで，市民と行政を対等のパートナーと位置づけ，ワークショップの実施やパブリックコメントの募集をはじめ，地域住民自身が地域の将来像を描くなど，市民とともにまちの将来像を見つけ出す方式が主流になりつつあります。

3 どのような策定方法があるか

　2000年の地方分権一括法の施行後，特に市町村では，自治体経営の視点に立った総合計画が多く見られます。

　総合計画を実際の自治体経営に活かすためには，計画策定に際して，人的・物的資源や組織力・財政力といった内部要因をしっかりと見極めた上で，求められる市民ニーズ，時代の流れ，近隣市町村の状況などの外部要因と掛け合わ

▷1 課題の発見や解決に向けて参加者が自由に知恵や意見を出し合うことを通じて共通の解を見出す手法。
▷2 条例や重要な計画など，市民の権利義務に関わる事項を決定する際，素案の段階で一定期間公表し，意見を求め，これに対して行政が説明責任を果たす仕組み。
▷3 求められるニーズに対して，限られた財源をいかに効果的に活用するか，また，実施結果を評価し，絶え間なく改善・改革を行うといった民間の経営感覚を行政に取り入れた考え方。
▷4 組織のビジョンや戦略を企画立案する際に利用する現状を分析する手法の一つ。SWOTは，Strength（強み），Weakness（弱み），Opportunity（機会），Threat（脅威）の頭文字を取ったもの。
▷5 事業の成果を測定する際のモノサシ。事業の実施に要した予算や人的資源（input）などに着目するのではなく，事業の実施によって得られた成果（outcome）に着目した指標。

せることで，それぞれの市町村に応じた戦略を組み立てる必要があります。

4 SWOT 分析を活用した総合計画の事例

大阪府和泉市では，2004年に小学生から大人まで100人を超える市民から市の将来像を集め，市職員が自らSWOT分析を行い，計画策定が行われました。同じような手法は，愛知県瀬戸市，埼玉県戸田市，静岡県浜松市，千葉県松戸市などで実施されており，先進的な手法として注目されています。

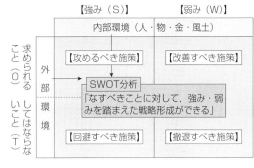

図Ⅷ-2　SWOT 分析の研究

5 数値目標を用いた総合計画の事例

地方分権時代の自治体経営は，国からの通知・通達にとらわれることなく，市民との協働により実施することが求められます。また，より多くの市民の参加・参画を求めるためには，行政情報をわかりやすく公表する必要があります。

そこで近年では，総合計画に成果指標や数値目標を取り入れ，その達成度合いを評価し，どのような改善を行うかも含めて公表するなど，積極的な情報公開が行われる事例が多く見られます。

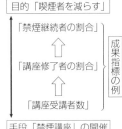

図Ⅷ-3　成果指標の設定方法（例）

その一方で，数値目標を取り入れる場合に注意すべき点として，数値目標の達成のみをもって当該施策の成否を単純に評価することは，必ずしも有効とはいえない場合もあります。

たとえば，A市で「喫煙者を減らす」という施策を達成するために，「禁煙講座」を開催し，その成果指標として「講座受講者数」を設定したと仮定します。

確かに講座受講者数が増えることは良いことですが，施策本来の目的は「喫煙者を減らす」ことですから，成果指標としては，「講座受講者に占める修了者の割合」とか，「講座受講者のうち1年間禁煙を継続した人の割合」など，さらに上位の成果指標を設定することが求められます（図Ⅷ-3）。

また，各種相談業務や啓発業務など，人の内面的な変化を求める分野においては，アンケート結果などを通じて数値目標を設定することも有効ですが，これらの「量的な評価（＝定量評価）」と，文章表現を用いた「質的な評価（＝定性評価）」とを組み合わせるなど，数値による評価を補完する評価方法についても併せて研究することが求められます。

限られた財源をより有効に活用する上で，計画・実行・評価というマネジメント・サイクルを行政全体でシステマティックに運営する意味において，総合計画に成果指標や数値目標を取り入れることは非常に意味がありますが，これらの見直しについてもシステムに組み入れる必要があります。　（土本修一）

Ⅷ　福祉計画の実際

老人福祉計画

 老人福祉計画は何に基づいた計画か

　老人福祉計画は，全国の自治体が高齢者の保健と福祉の事業に関して，その確保すべきサービス量等の目標を定め，量の確保のための方策を考え，供給体制の確保を計画的に推し進めていくために作成する計画です。また，老人福祉計画には市町村老人福祉計画と都道府県老人福祉計画があります。特に，市町村老人福祉計画は，地方自治法に規定する市町村の基本構想に即して定められています。

　老人福祉計画は，当初は高齢者保健福祉推進十か年戦略（ゴールドプラン，1989年）を実施するための老人福祉法等の一部を改正する法律（福祉八法改正，1990年）によって，老人福祉法と老人保健法に作成根拠をもつ老人保健福祉計画として登場しました。老人保健福祉計画は，老人福祉法による老人福祉計画と老人保健法による老人保健計画から成り，2つの計画が一体のものとして作成されるものでした。その後，介護保険事業計画や地域福祉計画等とも調和が保たれたものとして作成されるようになりました。

　しかし，老人保健計画は，医療制度改革（2006年）により老人保健法が全面的に改正され，法律名称も高齢者の医療の確保に関する法律（2008年）に改められた際に，法律上に老人保健計画に関する規定がなくなり，市町村と都道府県は老人保健計画を作成する義務がなくなりました。しかし，多くの自治体では，高齢者の保健と福祉は密接に関連するものであることから，老人保健施策も引き続き含めた計画として老人保健福祉計画を作成しています。

 老人福祉計画の計画期間は何年か

　第1期目となる老人保健福祉計画は，基本的に1993年度中に作成されました。計画期間の始期は1993年度もしくは1994年度とし，終期は1999年度でした。また，計画は始期から終期の中間時点で見直しを行うことが予定されていました。しかし，ちょうど中間時点の頃から介護保険制度創設の議論が始まり，新制度の誕生により老人保健福祉計画も大きく影響を受けると見込まれたため，自治体は新制度創設の動向に関して情報収集をする一方で，結局，介護保険制度（2000年）がスタートするまでに中間見直しを行うことはほとんどありませんでした。また，介護保険制度のスタートにより介護保険事業計画が作成されるよ

うになると，老人保健福祉計画と介護保険事業計画は調和を保つため，両計画ともに３年を１期とする同一の計画期間として作成されるようになりました。現在，老人保健福祉計画は第８期（2018～2020年度）計画が実施されています。

③ 老人福祉計画で取り扱う内容は何か

　介護保険制度創設により，老人保健福祉計画の内容は大きく変化しました。具体的には，それまで老人福祉法と老人保健法に規定されていたサービスの多くが介護保険法で取り扱われるようになったため，計画上のそれらの取り扱いも老人保健福祉計画から介護保険事業計画へ移行しました。

　現在，老人福祉計画で取り扱われている内容は，介護保険の給付対象とならない高齢者保健福祉のサービスですが，長寿社会にふさわしい高齢者の保健と福祉の体制を構築するために，関連する施策も計画はすべての高齢者を対象としています。

　計画作成では，老人居宅生活支援事業および老人福祉施設による事業の供給体制の確保に関する計画を定めます。とりわけ，介護保険の給付対象とならない高齢者保健福祉サービスとして，養護老人ホーム，軽費老人ホーム，老人福祉センター，在宅介護支援センター（多くが地域包括支援センターに移行したが，並存する地方自治体もある），健康診査，また地域支援事業の対象とならない健康教育・健康相談・機能訓練・訪問指導などを取り扱います。

④ 老人福祉計画は誰が作成するのか

　市町村が老人福祉計画を作成する場合，計画作成委員会等が設置されます。その事務局は，当該市町村の老人福祉や老人保健を所管する部署が中心となって担当します。計画の原案作成は事務局が中心となって行いますが，委員会に原案が諮られ，検討されます。その際，各種資料により関連情報が提供されながら進められます。委員会メンバーは学識経験者，地元医師会などの保健医療関係者，社会福祉協議会などの福祉関係者によって構成されます。また，原案作成の基礎データとして，高齢者や広く住民を対象とするアンケート調査や関係団体へのヒアリング，住民説明会，パブリックコメントの募集などを通じて情報収集が行われます。一方で，計画の決定では，市町村議会の議を経ることを必要としないものとなっています。また，計画作成委員会等は老人福祉計画と介護保険事業計画を同時に並行して作成していきます。

（岡田直人）

▷1　老人居宅介護等事業，老人デイサービス事業，老人短期入所事業，小規模多機能型居宅介護事業，認知症対応型老人共同生活援助事業および複合型サービス福祉事業のことを指す。

▷2　老人デイサービスセンター，老人短期入所施設，養護老人ホーム，特別養護老人ホーム，軽費老人ホーム，老人福祉センターおよび老人介護支援センターのことを指す。

Ⅷ 福祉計画の実際

 老人福祉計画の事例

1 札幌市の概要

札幌市は総人口が，2014年10月1日時点で193万4,941人と190万人を超え，10行政区を持つ政令指定都市です。65歳以上の者はおよそ45.6万人で，高齢化率は23.6％です。また，前期高齢者は総人口の12.7％，後期高齢者は10.9％となっています。10区のうち，最も高齢化率の高いのは南区（29.9％）で，最も低いのは中央区（20.7％）で，区によってバラツキがあります。また，同時期の全国の高齢化率は26.0％で，北海道は28.18％であり，20政令指定都市中では12番目となっており，他と比較するとやや低くなっています。

2 計画の位置づけ

札幌市では，1998年改定の「札幌市基本構想」の理念に基づき，2000年に20年間を計画期間とする「第4次札幌市長期総合計画」を策定し，この総合計画の下で，関連する様々な分野の計画を策定しました。また，「第3次札幌新まちづくり計画」（2011～2014年度）の中で重点的・優先的課題として「福祉・介護・医療の連携による健やかな地域生活支援」が盛り込まれました。これらの計画の下で「第6期札幌市高齢者保健福祉計画・第5期札幌市介護保険事業計画」（2012～2014年度）は一体のものとして策定されました。そのため札幌市では，他の自治体と同様に，高齢者保健福祉計画と介護保険事業計画の策定委員会と組織体は同一として札幌市介護保険事業計画推進委員会としました。

なお，札幌市の高齢者保健福祉計画と介護保険事業計画は，「札幌市まちづくり戦略ビジョン（2013～2021年）」「札幌市地域福祉社会計画」「さっぽろ障がい者プラン」「札幌市健康づくり基本計画（健康さっぽろ21（第二次））」「さっぽろ医療計画」などの同市における他計画と連携するとともに，広域的な「新・北海道保健医療福祉計画」「北海道高齢者保健福祉計画・介護保険事業支援計画」などとも連携しています。

3 基本目標

第7期札幌市高齢者保健福祉計画と第6期札幌市介護保険事業計画に共通して，基本目標は「いくつになっても住み慣れた地域で安心して暮らし続けることができるまちづくり」としています。団塊の世代がすべて75歳以上となる

2025年の高齢社会を見据えて，医療・介護・介護予防・住まい・生活支援が一体的に提供される地域包括ケア体制の構築に向けて継続的かつ着実に取り組みを進めようとしています。

４　施策の体系

札幌市では，基本目標の実現に向けて，高齢者保健福祉に関する施策を６つに分けて展開しています。

　　①地域における連携強化▷1
　　②サービスの充実と暮らしの基盤の整備▷2
　　③認知症高齢者支援の充実▷3
　　④介護予防・健康づくりの推進▷4
　　⑤積極的な社会参加の促進▷5
　　⑥安定した介護保険制度の運営▷6

５　札幌市の計画の特色

札幌市は総人口が190万人を超えており，地下鉄や路面電車が敷設されている大都市です。同時に，年間の累計降雪量が５ｍを超える大都市でもあります。また，他都市と同様に，市内には人口が減少している地域があり，地域の年齢構成が高齢化しているところに特徴があります。それらの特徴に対応するため，札幌市の計画には次のような特色があります。

たとえば，施策体系「②サービスの充実と暮らしの基盤の整備」では，生活支援サービスの充実として，「福祉除雪の実施」があります。これは，自力で除雪が困難な一戸建て住宅の高齢者や障がいがある方の世帯を対象に，地域の協力を得ながら間口部分等（玄関先から道路までの通路）の除雪を支援しています。「要介護者等ごみ排出支援事業の実施」では，高齢者や障害者の内，自らごみステーションへごみを排出することが困難で，かつ親族や地域の協力が受けられない方に対して，ごみの収集や運び出し支援を実施しています。高齢者が暮らしやすいまちづくりでは，公共交通や歩行空間におけるバリアフリーの促進が行われており，一例として「地下鉄駅環境整備推進事業」は，冬季の融雪による事故を防ぐため全階段へのスリップ防止のゴムの設置や「生活道路パートナーシップ排雪の実施」「歩行者用砂箱の設置」で冬季の生活道路の歩行確保や「つるつる路面」による転倒防止に努めています。「⑤積極的な社会参加の促進」では，多世代交流の促進として，廃校となった小学校を拠点とした多世代交流・地域連携の場を創出したり，身近な地域に必要な機能を小学校に集約するなど，小学校を中心とした公共施設の複合化を進めることで，高齢者と他世代の多様な交流の場を創出しようと努めています。　　　　（岡田直人）

▷1　①地域における相談・見守り体制の充実，連携強化，②医療と介護の連携，③ケアマネジメント機能の強化，④大規模災害への備え。

▷2　①在宅サービスの充実，②施設・居宅系サービスの充実，③介護保険サービスの質の確保・向上，④高齢者を支える担い手の確保，⑤高齢者が暮らしやすいまちづくり。

▷3　①認知症の方と家族を支える地域づくり，②認知症の方を支えるサービス基盤の整備。

▷4　①介護予防事業の推進，②高齢期の健康づくり。

▷5　①高齢者が社会で輝く機会の充実，②高齢者の社会参加を支える基盤づくり，③世代間の理解と交流の促進。

▷6　①適切な事業運営，②安定的な財政運営，③低所得者等への配慮。

Ⅷ 福祉計画の実際

 介護保険事業計画

1 介護保険事業計画は何に基づいた計画か

　介護保険事業計画は，全国の自治体等が要援護高齢者等を対象とした介護保険事業に係る保険給付の円滑な実施を行うために作成します。作成の法的根拠は，介護保険法第7章にあり，厚生労働大臣が定める基本方針に沿って作成されます。計画には市町村介護保険事業計画（第117条）と都道府県介護保険事業支援計画（第118条）があります。この内，市町村介護保険事業計画は，老人福祉法に規定する市町村老人福祉計画と一体のものとして作成され，さらに社会福祉法に規定する市町村地域福祉計画等で定める要介護者等の保健，医療または福祉に関する事項と調和が保たれなければなりません。また，都道府県介護保険事業支援計画は，同様に都道府県老人福祉計画と一体のものとして作成され，さらに都道府県地域福祉支援計画の他，医療法に規定する医療計画等と調和の保たれなければなりません。特に，市町村介護保険事業計画は，地方自治法に規定する市町村の基本方針に即したものとすることが必要です。

2 介護保険事業計画の計画期間は何年か

　現在の介護保険事業計画は，市町村版も都道府県版も法律により，3年を1期とする計画を定めることとなっています。現在，第7計画（2018〜2020年度）が実施されています。しかし，介護保険法施行の当初は，現在と異なり，第1期計画（2000〜2004年度）と第2期計画（2003〜2007年度）は，3年ごとに5年を1期とする計画を定めていました。これは，保険料率が，おおむね3年を通じ財政の均衡を保つ必要があるためでした。しかし，2005年の介護保険法の改正により，第3期計画（2006〜2008年度）からは，3年を1期として，3年ごとに計画の見直しを行うことになりました。併せて，2015年には，第1次ベビーブーム世代が65歳以上になることから，2015年の高齢者介護の姿を念頭において，3期先の計画を見据えた目標を設定することになりました。

3 介護保険事業計画で取り扱う内容は何か

　介護保険事業計画に関して厚生労働大臣が定める基本方針では，介護給付等対象サービスを提供する体制の確保および地域支援事業の実施に関する基本的事項，市町村介護保険事業計画の介護給付等対象サービスの種類ごとの量の見

込みを定めるに当たって参酌すべき標準，都道府県介護保険事業支援計画の作成等に関する事項等を定めています。

その基本方針に即して，市町村介護保険事業計画では，市町村は，その住民が日常生活を営んでいる地域の地理的条件，人口，交通事情その他の社会的条件および介護給付等対象サービスを提供するための施設の整備の状況等の条件を総合的に勘案して区域ごとに，各年度の認知症対応型共同生活介護，地域密着型特定施設入居者生活介護および地域密着型介護老人福祉施設入所者生活介護の必要利用定員総数，その他介護給付等対象サービス（施設サービスを含む▷1）の種類ごとの量の見込みとその確保のための方策を定めます。また，各年度における地域支援事業▷2の量の見込み，それに要する費用の額，見込み量の確保のための方策を定めます。そして，これらの費用を賄うための保険料を定めます。加えて，介護予防に関するサービスを含めた指定居宅サービス▷3・指定地域密着型サービス▷4・指定居宅介護支援の事業を行う者の相互間の連携の確保に関する事業やその他介護給付等対象サービスの円滑な提供および地域支援事業の円滑な実施を図るための事業に関する事項等を定めます。

都道府県介護保険事業支援計画では，区域ごとに各年度の介護専用型特定施設入居者生活介護，地域密着型特定施設入居者生活介護，地域密着型介護老人福祉施設入所者生活介護に係る必要利用定員総数，介護保険施設の種類ごとの必要入所定員総数，その他の介護給付等対象サービスの量の見込みを定めます。それ以外には，介護サービス情報の公表に関する事項や介護支援専門員や介護給付等対象サービス・地域支援事業の従事者の確保とその資質の向上に資する事業等に関する事項等を定めます。

④ 介護保険事業計画は誰が作成するのか

市町村が介護保険事業計画を作成する場合，計画作成委員会等が設置されます。その事務局は，当該市町村の介護保険担当部局が中心となります。その際には，関係する民生・保健衛生・教育・労働・地域振興・農林水産・住宅政策等を担当する部局と連携することができる体制整備が求められています。計画の原案作成は事務局が中心となって行いますが，委員会に原案が諮られ，検討されます。委員会のメンバーは，学識経験者，保健医療関係者，福祉関係者，被保険者代表者，サービス利用者，費用負担関係者等によって構成されます。特に介護保険法では，被保険者の意見を計画に反映させることが求められています。また，原案作成の基礎データとして，要支援・要介護認定者や介護保険サービス事業者などを対象とするアンケート調査や関係団体へのヒアリング，住民説明会，パブリックコメントの募集などを通じて情報収集が行われます。

（岡田直人）

▷1　介護老人福祉施設，介護老人保健施設，介護療養型医療施設。

▷2

必須事業	介護予防事業	
	包括的支援事業	介護予防ケアマネジメント事業
		総合相談・支援事業
		権利擁護事業
		包括的・継続的ケアマネジメント支援業務
任意事業	介護給付等費用適正化事業	
	家族介護支援事業	
	その他の事業	

▷3

訪問サービス	訪問介護
	訪問入浴介護
	訪問看護
	訪問リハビリテーション
	居宅療養管理指導
通所サービス	通所介護
	通所リハビリテーション
短期入所サービス	短期入所生活介護
	短期入所療養介護
特定施設入所者生活介護	
福祉用具貸与	
特定福祉用具販売	

▷4　定期巡回・随時対応型訪問介護看護，夜間対応型訪問介護，地域密着型通所介護，認知症対応型通所介護，小規模多機能型居宅介護，認知症対応型共同生活介護，地域密着型特定施設入居者生活介護，地域密着型介護老人福祉施設入所者生活介護，複合型サービス。

Ⅷ　福祉計画の実際

6　介護保険事業計画の事例

1　介護保険事業計画はどこで審議されたか

　札幌市の行政機関内部の体制は，保健福祉施策を総合的・効果的に推進するため，副市長を本部長として，関係局長で構成する札幌市保健福祉施策総合推進本部を設定しました。さらに，札幌市介護保険事業計画と札幌市高齢者保健福祉計画の一体のものとして作成するため，推進本部の下に関係部局長による専門部会の高齢者保健福祉部会を設置しました。そして，市町村介護保険事業計画の作成にあたっては，介護保険法117条9項により，被保険者の意見を反映させるため，公募による6名の市民を含む23名からなる札幌市介護保険事業計画推進委員会を設置し，介護保険事業計画と併せて老人保健福祉計画について審議しました。

2　計画に市民意見等を反映させるためにどうしたか

　計画作成にあたり，2013年には，「高齢社会に関する意識調査（標本調査）」として「高齢者調査」（1万6,000人対象／有効回収率62.2％）と「若年者調査」（4,000人／38.5％），「介護保険サービス事業者調査（悉皆調査）」として「介護保険サービス提供事業者調査」（3,404カ所／71.0％）と「介護保険施設入・退所（院）者状況調査」（132カ所／80.3％），「要介護（支援）認定者意向調査（標本調査）」（6,000人／58.5％）を実施しました。さらに，広く市民の意見を反映させるため，計画に関して中間報告書を公開し，広く市民からの意見（パブリックコメント）を募集しました。また，策定委員会の審議経過を市民向けホームページで情報提供しました。

　また，札幌市介護保険事業計画推進委員会の下に，高齢部会，介護保険部会，地域密着型サービス部会の3つの部会を設置し，23人の委員をどれかの部会に配置しました。そして，高齢者部会と介護保険部会には，前述の5つ調査の項目を検討させ，地域密着型サービス部会には地域密着型サービスの指定や更新等について札幌市に意見を述べさせました。

3　札幌市の介護サービス圏域

　札幌市では介護保険法でいう日常生活圏域のことを「介護サービス圏域」と呼んでいます。この圏域は，10区（中央，北，東，白石，厚別，豊平，清田，南，

西，手稲）の行政区単位としています。

④ 被保険者・要介護認定者・介護サービス利用者の見込み

札幌市では，被保険者数・要介護認定者数・サービス利用者数の計画最終年度（2017年度）の見込みを，第1号被保険者50万6,174人，第2号被保険者68万6,312人とし，そのうちの要介護等認定者数を第1号被保険者は20.0%（9万1,122人），第2号被保険者は0.3%（2,003人）としました。また，要介護等認定者数の見込み9万3,125人中，サービス利用者数の見込みを79.2%（7万3,788人）としました。詳細にみると，要介護認定者数の見込み全体の59.9%（5万5,772人）が居宅サービス・介護予防サービスを，19.3%（1万8,016人）が施設・居住系サービスの利用を，利用しない層を20.8%（1万9,337人）と見込みました。

⑤ 札幌市における第6期の介護保険料段階設定

第5期の介護保険料段階設定は8段階でしたが，第6期では，第5期の1段階（生活保護受給者等）と2段階（世帯全員が市町村民税非課税で本人の前年の公的年金収入金額と合計所得金額が合計80万円以下）を統合して1段階（保険料負担割合0.50倍）とし，第5期では3～5段階でそれぞれ軽減措置段階を別途設けていたものを第6期では独立した段階として，計10段階[41]を設定しました。基準となる段階は5段階としました。最も高い保険料段階となる10段階は本人が市町村民税課税対象者で前年の合計所得金額が500万円以上の者となり，保険料負担割合は基準額の2.00倍となりました。

⑥ 第6期計画でのサービス費用額（3年間）の見込みと保険料基準額

札幌市では，2015～2017年度の3年間のサービス費用を全体で3,918.8億円と見込みました。内訳は，公費負担分（50%），第2保険料分（28%）3,064.3億円，第1号保険料分（22%）854.5億円でした。3年間の累計の被保険者数（補正後）を137.7万人と見込んでおり，これに基づき第1号被保険者一人が負担する保険料基準額は，保険料の収納率（98.28%）を勘案して，月額5,264円としました。しかし，札幌市介護給付費準備基金[42]を活用することで，87円保険料を引き下げ，第6期の基準月額は5,177円となりました。第5期の基準月額が4,656円でしたので，月額521円の引き上げとなりました。

⑦ 第6期札幌市介護保険事業計画の構成はどうなっているのか

札幌市の介護保険事業計画は，高齢者保健福祉計画と一体的なものとして作られたため，計画書は1冊にまとめられています。計画書は9章構成，「第6章施策の展開」に高齢者保健福祉計画と介護保険事業計画のそれぞれのサービスが混在する形で一体的に提供されるようにまとめられました。（岡田直人）

▷ 1
第1段階：基準額×0.50
第2段階：基準額×0.65
第3段階：基準額×0.75
第4段階：基準額×0.90
第5段階：基準額
第6段階：基準額×1.15
第7段階：基準額×1.25
第8段階：基準額×1.50
第9段階：基準額×1.75
第10段階：基準額×2.00

▷ 2　保険料額は，3年間の介護サービス見込み量に見合うように設定するが，3年間同一額となるため，介護保険の歳入は初年度に剰余金が生じ，最終年度は不足することが想定される。この剰余金を管理するために設けられる準備基金である。計画期間の最終年度に残額がある場合は，次期保険料を引き下げるため，準備基金を取り崩すことが基本となっている。

Ⅷ 福祉計画の実際

7 子ども・子育て支援事業計画

▷1 子ども・子育て支援法，就学前の子どもに関する教育，保育等の総合的な提供の推進に関する法律の一部を改正する法律，子ども・子育て支援法及び就学前の子どもに関する教育，保育等の総合的な提供の推進に関する法律の一部を改正する法律の施行に伴う関係法律の整備等に関する法律，を指す。

2015年度から子ども・子育て関連三法に基づく子ども・子育て支援新制度が施行されました。新制度では，都道府県および市町村に子ども・子育て支援事業計画の策定が義務づけられました。ここでは，子ども・子育て支援事業計画の概要を説明し，次項目でその具体的な事例を紹介します。

市町村子ども・子育て支援事業計画

市町村子ども・子育て支援事業計画は，市町村が策定する「5年を1期とする教育・保育及び地域子ども・子育て支援事業の提供体制の確保その他この法律に基づく業務の円滑な実施に関する計画」（子ども・子育て支援法61条）で，国が定める基本指針に即して策定することになっています。

市町村は，子ども・子育て家庭の状況および需要について調査・把握した上で，市町村子ども・子育て支援事業計画を策定し，幼児期の学校教育・保育・地域の子育て支援について計画的な整備を図っていくことになっています（図Ⅷ-4）。

具体的には，特定教育・保育施設および地域型保育事業，地域子ども・子育て支援事業の量の見込み（現在の利用状況および今後の利用希望），その提供体制の確保の内容，実施時期を定めるとともに，教育・保育の一

○市町村子ども・子育て支援事業計画は，5年間の計画期間における幼児期の学校教育・保育・地域の子育て支援についての需給計画。（新制度の実施主体として，全市町村で作成。）

子ども・子育て家庭の状況及び需要

- 満3歳以上の子どもを持つ，保育を利用せず家庭で子育てを行う家庭（子ども・子育ての利用希望）学校教育＋子育て支援
- 満3歳以上の子どもを持つ，保育を利用する家庭（子ども・子育ての利用希望）学校教育＋保育＋放課後児童クラブ＋子育て支援
- 満3歳未満の子どもを持つ，保育を利用する家庭（子ども・子育ての利用希望）保育＋子育て支援
- 満3歳未満の子どもを持つ，保育を利用せず家庭で子育てを行う家庭（子ども・子育ての利用希望）子育て支援

↓ 需要の調査・把握（現在の利用状況＋希望利用）

市町村子ども・子育て支援事業計画（5か年計画）
幼児期の学校教育・保育・地域の子育て支援について，
「量の見込み」（現在の利用状況＋利用希望），「確保方策」（確保の内容＋実施時期）を記載。

↓ 計画的な整備

子どものための教育・保育給付

- 認定こども園，幼稚園，保育所＝施設型給付の対象※
  ＊私立保育所については，受託費を支弁
- 小規模保育事業者／家庭的保育事業者／居宅訪問型保育事業者／事業所内保育事業者＝地域型保育給付の対象※

（施設型給付・地域型保育給付は，早朝・夜間・休日保育にも対応）

地域子ども・子育て支援事業 ※対象事業の範囲は法定

- ・地域子育て支援拠点事業
- ・一時預かり事業
- ・乳児家庭全戸訪問事業等
- ・延長保育事業
- ・病児保育事業
- 放課後児童クラブ

※施設型給付・地域型保育給付の対象は，認可や認定を受けた施設・事業者の中から，市町村の確認を受けたもの

図Ⅷ-4　市町村子ども子育て事業計画のイメージ

出所：内閣府HP。

体的提供および推進に関する体制の確保の内容について定めることになっています。

さらに，産後休業，育児休業後の円滑な利用の確保に関する事項，都道府県が行う施策との連携に関する事項，雇用環境の整備に関する施策との連携に関する事項についても定めるよう努めることになっています。

市町村子ども・子育て支援事業計画の策定にあたっては，子どもの数，子どもの保護者の利用に関する意向，子どもと保護者の置かれている環境などを勘案して作成する必要があります。

また，市町村は，市町村子ども・子育て支援事業計画を策定したり，変更したりする時は，あらかじめ市町村が設置する子ども・子育て会議等の意見を聴かなければならないとされており，さらに住民の意見を反映させるために必要な措置を講ずるよう努めなければならないとされています。

2 都道府県子ども・子育て支援事業支援計画

都道府県子ども・子育て支援事業支援計画は，都道府県が策定する「5年を1期とする教育・保育及び地域子ども・子育て支援事業の提供体制の確保その他この法律に基づく業務の円滑な実施に関する計画」（子ども・子育て支援法62条）で，国が定める基本指針に即して策定することになっています。

市町村子ども・子育て支援事業計画と同様に，特定教育・保育施設等の量の見込み，提供体制の確保の内容，実施時期などについて定めるとともに，人材の確保および資質の向上のために講ずる措置に関する事項などを定めることになっています。また，市町村の区域を超えた広域的な見地から行う調整に関する事項についても定めるよう努めることになっています。

3 他の計画との関係

市町村子ども・子育て支援事業計画，都道府県子ども・子育て支援事業支援計画を策定するにあたっては，市町村地域福祉計画，都道府県地域福祉支援計画，教育振興基本計画など，子どもの福祉や教育に関する事項を定める計画と調和が保たれたものでなければならないとされています。また，次世代育成支援対策行動計画（VIII-9 参照）などと一体的な計画として，子ども・子育て支援事業計画を策定している自治体もあります。　　　　　　　　　　（石田慎二）

▷2　市町村長が施設型給付費を支給する施設として確認した認定こども園，保育所，幼稚園。

▷3　小規模保育，家庭的保育，居宅訪問型保育，事業所内保育を行う事業。

▷4　利用者支援事業，地域子育て支援拠点事業，一時預かり事業，乳児家庭全戸訪問事業，養育支援訪問事業等，子育て短期支援事業，子育て援助活動支援事業（ファミリー・サポート・センター事業）など13事業が規定されている。

▷5　次世代育成支援対策推進法において都道府県・市町村の努力義務として定められている次世代育成支援対策の実施に関する行動計画。

Ⅷ　福祉計画の実際

子ども・子育て支援事業計画の事例

　前項では，子ども・子育て支援事業計画の概要を説明しましたが，ここではその具体的な事例として，大阪府和泉市の市町村子ども・子育て支援事業計画「和泉市こども・子育て応援プラン」を紹介します。

1　計画策定のプロセス

　大阪府和泉市では，和泉市こども・子育て会議を設置して計画に関連する事項について審議を重ねた上で，2015年3月に子ども・子育て支援事業計画「和泉市こども・子育て応援プラン」を策定しました。

　子ども・子育て支援事業計画を策定するにあたっては，子ども・子育て支援に関するニーズ調査を，就学前の子どもの保護者および小学生の保護者を対象にそれぞれ実施して，その結果を特定教育・保育施設等の量の見込みの算出の基礎とするなど，計画策定に反映させました。

　この計画は，子ども・子育て支援法に定められている市町村子ども・子育て支援事業と，次世代育成支援対策推進法に市町村の努力義務として定められている市町村次世代育成支援対策行動計画を一体的なものとして策定した計画となっています。また，母子及び父子並びに寡婦福祉法に定められている自立促進計画についても包含して策定しています。

　この計画は2015年度から2019年度までに取り組むべき施策の方向性等を示したもので，生まれる前から乳幼児期を経て青少年期に至るまでの，おおむね18歳までの子どもと家庭を対象としています。

2　計画の基本的な考え方

　この計画は「ふれあい　育ち合い　みんなでつくる　親子の笑顔といずみの未来」を基本理念として掲げた上で，3つの視と6つの目標を設定して，具体的な施策・事業の展開を図るための施策の体系を定めています（図Ⅷ-5）。

3　量の見込みと確保方策

　この計画では，幼稚園や保育所，認定こども園，地域子ども・子育て支援事業などについて，基本となる教育・保育提供区域を，北部，北西部，中部，南部の4地域に設定し，それぞれの区域ごとの量の見込みと確保方策を示しています（表Ⅷ-2）。

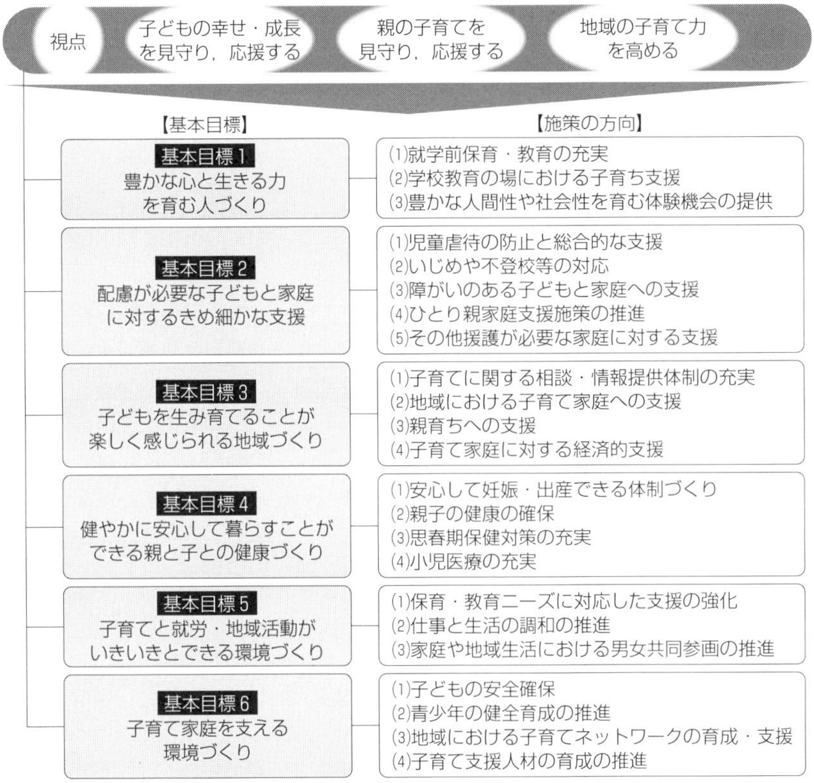

VIII-8 子ども・子育て支援事業計画の事例

| 視点 | 子どもの幸せ・成長を見守り、応援する | 親の子育てを見守り、応援する | 地域の子育て力を高める |

【基本目標】 / 【施策の方向】

基本目標1
豊かな心と生きる力
を育む人づくり

(1)就学前保育・教育の充実
(2)学校教育の場における子育ち支援
(3)豊かな人間性や社会性を育む体験機会の提供

基本目標2
配慮が必要な子どもと家庭
に対するきめ細かな支援

(1)児童虐待の防止と総合的な支援
(2)いじめや不登校等の対応
(3)障がいのある子どもと家庭への支援
(4)ひとり親家庭支援施策の推進
(5)その他援護が必要な家庭に対する支援

基本目標3
子どもを生み育てることが
楽しく感じられる地域づくり

(1)子育てに関する相談・情報提供体制の充実
(2)地域における子育て家庭への支援
(3)親育ちへの支援
(4)子育て家庭に対する経済的支援

基本目標4
健やかに安心して暮らすことが
できる親と子との健康づくり

(1)安心して妊娠・出産できる体制づくり
(2)親子の健康の確保
(3)思春期保健対策の充実
(4)小児医療の充実

基本目標5
子育てと就労・地域活動が
いきいきとできる環境づくり

(1)保育・教育ニーズに対応した支援の強化
(2)仕事と生活の調和の推進
(3)家庭や地域生活における男女共同参画の推進

基本目標6
子育て家庭を支える
環境づくり

(1)子どもの安全確保
(2)青少年の健全育成の推進
(3)地域における子育てネットワークの育成・支援
(4)子育て支援人材の育成の推進

図VIII-5 施策の体系

出所：「和泉市子ども子育て応援プラン概要版」3頁。

表VIII-2 乳幼児の教育・保育の量の見込みと確保方策（4地域の合計）

教育・保育		単位	2015	2016	2017	2018	2019
1号認定・2号認定	見込量	人	2,936	2,882	2,775	2,692	2,656
（3～5歳，教育希望）	確保方策	人	3,688	3,721	3,681	3,681	3,681
2号認定	見込量	人	2,310	2,273	2,204	2,153	2,145
（3～5歳，保育必要）	確保方策	人	2,189	2,275	2,230	2,197	2,189
3号認定	見込量	人	1,327	1,318	1,299	1,287	1,275
（1・2歳，保育必要）	確保方策	人	1,228	1,318	1,303	1,292	1,281
3号認定	見込量	人	376	371	366	363	360
（0歳，保育必要）	確保方策	人	332	371	366	364	363

出所：「和泉市子ども子育て応援プラン概要版」6頁を一部修正。

4 計画の進行管理

　計画の進行管理については，この計画の検討・策定にあたった和泉市こども・子育て会議を，市民参画による評価体制としても位置づけ，この計画の進捗状況を評価することにしています。また，子どもの人口の推移や，子ども・子育て支援事業に関するニーズの変化，事業の進捗状況などを踏まえて，必要に応じて量の見込みと確保方策などについて見直しを行うことになっています。

（石田慎二）

VIII 福祉計画の実際

次世代育成支援行動計画

1 次世代育成支援行動計画とは何か

　次世代育成支援行動計画は，国の次世代育成支援対策を受けて，地方自治体や一般事業主等が策定する次世代育成支援の施策具体化のための行動計画です。次世代育成支援対策推進法（2003年に制定，2005年施行。2015年までの時限立法でしたが，2025年まで10年間延長されました）に定められており，国の指針である行動計画策定指針に基づいて，行動計画が策定されます。

2 市町村等行動計画

　市町村および都道府県は，国の行動計画策定指針の内容に関する事項に基づいて（表Ⅷ-3），項目ごとに目標および目標達成のために行う事業の内容を記載した行動計画を策定してきました。しかしながら，子ども・子育て支援法の制定に伴って，保育サービスや各種の子育て支援事業の整備目標は子ども・子育て支援事業計画に記載されることになりました。これにより市町村行動計画および都道府県行動計画の策定は義務ではなくなり，市町村等が任意で策定するものとなりました。

　市町村等行動計画については，子ども・子育て支援事業計画と一体のものとして策定して差し支えなく，これらの計画の策定手続についても，一体的に処理して差し支えないとされています。そのため，これまで策定してきた市町村等行動計画と子ども・子育て支援事業計画を一体的に策定しているところが多くあります。

　市町村等行動計画は5年を1期として策定され，前期計画（2005～2009年度），後期計画（2010～2014年度）となっており，現在は第3期計画の実施期間となっています。

3 一般事業主行動計画

　国，地方自治体以外の一般事業主で，常時雇用する労働者が101名以上のものは一般事業主行動計画を策定しなければなりません（100名以下の一般事業主は努力義務）。一般事業主行動計画の策定指針では，事業主に対して，労働者の仕事と子育ての両立の推進を企業全体で取り組むよう求めています。また，企業の業種，労働者の職種や雇用形態といった企業の実情を踏まえた取り組みの

▷1　国が少子化や子育て支援の総合的推進を目指して打ち出した新しい概念。つまり，家庭や地域の子育て力の低下に対応して，次世代を担う子どもを育成する家庭を社会全体で支援することとしている。

▷2　都道府県および市町村行動計画の策定に当たっては，①子どもの視点，②次代の親づくりという視点，③サービス利用者の視点，④社会全体による支援の視点，⑤仕事と生活の調和実現の視点，⑥結婚・妊娠・出産・育児の切れ目ない支援の視点，⑦すべての子どもと家庭への支援の視点，⑧地域における社会資源の効果的な活用の視点，⑨サービスの質の視点，⑩地域特性の視点が挙げられている。

VIII-9 次世代育成支援行動計画

表VIII-3　市町村行動計画の内容に関する事項

（1）地域における子育ての支援
　　ア　地域における子育て支援サービスの充実
　　イ　保育サービスの充実
　　ウ　子育て支援のネットワークづくり
　　エ　子どもの健全育成
　　オ　地域における人材養成

（2）母性並びに乳児及び幼児等の健康の確保及び増進
　　ア　切れ目ない妊産婦・乳幼児への保健対策
　　イ　学童期・思春期から成人期に向けた保健対策の充実
　　ウ　「食育」の推進
　　エ　子どもの健やかな成長を見守り育む地域づくり
　　オ　小児医療の充実

（3）子どもの心身の健やかな成長に資する教育環境の整備
　　ア　次代の親の育成
　　イ　子どもの生きる力の育成に向けた学校の教育環境等の整備
　　ウ　家庭や地域の教育力の向上
　　エ　子どもを取り巻く有害環境対策の推進

（4）子育てを支援する生活環境の整備
　　ア　良質な住宅の確保
　　イ　良好な居住環境の確保
　　ウ　安全な道路交通環境の整備
　　エ　安心して外出できる環境の整備
　　オ　安全・安心まちづくりの推進等

（5）職業生活と家庭生活との両立の推進等
　　ア　仕事と生活の調和の実現のための働き方の見直し
　　イ　仕事と子育ての両立のための基盤整備

（6）結婚・妊娠・出産・育児の切れ目ない支援の推進

（7）子どもの安全の確保
　　ア　子どもの交通安全を確保するための活動の推進
　　イ　子どもを犯罪等の被害から守るための活動の推進
　　ウ　被害に遭った子どもの保護の推進

（8）要保護児童への対応などきめ細かな取組の推進
　　ア　児童虐待防止対策の充実
　　イ　母子家庭及び父子家庭の自立支援の推進
　　ウ　障害児施策の充実等

出所：厚生労働省資料を基に筆者作成。

推進が求められており，次世代育成支援対策を推進することは，個々の企業にとってもイメージアップや優秀な人材の確保・定着にメリットがあります。

　なお，計画期間は，おおむね2〜5年間までの範囲に区切り，計画を策定し，届け出ることが義務づけられています。届け出た計画は，公表・周知され，実施状況の点検を受け，一定の要件に適合した企業は，厚生労働大臣の認定を受けることができます。

（福田公教）

▷3　厚生労働大臣の認定を受けた企業には，認定マーク「くるみん」が贈られる。さらに2015年より，くるみん認定を既に受け，相当程度両立支援の制度の導入や利用が進み，高い水準の取り組みを行っている企業にプラチナくるみん認定がなされている。

Ⅷ 福祉計画の実際

次世代育成支援行動計画の事例

1 計画策定のプロセス

　茨木市では，次世代育成支援行動計画を，前期計画（2005～2009年度）と後期計画（2010～2014年度）として策定し，家庭と地域，企業や行政が一体となり，次世代育成支援に関する取り組みを進めてきました。

　後期計画での取り組みを継承しつつ，乳幼児期から青少年期まで切れ目のない支援の他，子育てに対する孤立感や負担感を抱える家庭や要保護児童への支援，家庭と仕事の両立支援など，子どもを生み育てやすい環境づくりに取り組むため，次世代育成支援行動計画（第3期：2015～2019年度）が策定されました。

2 計画の位置づけ

　茨木市における次世代育成支援行動計画は，次世代育成支援対策推進法に規定されている市町村行動計画（次世代育成支援行動計画・任意策定）に位置づけられ，子ども・子育て支援法に規定されている市町村子ども・子育て支援計画（策定義務）と一体的に策定されています。

　これに加えて，本計画には，母子及び父子並びに寡婦福祉法に規定されている自立促進計画（任意策定）ならびに，子ども・若者育成支援推進法に規定される市町村子ども・若者計画（任意策定）に関する施策と一体的に策定されています（図Ⅷ-7）。なお，大阪府が策定するこども総合計画をはじめ，茨木市総合保健福祉計画や茨木市男女共同参画計画などの関連計画と連携を図り施策が推進されることとなっています。

```
次世代育成支援対策市町村行動計画（次世代育成支援対策推進法）
子ども・子育て支援事業計画（子ども・子育て支援法）
母子家庭等及び寡婦自立促進計画（母子及び父子並びに寡婦福祉法）
子ども・若者計画（子ども・若者育成支援推進法）
```

図Ⅷ-7　茨木市次世代育成支援行動計画（第3期）の位置づけ

出所：「茨木市次世代育成支援行動計画」5頁。

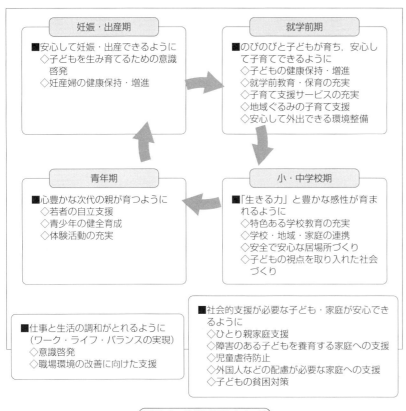

図Ⅷ-8　施策展開のイメージ

出所：「茨木市次世代育成支援行動計画概要版」2頁。

3 計画の内容

○基本理念と施策展開の考え方

この計画では，子どもを生み育てやすい環境づくりを進めるための課題解決にあたり，その原則となる考え方（基本理念）を次の通り定めています。

　　次世代の社会を担う子どもたちを育むまち"いばらき"

　　〜『子どもの最善の利益』が実現される社会をめざして〜

児童の権利に関する条約に定める4つの包括的権利（「生きる権利」「育つ権利」「守られる権利」「参加する権利」）を基本に子どもの最善の利益が優先されるよう子どもの視点に立ちながら施策を展開することが目指されています。

○ライフステージに沿った施策の展開

この計画に推進される施策は，保健，福祉，医療，教育，労働，生活環境等あらゆる分野に関わり，また妊娠・出産期から青年期に至るまでのライフステージにわたります。したがって，ライフステージを①妊娠・出産期，②修学前期，③小・中学校期，④青年期の4つのステージに分け，それぞれの段階における課題解決に向け取り組むべき施策や事業を定め推進されています（図Ⅷ-8）。

（福田公教）

Ⅷ　福祉計画の実際

障害者計画

1 障害者基本計画と地方障害者計画

　障害者の自立と社会参加のための施策は多岐にわたるため，総合的かつ計画的に進める必要があります。そこで，政府による障害者のための施策の最も基本となる計画として位置づけられるのが，障害者基本法（以下，障基法）11条に基づく障害者基本計画です。第3次計画は，障害者権利条約の考えを取り入れた2011年の同法改正，近年の障害者福祉の動向を踏まえた内容であり，期間は2013～2017年の5か年です。

　都道府県，指定都市と市町村もまた，それぞれの自治体の状況と上位となる計画を踏まえて都道府県障害者計画，市町村障害者計画を策定します（障基法11条2・3）。2004年の同法改正まで都道府県と市町村の障害者計画の策定は努力義務であり，取り組みは中々進みませんでしたが，都道府県は2004年，市町村は2007年から策定が義務化されました。

2 障害者計画の内容

　国の障害者基本計画は，4つの枠組みで構成されています。「Ⅰ障害者基本計画（第3次）について」は障害者基本計画の位置づけ，対象期間，構成，「Ⅱ基本的な考え方」は計画全体の基本理念，基本原則とともに各分野に共通する横断的視点，「Ⅲ分野別施策の基本的方向」は10分野の施策と，期間中に政府が行う施策の基本的方向を示します。「Ⅳ推進体制」は取り組みを総合的かつ計画的に進めるための体制であり，連携・協力の確保，広報・啓発活動の推進，進捗状況の管理及び評価などについて述べ，最後に成果目標として数値目標を示します。横断的視点と10の施策分野を側注に示します。

　次に，10の施策分野について地方障害者計画の策定状況をみてみましょう。2014年度末のデータによれば，都道府県と指定都市では⑨行政サービス等における配慮，⑩国際協力，市町村ではこれらに加えて⑥情報アクセシビリティ，⑧差別解消と権利擁護の推進が計画に盛り込まれない場合が多く，数値目標の設定はいずれの項目も低く留まっています（巻末資料5，169頁）。

3 障害者計画の策定体制と進め方

　"Nothing About Us Without Us" というスローガンが表すように，障害者

▷1　第3次計画（2013～2017年）の「横断的視点」は，①障害者の自己決定の尊重及び意思決定支援，②当事者本位の総合的支援，③障害特性等に配慮した支援，④アクセシビリティの向上，⑤総合的かつ計画的な取り組み。「施策分野」は①生活支援，②保健・医療，③教育，文化芸術活動・スポーツ等，④雇用・就業，経済的自立の支援，⑤生活環境，⑥情報アクセシビリティ，⑦安心・安全，⑧差別の解消及び権利擁護の推進，⑨行政サービス等における配慮，⑩国際協力。なお，2018年度からの第4次計画分については，内閣府ウェブサイト障害者政策委員会資料等を参照。

▷2　障害のある当事者による「私たちのことを私たち抜きに決めないで」という主張。障害者権利条約が作られる過程で特に注目された。

150

による計画への参画と，議論に参加できる条件整備が必要です。基本計画の策定には内閣府に設定する「障害者政策委員会[43]」の意見を聴く必要があり（障基法11条4），同委員会は計画の実施状況を監視，勧告する機関としても位置づけられます（障基法32条2）。各府省は計画の施策について具体的な目標を設定，実施，効果を評価し，成果は毎年『障害者白書』にまとめられます。

都道府県も同様の合議制の機関を設置しますが（障基法11条5，36条），市町村では義務ではなく，設置していない場合は

表Ⅷ-4　地方障害者計画の策定および推進体制（2014年度）

単位：①と②は実施／設置自治体数（%），③は人（%）

		都道府県計	指定都市計(1)	市町村計(1)
①計画の策定体制	関係部局による検討チームの設置	34(72.3)	15(75)	846(51.9)
	ニーズ調査の実施	32(68.1)	20(100)	1,311(80.4)
	当事者等からのヒアリング	38(80.9)	14(70)	1,011(62.0)
	計画策定過程の住民参加	40(85.1)	19(95)	1,103(67.6)
	地方障害者施策推進協議会の活用	47(100.0)	20(100)	933(57.2)
	その他	1(2.1)	2(10)	65(4.0)
②計画の推進体制	計画の実施状況の把握	47(100.0)	19(95)	1,356(83.1)
	計画に盛り込まれた施策等の有効性検証	37(78.7)	12(60)	888(54.4)
	部局横断的な組織(本部・チーム等)の設置	27(57.4)	8(40)	404(24.8)
	障害者関係団体との意見交換	39(83.0)	12(60)	993(60.9)
	その他	0(0.0)	3(15)	38(2.3)
③地方障害者施策推進協議会の設置状況(2)	委員総数	883(100)	394(100)	12,707(100)
	委員総数における障害のある委員数	180(20.4)	81(20.6)	1,432(11.3)
	うち　身体障害	133(73.9)	57(70.4)	1,356(94.7)
	うち　知的障害	10(5.6)	9 (11.1)	21(1.5)
	うち　精神障害	21(11.7)	11(13.6)	45(3.1)
	うち　その他の障害	16(8.9)	4 (4.9)	16(1.1)

注：(1)指定都市数20，市町村数1,722。
　　(2)設置済み都道府県数47（100%），指定都市数20（100%），市町村数821（47.6%）。
出所：内閣府「地方公共団体における障害者計画の策定状況等について」「地方障害者施策推進協議会の設置状況」（http://www.8.cao.go.jp/shougai/suishin/chihoutop.html#sesaku）（2014年3月31日現在）より筆者作成。

「障害者その他の関係者」の意見を聴きます（障基法11条6）。委員の構成は，様々な障害者の意見を聴き，障害者の実情を踏まえた調査審議ができるよう配慮します。近年では地域自立支援協議会に障害者計画の部会を置く自治体も増えています。**表Ⅷ-4**からは，関係部局による横断的な取り組みおよび障害者との協働体制は，計画の策定より推進の段階で，都道府県・政令市より市町村で充実が求められることが分かります。

❹ 今後の課題

地方障害者計画は一通り策定されているものの，当事者の参画，数値目標の設定，何より目標達成という点で不十分です。今後は障害者権利条約との整合性確保が必要となり，2018年からの第4次計画では，差別解消法の施行，東京パラリンピック開催という背景も踏まえ，アクセシビリティの向上，性別や年齢による複合的困難への配慮，統計・PDCAサイクルの充実という課題が指摘されています[45]。

（笠原千絵）

▷3　委員は障害者，関係者，学識経験のある者のうちから，内閣総理大臣が任命（障基法33条）。振り仮名つき資料や点字資料，手話通訳，要約筆記，電子媒体による資料提供など適切な情報保障が行われ，議事録及び配布資料はウェブサイト等で公開される。

▷4　関係機関等が連携の緊密化を図り，障害者に関する社会資源の情報やその支援体制に関する地域課題を共有し，地域の実情に応じた体制の整備について協議を行う会議体（障害者総合支援法89条3）

▷5　第33回障害者政策委員会資料（2017年4月21日）。

VIII 福祉計画の実際

12 障害者計画の事例

▷1 尼崎市障害者計画（第3期）障害福祉計画（第4期）の各章の項目は以下の通り。
・第1章：計画策定の趣旨，障害者施策の動向，各障害者施策の概要
・第2章：計画の位置づけ，他計画との関連，計画期間，計画の策定体制
・第3章：障害者手帳所持者数，難病患者の現状，障害のある人に係る現状，地域生活及び一般就労への移行状況等（障害福祉計画），障害福祉サービス等の利用状況（障害福祉計画）
・第4章：障害の概念，基本理念，本計画における重点課題
・第5章：保健・医療，福祉サービス，相談支援，療育・教育，雇用・就労，生活環境，移動・交通，スポーツ・文化，社会参加活動，安心・安全，情報，啓発・差別の解消，権利擁護，行政サービス等における配慮
・第6章：障害福祉計画に

1 障害者計画の背景と概要

兵庫県の南東部にある尼崎市は，人口45万人強，世帯数21万の中核市です。平坦な地形に3本の鉄道が走り駅の数は13と多く，バスや自転車でアクセスのしやすい環境にあります。手帳所持者数は身体障害者福祉手帳2万3,066人，療育手帳4,580人，精神保健福祉手帳所持者数4,339人で，兵庫県下では神戸市に次ぐ2番目の多さであり，障害福祉サービス事業所数，特に居宅介護が類似中核市では多いといった特徴があります。

尼崎市は障害者基本法に基づく障害者計画と，障害者総合支援法に基づく障害福祉計画を一体として策定しています。計画期間は6年で，障害福祉計画部分は3年で新たに設定します。計画の章立て（表VIII-5）から，第5章は障害者計画，第6章は障害福祉計画，残りが共通部分であることがわかります。

2 障害者計画策定の方法――当事者の意見を取り入れるには？

「障害のある人」といっても，障害の種類や年齢，生活環境などによりニーズはそれぞれ違い，一括りにはできません。意見を広く聞くための方法に，まず「アンケート調査」があります。尼崎市では障害者手帳所持者及び難病患者の約25％にあたる8,480人を無作為抽出し，生活や福祉サービス利用の状況，利用意向等について尋ねました。分析結果を基に総括や考察をまとめ，アンケート結果は第3章「障害のある人を取り巻く現状」に，分析結果の総括や考察は第5章の障害者計画の各基本施策において，「アンケートの傾向」として使いました。

また計画案については，広く公開し意見を集める「パブリックコメント」という方法があります。障害者の意見を汲むには郵便，ファックス，メールなど複数の手段を提供することが重要です。尼崎市では市役所，市政情報センター，駅のサービスセンター，図書館，ホームページなどで素案を紹介し意見を受け付けました。その結果73人から309件の意見が寄せられ，それぞれ計画に「盛り込み済み」「意見を反映」「意見を参考とする」などと市の考え方を示し，ウェブサイトで公開しました。

障害のある人が計画の検討メンバーになることで，意見をより詳細

表VIII-5 地方障害者計画の章立て例

第1章　計画策定にあたって
第2章　計画の性格
第3章　障害のある人を取り巻く現状
第4章　計画の基本的な考え方
第5章　障害者施策の推進
第6章　障害福祉計画
第7章　計画の推進に向けて
資料編

出所：尼崎市障害者計画（第3期）障害福祉計画（第4期）。

VIII-12 障害者計画の事例

に聞き，計画に反映させやすくなります。計画作成体制の中心は，「尼崎市社会保障審議会障害者福祉等専門分科会」です。3つの部会で検討課題を分担し，障害者やその家族が「専門委員」「特別委員」として参画しました。計画案はさらに尼崎市自立支援協議会で検討しました。当事者団体，事業所，保健所，ハローワーク，特別支援学校など様々な立場の代表からなる協議会では，地域の実情や課題をより多面的に検討できます。

表VIII-6　障害者計画における活動指標の例

施策の方向性	取組項目	活動概要	活動指標	方向	基準値	実績値
療育・教育	療育支援の充実	・児童発達支援の利用実績は増加，利用者数は2013年度221人から2015年度は290人見込み。 ・自立支援協議会にて「あまっこファイル」の書き方や活用について説明会実施。市広報や参加者による周知も図られ，H27年度は14回開催，68人参加。	「あまっこファイル」説明会の開催回数	↑	・2013年未実施	・2014年1回10人 ・2015年度14回68人 ＊以下2016年〜2020年までの欄
雇用・就労	販路拡大等への支援	・特定随意契約の制度化や障害者優先調達推進法に基づく市の調達方針を定め，市内の就労施設が扱う物品等をリスト化。周知を図るも調達実績はほぼ横ばい。 ・自立支援協議会を通じて継続的な企業イベントへの出店とともに，市役所調査を活用した庁内販売「尼うぇるフェア」を実施。	障害者優先調達推進法に基づく調達件数	↑	・2013年4件	・2014年5件 ・2015年6件 ＊以下2016年〜2020年までの欄

注：活動概要は筆者要約。
出所：尼崎市障害者計画（第3期）評価・管理シートからの抜粋により筆者作成。

❸ 計画の実行に向けた工夫

　尼崎市の障害者計画の工夫の第1は，活動指標を設定していることです。一般に計画では，施策分野ごとの課題と対応する事業，活動概要の列記に留まりがちです。しかし「〇〇のために〜を図ります」だけでは何をどうすれば達成したといえるか分かりにくく，評価もできません。そこで尼崎市では第5章「障害者施策の推進」に示す9施策の「取組項目」ごとに，達成に向けた活動内容を数値化する「活動指標」を設定しました。そしてその減少または増加の「方向」，計画開始前年度の数値「基準値」に対し，計画年度の「実績値」を経年変化で示すことで達成状況を把握しようとしました。数値目標は設定していないものの，取り組みを数値化し，客観的に評価しようとする工夫の一つです（表VIII-6）。

　第2に，取り組み方法に地域自立支援協議会との連携を組み込んでいることがあります。尼崎市では自立支援協議会に4つの部会があり，たとえば「あまっこ部会」では，施策「療育・教育」のうち療育支援の充実をサポートファイルの作成や普及，活用，「あまのしごと部会」では，施策「雇用・就労」のうち販路拡大への支援を市庁舎での物品販売企画や企業との合同イベントを通した広報・販売活動という形で担当し，具体的な企画，実行を進めています（表VIII-6）。

　計画は立てたら終わりではないので，具体的な実現，推進に向けた方策を考える必要があります。それぞれの自治体で様々な工夫があります。自分の住む地域や近隣地域の計画を比べてみましょう。 （笠原千絵）

ついて，サービス提供における基本的な考え方，地域生活及び一般就労への移行等（目標）障害福祉サービス等の必要量見込みと確保の方策　地域生活支援事業の必要量見込みと確保の方策　適切なサービス提供のための方策
・第7章：計画の推進体制　財源の確保，計画の評価・検討

▷2　生育歴や医療情報などの基本情報，苦手なこと，困った時の対応，必要な配慮，楽しく過ごす工夫などを記入するファイル。各ライフステージでの適切な支援を目指し，保護者による成長発達の経過の振返り，各関係機関での支援の引継ぎ，本人による進路選択に向けた振り返りなどに活用できる。

Ⅷ 福祉計画の実際

障害福祉計画

障害福祉計画とは

　障害福祉計画とは、障害者総合支援法（以下、総合支援法）が定める障害福祉サービスや相談支援、地域生活支援事業などを計画的に提供できるよう、目標や必要なサービスの見込量、サービス量の確保のための方策を定める計画です。障害保健福祉の領域では2006年に始まった障害者自立支援法において、福祉施設や事業体系の見直しと併せて、市町村と都道府県に障害福祉計画の作成を義務付けたのが始まりで、2013年から総合支援法に引き継がれました。計画期間は3年です。

　関連する計画として障害者基本法に基づく障害者計画があり、2つの計画を合わせて作成する地方自治体も多くあります。医療計画、介護保険事業（支援）計画とはそれぞれ、精神障害者に対する適切で良質な医療の提供、高齢障害者への支援という観点で内容を連動させます。なお、これまで障害児福祉計画の策定は努力義務でしたが、2016年の総合支援法および児童福祉法改正により策定が義務づけられ、2018年から始まる第5期計画からは、新たに障害児支援の目標なども定める必要があります。

▷1　第5期計画については厚生労働省「障害福祉計画・障害児福祉計画の概要」（www.mhlw.go.jp/stf/seisakunitsuite/bunya/0000163638.html）参照。

2 市町村と都道府県の障害福祉計画

　市町村と都道府県は、国の策定する「基本指針」に即して障害福祉計画を作り、市町村は都道府県に、都道府県は国に計画を提出します。市町村障害福祉計画は、地域生活及び一般就労への移行などに関する成果目標と達成に向けた活動指標、各年度における障害福祉サービスと相談支援、地域生活支援事業の種類ごとに必要な見込量、確保のための方策を立てます。一方、都道府県障害福祉計画は、市町村の同計画が達成できるように各市町村を通じた広域的な見地からの計画を立てます。そのため、サービス等の必要量について区域ごとの見込みと方策、障害者支援施設の必要入所定員総数、さらに従事者確保と資質向上などについて定めます。これらの内容は、策定しなければならないものと、努める内容に分かれています（総合支援法87〜89条）。都道府県は定員や見込量が超えるなどの場合には、施設、事業所の指定を行わないことができます。第4期と2018年からの第5期の基本指針（案）のうち、基本事項について比較しまとめたものが表Ⅷ-7です。

VIII-13　障害福祉計画

表VIII-7　障害福祉計画基本指針の「基本的事項」

	基本指針	第5期計画の見直し内容（案）
1-1　基本的理念	①障害者等の自己決定の尊重と意思決定の支援　②市町村を基本とした実施主体と障害種別によらない一元的サービス実施　③入所等から地域生活への移行，地域生活の継続支援，就労支援等の課題に対応したサービス提供体制　④地域共生社会実現に向けた取組　⑤障害児の健やかな育成のための発達支援	・難病患者の周知について記載を充実 ・精神障害にも対応した地域包括ケアシステムの構築について記載 ・「地域共生社会」の実現に向けた取り組みについて記載 ・障害児支援に係る保健・医療・教育・就労支援等の関係機関との連携について記載
1-2　障害福祉サービスの提供体制の確保に関する基本的な考え方	①訪問系サービスの保証　②日中活動系サービスの保証　③GH等の充実及び地域生活支援拠点等の整備　④一般就労への移行等の推進	・基本的に現行の方針を踏襲
1-3　相談支援の提供体制確保に関する基本的考え方	相談支援体制構築や基幹相談支援センターの重要性等について記載	・基幹相談支援センターのさらなる設置促進等について記載 ・発達障害者支援地域協議会設置の重要性等について記載
1-4　障害児支援の提供体制の確保に関する基本的考え方	①地域支援体制の構築　②保育，教育，就労支援等の関係機関との連携　③インクルージョンの推進　④特別な支援が必要な障害児への支援体制整備	・障害児支援の提供体制に係る保健・医療・教育・就労支援等の関係機関との連携等を記載

注：下線部は第5期指針の追加項目案。

出所：社会保障審議会障害者部会（第83回）（H29.1.6 開催）資料に筆者加筆修正。

❸ 成果目標とサービス見込量

　第4期基本指針ではまず「障害福祉サービス等の提供体制の確保に関する目標」として4つの「成果目標」を掲げます。成果目標とはサービスの受け手側からみた効果，あるいはサービスの提供により目指す結果，つまり計画期間のうちに「どうなるか」という目標です。第4期計画では施設，病院から地域での生活へ，福祉施設から一般就労へというように，ある状況から他の状況への「移行」に焦点を当て，新たに地域生活支援拠点等の整備も挙げています。これらの成果目標にはそれぞれ下位項目があります。

　次に，目標達成に向け行う活動を数値化し，測定可能な「活動指標」を設定します。たとえば先の目標に対しては，就労移行支援事業の「利用者，利用日数」「一般就労への移行者数」「ハローワークによるチーム支援の支援件数」「障害者試行雇用事業の開始者数」のように，具体的に数えられる項目にします。

　一方サービス見込量とは，それぞれのサービスが計画年度中どの程度必要と見込まれるのかという量のことです。重点項目である「福祉施設から一般就労への移行」などに加え，訪問系，日中活動系，居住系の各サービス，相談支援，障害児支援に分類される各サービスの見込み量を設定します。目標達成に向け，第4期計画より「PDCAサイクルの導入」が提案されました。少なくとも1年に1回は実績を把握，中間評価を行い，必要があれば計画の変更などの措置を講じるもので，協議会や合議制の機関等の意見を聴き，その結果を公表することが望ましいとされます。障害福祉計画でもこのように具体的な数値目標を立て，当初目標の達成状況を確認しながら進めます。　　　　　　（笠原千絵）

▷2　障害者の重度化・高齢化や「親亡き後」を見据え，居住支援のための機能（相談，体験の機会・場，緊急時の受け入れ・対応，専門性，地域の体制づくり）を，地域の実情に応じた創意工夫により整備し，障害者の生活を地域全体で支えるサービス提供体制。

▷3　たとえば「福祉施設から一般就労への移行等」なら，より具体的に「福祉施設利用者の一般就労への移行者」，就労移行支援事業の「利用者」，「就労移行率」それぞれの増加という具合である。

▷4　VI-1 側注参照。

155

Ⅷ 福祉計画の実際

14 障害福祉計画の事例

障害福祉計画の背景——現状分析と課題

　障害者計画と同じく，尼崎市を例にみてみましょう。まず訪問系，日中活動系，障害児通所支援のサービスについては，隣接市の事業所も含めて選択肢が比較的多く，市内でも事業所の参入が進んでいます。そのため，一部のサービス種別を除き一定のサービス量が確保され，利用実績も増えています。より適切な支給決定に向けて，サービス等利用計画や障害児支援利用計画の作成が鍵となりますが，現状では支給決定者全員に作成できる量はなく，地方自治体は限られた財源の中，優先順位を付けて解決方法を考えます。尼崎市の第4期計画（2015～2017年度）では，障害者手帳の取得率，障害福祉サービスの給付費，地域生活支援事業の給付費のいずれも同規模の中核市と比べて高いというデータに着目し，成果目標の達成に加え，持続可能な制度に向けて取り組みました。

2 成果目標とサービス見込量設定の具体例

　まず成果目標については，「福祉施設から一般就労への移行」を例に見てみましょう。尼崎市では近年市内の就労移行支援事業所数が増加傾向にあることから，利用者数とともに一般就労への移行者数も増加しています。これらの実績を勘案し，就労移行支援事業の利用者数と就労移行率は国の指針通り，さらに移行者数は国指針を上回る目標を設定しました（表Ⅷ-8）。次にサービス見込量の設定については，複数のサービスを関連させて分析し，持続可能性を意識した例をみてみましょう（表Ⅷ-9）。まず「放課後等デイサービス」は利用実績が伸びているものの，一定のサービス供給量が確保されている状況を踏まえ，近年ほどの伸びは続かないものとして必要量を見込みました。また「移動支援」は「放課後等デイサービス」の利用が進み，障害児の放課後や長期休暇中の居場所が増え，一定のサービス供給量が確保されている点

▷1　第4期計画基本指針上の目標：①一般就労への移行者数は2012年度実績の2倍以上，②就労移行支援事業の利用者数は2013年度末利用者数の6割増，③就労移行率は就労移行支援事業所のうち就労移行率が3割以上の事業所が全体の5割以上。

▷2　就学している障害児に，放課後や夏休み等の長期休暇中，生活能力向上のための訓練，社会との交流促進の場などを提供する事業。放課後児童クラブや児童館等の一般的な子育て支

表Ⅷ-8　障害福祉計画成果目標設定の例

	2012年度	2013年度	2014年度	2015年度	目標値	考え方
①福祉施設から一般就労への移行者数の増加	8人	26人	22人	22人	31人	2017年度末の就労移行支援事業利用者数（104人）の約3割
②就労移行支援事業の利用者数の増加	—	65人	89人	105人	104人	2013年度末の利用者数（65人）の6割増
③就労移行支援事業所の就労移行率の増加	—	2カ所，33.3%	3カ所，50.0%	4カ所，40.0%	6カ所，50.0%以上	2017年度末において市内就労支援事業所（12カ所見込）のうち，就労移行率3割以上の事業所数（割合）

出所：尼崎市障害福祉計画（第4期）評価・管理シート（平成28年度）より筆者作成。

VIII-14　障害福祉計画の事例

を勘案して必要量を見込みました。一方「移動支援」の利用には日中の居場所や一時預かり的な例もあるため，「サービス量確保のための方策」は，制度の役割に応じた利用やサービスの質の確保に取り組むこと，また持続可能な制度の構築に向けたガイドライン策定を期間中の目標としました。

（表VIII- 9　サービス見込量設定の例）

		2012 年度	2013 年度	2014 年度	2015年度	2016 年度	2017 年度
放課後等デイサービス（日／月）	計画値	―	―	―	6019	6516	7013
	実績値	864	2413	3915	5424	6717	―
移動支援（時間／年）	計画値	371,102	382,206	393,672	388,177	395,641	403,248
	実績値	359,713	377,651	376,274	362,127	353,780	―

出所：尼崎市障害福祉計画（第4期）および評価・管理シート（平成28年度）より筆者作成。

（表VIII-10　内部評価と外部評価の例）

	内部評価	外部評価	次年度の取り組み方向
放課後等デイ	第4期計画値とほぼ同基準の実績見込値であり一定のサービスが提供されている。特に放課後等デイは大幅な伸びでニーズの高さが伺えるが質の担保が課題	提供体制の量的確保に加え，質の向上が重要。保護者の中には支援内容等をよく把握しないまま預けてしまう事例も散見され，事業者やサービス内容について周知が必要	放課後等デイは近年急激に事業所数が増加しているため，実地調査等を通じてサービスの質の向上等に努める
移動支援	利用者にとって必要不可欠なサービスだが，給付費が突出して高く，サービスのあり方を含め適正化が必要	必要不可欠なサービスだが，利用者，事業所，行政の立場で温度差が感じられるため，計画相談支援に基づく適正利用が必要	支給決定基準（ガイドライン）を作成，運用見直しを図るとともに，基準に即した支給決定や利用者への適切なサービス提供の確保に取り組む

③　持続可能な制度に向けた取り組みの工夫

　目標の達成と持続可能な制度の両立に向けた取り組みの1つ目は，PDCAサイクルの導入です。計画の進捗状況を毎年評価し，結果は「評価・管理シート」にまとめ，ウェブサイト上で公表しています。外部評価には，尼崎市社会保障審議会障害者福祉等専門部会，尼崎市自立支援協議会で意見を聴き取り，妥当性や改善の必要性を協議します。このプロセスを通し，改善が必要と評価された場合には取組方向に評価結果を反映するなどし，計画を着実に進めようとしています（表VIII-10）。

　2つ目は，サービス利用の「ガイドライン」作成です。尼崎市では地域生活支援事業の給付費全体でみると「移動支援」の占める割合が非常に高く，「日中一時支援」が非常に低いため，それぞれの役割を明確にし適切化を図ることが必要でした。そこで前述したように，サービス確保の方法として「移動支援」のガイドライン作成を目標として掲げ，自立支援協議会の「ガイドライン検討部会」で障害者や関係団体の参画のもと十分な検討を行っています。またサービスの報酬単価の変更による事業費の抑制分は，同じく第4期の障害福祉計画の目標等になった基幹相談支援センターや地域生活支援拠点などの整備費用に一部充当して，新たに予算計上されることになりました。

　利用者にとって持続可能な制度とはサービスの規模縮小や削減に見えるかもしれません。しかし，データに基づいて分析すれば，現状がより的確に把握でき，当事者とともに考えていけば解決の糸口が見つかりそうです。　　　　（笠原千絵）

援施策を，専門的な知識・経験に基づきバックアップする「後方支援」，保護者支援の役割も持つ。

▷ 3　社会生活上必要不可欠な外出や余暇活動等の社会参加のための外出の際の移動を支援するもの。同行援護や行動援護が個別給付（義務的経費）でマンツーマン対応なのに対し，市町村を実施主体とする地域生活支援事業（裁量的経費）としてサービスを提供。個々のニーズや状況に応じた柔軟な支援や複数の者へのグループ支援などが可能。

▷ 4　シートは① Plan：各種サービスの種類と項目，② Do：サービスごとの進捗状況の数値化（計画値（見込量）と実績値の比較），③ Check：行政による内部評価と外部委員による外部評価の比較，④ Action：今後の取組方向の4項目により，状況を一覧できるようになっている。

157

Ⅷ 福祉計画の実際

地域福祉計画

1 社会福祉法の改正と地域福祉の主流化

　2000年に社会福祉事業法が改正され，社会福祉法が施行されました。この改正の大きなポイントの一つは，同法が地域福祉の推進を目的に掲げたことにあります（社会福祉法1条）。また，同法4条では新たに「地域福祉の推進」として「地域住民，社会福祉を目的とする事業を経営する者及び社会福祉に関する活動を行う者は，相互に協力し，福祉サービスを必要とする地域住民が地域社会を構成する一員として日常生活を営み，社会，経済，文化その他あらゆる分野の活動に参加する機会が与えられるように，地域福祉の推進に努めなければならない」と規定しました。こうした改正が意味していることを簡潔にいえば，これからの社会福祉は，地域住民を含めた様々な福祉関係者の協働によって地域での自立生活を推進していくという方針が明確にされたということです。社会福祉法の改正が，地域福祉の主流化を進めたといわれるのはそのためです。さらに，同年に地方分権一括法が施行され，基礎自治体である市町村が福祉行政の中核となることが明確になったことも押さえておく必要があります。つまり，2000年以降の社会福祉は，市町村を中心として多様な主体が協力して地域福祉の推進を目指していくことになりました。市町村がこのような意味での地域福祉を推進していくために策定する計画が市町村地域福祉計画であり，それを支援するために都道府県が策定する計画が都道府県地域福祉支援計画です。

2 社会福祉法における地域福祉計画の規定

　社会福祉法は，107条において，「市町村は，地域福祉の推進に関する事項として次に掲げる事項を一体的に定める計画（以下「市町村地域福祉計画」という。）を策定するよう努めるものとする」とし，「次に掲げる事項」として，①地域における高齢者の福祉，障害者の福祉，児童の福祉その他の福祉に関し，共通して取り組むべき事項，②地域における福祉サービスの適切な利用の推進に関する事項，③地域における社会福祉を目的とする事業の健全な発達に関する事項，④地域福祉に関する活動への住民の参加の促進に関する事項，⑤前条第1項各号に掲げる事業を実施する場合には，同項各号に掲げる事業に関する事項を挙げています。

　また，108条は，「都道府県は，市町村地域福祉計画の達成に資するために，

▷1　この条文は2017年5月に成立した地域包括ケアシステム強化法により，「地域住民，社会福祉を目的とする事業を経営する者及び社会福祉に関する活動を行う者（以下「地域住民等」という）は，相互に協力し，福祉サービスを必要とする地域住民が地域社会を構成する一員として日常生活を営み，社会，経済，文化その他のあらゆる分野の活動に参加する機会が確保されるように，地域福祉の推進に努めなければならない」（⇨Ⅴ-9 参照）と「与えられる」から「確保される」べきものとして改正された。

▷2　武川正吾（2006）『地域福祉の主流化』法律文化社。

各市町村を通ずる広域的な見地から，市町村の地域福祉の支援に関する事項として次に掲げる事項を一体的に定める計画（以下「都道府県地域福祉支援計画」という。）を策定するよう努めるものとする」とし，「次に掲げる事項」として，①地域における高齢者の福祉，障害者の福祉，児童の福祉その他の福祉に関し，共通して取り組むべき事項，②市町村の地域福祉の推進を支援するための基本的方針に関する事項，③社会福祉を目的とする事業に従事する者の確保又は資質の向上に関する事項，④福祉サービスの適切な利用の推進及び社会福祉を目的とする事業の健全な発達のための基盤整備に関する事項，⑤市町村による106条の3第1項各号に掲げる事業の実施の支援に関する事項を挙げています。このように，地域福祉計画は，高齢者，障害者，児童の各分野の「共通的な事項」を定める上位計画として位置づけられています。また，市町村及び都道府県地域福祉計画の⑤は，2017年の改正で位置づけられた包括的な支援体制[43]を指しており，地域福祉計画で，この体制をどのように推進していくかを記載することになりました。分野を問わない包括的な支援体制は，分野ごとの計画では記載できないため，福祉の総合計画としての地域福祉計画に記載すべき内容とされているのです。

> 3 包括的な支援体制とは，社会福祉法106条の3第1項で位置づけられている①住民に身近な圏域において，地域住民等が主体的に地域生活課題を把握し解決を試みることができる環境整備（第1号），②住民に身近な圏域において，地域生活課題に関する相談を包括的に受け止める体制の整備（第2号），③多機関の協働による市町村における包括的な相談支援体制の構築（第3号）のことをいう（⇨ V-9 参照）。

❸ 市町村地域福祉計画の位置づけと策定方法

　地域福祉計画の位置づけは巻末資料6（169頁）のように整理できます。巻末資料6に示したように，地域福祉は，高齢者，障害者，児童といった対象別福祉でなく，それを横断する考え方であり，実践であるため，福祉の基本方針や共通理念としての側面（各計画に共通する理念や方針の総合化）と，地域で支えるための共通基盤を定める計画としての側面があります。つまり，地域福祉計画では，市町村の福祉の共通理念・将来像を明示し，同時に社会福祉法107条で規定された点を盛り込むことが最低条件となります。

　しかし，地域福祉計画は単にこの内容を備えていればよいというわけではありません。その制定の背景を考えれば，地域福祉計画の策定は社会福祉法4条の地域福祉の推進を具体化する分権化時代にふさわしい取り組みとなることが期待されています。社会福祉法4条では，地域福祉の推進主体として，「地域住民」「社会福祉を目的とする事業を経営する者」「社会福祉に関する活動を行う者」を挙げていますが，簡潔にいえば地域住民や社会福祉の関係者と行政が協働して策定するのが地域福祉計画といえます。社会保障審議会福祉部会は，地域福祉計画の策定指針（「一人ひとりの地域住民への訴え」）において，社会福祉が「地域住民すべてで支える社会福祉に変わっていかなければならない」とし，そのためには「地域住民の参加と行動が不可欠」であると訴えています[44]。地域福祉計画は，その内容ばかりではなくその過程にいかに住民や多様な関係者が参加し，策定されたかが重要になるのです。　　　　　（永田祐）

> 4 社会保障制度審議会福祉部会（2002）「市町村地域福祉計画及び都道府県地域福祉支援計画策定指針の在り方について（一人ひとりの地域住民への訴え」。

Ⅷ 福祉計画の実際

地域福祉計画の事例

　地域福祉計画は実際にどのように策定されているのでしょうか。ここでは，地域福祉計画で重視される住民参加の取り組みについて宮崎県都城市の事例を紹介し，福祉施策の総合化という視点から三重県名張市の事例を紹介します。

 市と社協が協働してボトムアップに地域福祉計画を策定
　　　――宮崎県都城市

○二層の地域福祉計画

　都城市では，中学校区ごとに11の地区公民館が設置され，その区域を中心に，市内の各自治公民館（他市でいう自治会・町内会），民生委員，高齢者クラブなど様々な地域団体が協力して地域の問題に取り組んできたという歴史がありました。そこで，計画の基本となる市全体の地域福祉計画に加え，11の中学校区を「地域福祉圏域」とし，それぞれに「地区策定委員会」を組織して，地区ごとに計画を策定（地区福祉活動計画）するという二層の計画策定に取り組みました。各地区の策定委員会は，11の中学校区の地区社協が中心となって組織され，具体的には，住民懇談会やアンケート調査で提起された生活課題を材料に，ワークショップを活用した協議を行いながら，合計5回程度の策定員会を開催し，各地区の活動計画が策定されていきました。また，行政や社会福祉協議会は，各地区の主体性を尊重することを重視し，地区策定委員会の策定委員は，地域がそれぞれ独自の判断で選出する方式を採用しました。その結果，策定委員会のスタートは一律とはならず，地域によって進捗に差が生じることにもなった一方，地区の策定委員の主体性が高まっただけではなく，地区によって特色ある委員構成となり，新しい人材が発掘されるという成果もありました。それぞれの地域では，小学生や中学生も含めた多様な住民の参加によって，地域の将来をそれぞれが考え，計画が策定されたのです。

○策定体制と過程

　都城市の地域福祉計画策定の体制は，巻末資料7（170頁）の通りです。
　市全体の地域福祉計画を策定するのが，「都城市地域福祉計画策定員会」であり，すでに述べた市内11地区の計画を策定するために「地区策定員会」が設置されています。これは，市民からの意見や提言を受け，計画をまとめていくという「ボトムアップ型」の体制ということができます。市全体の計画を策定する都城市地域福祉策定委員会もすべて住民の代表から構成されており，都城

▷1　宮崎県の南西部に位置する人口約17万人の都市。2000年度と2001年度に全国社会福祉協議会の「地域福祉計画に関する調査研究事業」のモデル指定を受け，地域福祉計画の策定に取り組んだ先進的自治体の一つとして知られている。

▷2　三重県西部に位置する人口約8万人の都市。2003年度に国の地域福祉計画策定モデル地区に指定され，地域福祉計画の策定に取り組むとともに，地域内分権を積極的に進める自治体としても知られている。

▷3　地区社会福祉協議会とは，一般には市町村以下の区域に組織された社会福祉協議会をいう。名称は様々で校区社協，学区社協等の呼び方もある。全国社会福祉協議会は，地域福祉推進基礎組織と呼んでいる。多くの場合，住民主体の地域福祉活動を推進するために，小地域における様々な団体や住民に呼びかけて組織される。

▷4　Ⅷ-2　側注参照。

市が住民参加を重視していることがわかります。また，この両委員会を，市と社会福祉協議会が合同で担う事務局が支援していきました。策定主体である市と地域福祉を推進する民間団体である社会福祉協議会が綿密な協議を重ね，合同事務局を設置し，協働で地域福祉計画を策定したことも都城市の大きな特徴でした。このように都城市の地域福祉計画では，市と社会福祉協議会がそれぞれの強みを活かしながら協働して策定したこと，住民になじみのある中学校区で住民の主体的な参加を得ながら，ボトムアップで計画を策定したことが大きな特徴であるといえます。

② 市町村独自の施策として初期総合相談窓口を設置──三重県名張市

　2005年に策定された名張市地域福祉計画は，国の地域福祉計画策定モデル地区の指定を受け，名張市の保健福祉施策の基本となる指針を総合的に定める福祉の総合計画として策定されました。名張市においても，他市と同様，住民参加で策定に取り組むため，市内14地区でそれぞれ３回のワークショップ形式の住民懇談会を行い，延べ927人の参加を得て，地域福祉計画を策定していきました。しかし，ここでは名張市が，地域福祉計画において名張市独自の地域福祉施策を生み出していった点に着目したいと思います。

　まず，名張市では自治会・区などの身近な基礎的コミュニティ，地域づくり組織と呼ばれる住民自治組織を単位（おおむね小学校区），市全体，そして広域という４層の地域福祉圏域を設定しました。そして，住民自治組織の単位（おおむね小学校区）には，地域住民の日常生活圏域で地域福祉活動や交流の拠点となり，また気軽に相談にのることのできる場が必要であるという観点から，「まちの保健室」（保健・福祉の専門職を２名配置）が設置されることになりました。まちの保健室は，初期総合相談を担うとともに，地域づくり組織，民生委員と協働して地域福祉を推進し，基礎的コミュニティでの様々な活動の実施を支援することで，「人の力」を「地域の力」につなげていくネットワークづくりの要として位置づけられています。また，地域福祉計画の策定後，2006年に地域包括支援センターが設置されてからは地域包括支援センターのブランチとしても位置づけられ，名張市の地域包括ケア及びまちづくり，地域づくりのネットワークの拠点として活動しています。このように，地域福祉計画の策定によって，分野別計画では打ち出されなかった「総合相談の窓口を住民の身近な地域に設置する」という福祉施策を統合化する自治体独自の施策を打ち出した点に名張市の地域福祉計画の大きな特徴があります。

　地方分権によってこれからの地域福祉は，市町村の独自性がこれまで以上に重要になっています。上記２市の事例のように地域福祉計画の策定は，自分たちのまちにあった新しい仕組みを住民参加で考え，時には自治体独自の施策を打ち出していくための大切な場であるといえるでしょう。　　　　　　　　　（永田祐）

Ⅷ 福祉計画の実際

 地域福祉活動計画

　地域福祉活動計画は，本書で扱う他の計画と異なり，策定することが法律に定められている法定計画ではありません。また，行政が策定する計画ではなく，民間団体である市町村社会福祉協議会が中心となって策定する計画であり，その意味でも本書における他の計画とは位置づけが異なっています。

 地域福祉活動計画は民間の活動・行動計画

　地域福祉活動計画は，「社会福祉協議会が呼びかけて，住民，地域において社会福祉に関する活動を行う者，社会福祉を目的とする事業（福祉サービス）を経営する者が相互に協力して策定する地域福祉の推進を目的とした民間の活動・行動計画」「公的な福祉制度のみに頼らず，住民参加による地域の支えあいを実現していくために，民間レベルの施設・福祉保健関連団体・住民等が協力し合っていく方策をまとめたもの」と定義されています。つまり，社会福祉協議会の計画ではなく，社会福祉協議会が呼びかけて策定する「民間の」活動及び行動に関する計画であるということです。そもそも市町村社会福祉協議会は，社会福祉法に定められた地域福祉を推進する団体であり，地域福祉を推進する多様な主体により構成されている組織です。したがって，住民や地域の様々な社会福祉関係の行動計画の策定に際して，「音頭を取る」ことが求められているのです。

　このような性格から，地域福祉活動計画では，見守りやサロン，配食といった住民主体の小地域福祉活動やボランティア，福祉教育，災害時の要援護者支援といった取り組みを推進していくための方策，こうした住民の福祉活動と専門職とが連携・協働するための方策などを検討していくことになります。

2 地域福祉計画との関係

　全国社会福祉協議会は，1983年の市町村社協法制化を受けて，社協基盤強化のための市区町村社協強化計画（1983年）を策定するとともに，1984年には社協活動の新たな活動スタイルの開発を目指した『地域福祉計画――理論と方法』においてその策定指針を発表し，民間レベルでの活動・行動計画を地域福祉計画と呼んでその策定を推進してきました。また，1992年には「地域福祉活動計画策定指針」を発表し，名称を民間の「活動」計画であることを強調した地域福祉活動計画と整理しました。

▷1　全国社会福祉協議会（2003）「地域福祉活動計画策定指針」。
▷2　全国社会福祉協議会（1992）「地域福祉活動計画策定の手引き」。

社会福祉法が制定され，地域福祉計画が法定化されるようになってからは，行政計画である地域福祉計画とは別に，民間の計画である地域福祉活動計画の策定を進めています。それでは地域福祉活動計画と地域福祉計画との関係はどのように整理すればよいのでしょうか。

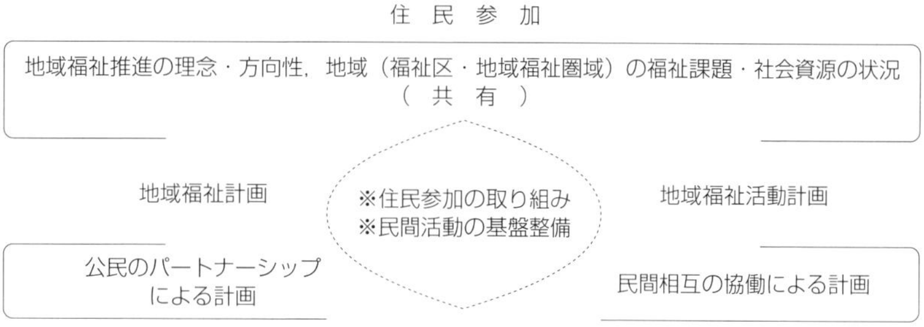

```
                         住　民　参　加
┌──────────────────────────────────────────────┐
│ 地域福祉推進の理念・方向性，地域（福祉区・地域福祉圏域）の福祉課題・社会資源の状況 │
│                    （　共　有　）                │
└──────────────────────────────────────────────┘

     地域福祉計画        ※住民参加の取り組み      地域福祉活動計画
                      ※民間活動の基盤整備
┌──────────────┐                      ┌──────────────┐
│ 公民のパートナーシップ │                      │ 民間相互の協働による計画 │
│    による計画    │                      └──────────────┘
└──────────────┘
```

図Ⅷ-9　地域福祉計画と地域福祉活動計画の関係

出所：全国社会福祉協議会（2003）「地域福祉活動計画策定指針」10頁。

　全国社会福祉協議会は，市町村の策定する地域福祉計画は，公的サービスと住民等による福祉活動との協働による総合的なサービス内容であり，一方，地域福祉活動計画は，特に住民等による福祉活動，地域福祉計画の実現を支援するための活動であると整理しています。このように，地域福祉計画が住民活動を含めた地域福祉全体の総合的な姿を描くものであるのに対し，地域福祉活動計画はその中でも特に住民等による福祉活動に焦点を当てたものとして位置づけられています。こうしたことから，全国社会福祉協議会では地域福祉計画と地域福祉活動計画が一部を共有したり，地域福祉計画の実現を支援するための施策を地域福祉活動計画に盛り込んだりする等，相互に連携を図りながら一体的に策定することを提案しています（**図Ⅷ-9**）。

　一体的な策定の例として，計画策定における住民懇談会や計画策定のためのワークショップ等，住民の意見集約を協働で実施することや，共同事務局を設置したり，同じ委員会の中で両計画を協議することなどが挙げられます。また，両計画を一本化し，「地域福祉（活動）計画」などとしている場合も多くみられます。いずれにしても，市町村の地域福祉のビジョンや施策を定めた地域福祉計画と民間の行動計画である地域福祉活動計画は，車の両輪といえます。

❸　小地域福祉活動計画

　さらに最近は，地区社協などが中心となって小地域を単位として活動計画を作る動き活発になっています。小地域での計画策定も他の福祉計画と同様に，小地域における生活課題を明らかにし，それに対応するための方策や目標を定め，必要な活動を計画としてまとめていくものです。小地域ごとの活動計画が求められる背景としては，住民同士の助け合い活動はこうした小地域で行われていることに加え，合併により市町村の規模が大きくなる中で，小地域ごとの計画策定が求められているようになっているといった要因が挙げられます。

（永田祐）

Ⅷ　福祉計画の実際

地域福祉活動計画の事例

 43の公民館区ごとに小地域福祉活動計画を策定──三重県松阪市

▷1　三重県中部に位置する人口約16万人の都市。2005年に1市4町が合併し、三重県内では二番目に面積が広い。

　三重県松阪市[▷1]は、2008年3月に松阪市と松阪市社会福祉協議会が合同事務局を設置し、様々な住民参加の取り組みを踏まえて地域福祉計画を策定しました。地域福祉計画は、松阪市全体の地域福祉推進の基本理念や行政、社協、住民のそれぞれが取り組むべき活動について明確にしました。しかし、参加した住民からは、市全体の地域福祉のビジョンは策定されたものの、同じ市内でも地域課題は多様であり、市全体の計画だけでは地域福祉が推進できないのではないかという指摘がなされました。こうした背景には、平成の大合併があります。松阪市も2005年に1市4町が合併し、都市部から山間部の限界集落といわれる地域までを含む新市が誕生し、同じ市内でも生活課題が大きく異なるようになっていました。このように、市域が拡大し、市全体を対象とした地域福祉計画では、それぞれの地域の特色を十分発揮した計画を策定できないことが、小地域福祉活動計画を策定する大きな要因となりました。
　そこで、社会福祉協議会では地域福祉計画によって策定された市全体のビジョンを踏まえ、2009年から1年間をかけて、43の公民館区（おおむね小学校区）ごとに、それぞれの地域ごとの小地域福祉活動計画を地域福祉活動計画として策定することにしたのです。

2　小地域福祉活動計画策定の進め方

　小地域ごとの活動計画を策定する前提となるのは、計画を策定する単位（圏域）をどのように定めるかという点です。松阪市では、地域福祉計画において、小地域の福祉を推進する単位（圏域）を公民館区（おおむね小学校区）と設定し、住民が主体になって設立している地区福祉会（他の地域では地区社協と呼ばれている組織）がその推進を担うことを明記しました。そこで、小地域福祉活動計画においても地区福祉会が中心になって、生活課題を明らかにし、それに対応するための方策や目標を定め、必要な活動を計画としてまとめていくことになりました。
　小地域活動計画を策定するためにまず取り組んだのが、生活課題（ニーズ）の把握です。ニーズの把握には、アンケートが採用されました。アンケートは対象別に、「一般」「医療・福祉施設」「保育・教育施設（幼稚園、保育所、小学

校，中学校）」「会社・商店」「子ども（小学6年生，中学3年生）」の合計5種類が作成され，自治会長，民生委員，各関係機関事務局や教育委員会等を通じて配布されました。これは統計的なデータの収集を目的としたものではなく，地域の「いいところ」や，「課題」「自分たちで取り組めること」などを

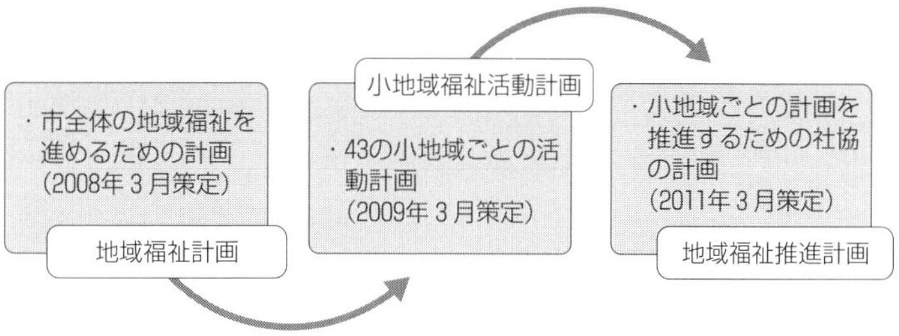

図Ⅷ-10　松阪市における地域福祉計画・小地域福祉活動計画・地域福祉推進計画の関係

自由に書いてもらう形式のものが採用されました。ニーズの把握において，住民座談会ではなく「アンケート」という形式を採用したのは，①すでに地域福祉計画策定時に複数回の座談会を行っていること，②そこでの課題として，座談会では特定の住民層の意見に偏る傾向があったため，多様な意見を集めることで地域の住民リーダーにも地域内の地域課題に気づいてもらうきっかけにするという狙いがあったこと，などが理由です。アンケートの結果は，すべてカード化され，社会福祉協議会の職員がKJ法[42]によって分類しました。こうして把握された生活課題に基づいて，原案が作成され，その後各地域において3回程度の策定委員会を開催し，それぞれの地域で生活課題を解決するための目標や方策が定められ，小地域福祉活動計画が合意されました。

　このような小地域での福祉活動計画の策定は，①策定の過程を通じて住民が自らの地域の課題に気づき，必要な方策を検討することで，自分たちが地域を何とかしていかなくては，という住民の主体性を高め，②その結果，地域ごとの課題にあった取り組みがそれぞれの地域の実情に応じて取り組まれるようになるといった意義が認められます。

③ 地域福祉推進計画へ

　松阪市社会福祉協議会は，小地域ごとの活動計画を策定した後，計画の実施をそれぞれの地域任せにしないために，社会福祉協議会としてどのような支援ができるのかを考え，2011年3月にそれを地域福祉推進計画としてまとめました（この名称は，松阪市が独自につけた名称です）。小地域福祉活動計画が，小地域ごとの住民の活動計画だとすれば，地域福祉推進計画は，その住民活動を社協としてどう支援するか，そのための専門職の配置や必要な能力について検討したものです。

　以上のように松阪市では，市全体の地域福祉のビジョンを定めた地域福祉計画，43の公民館区ごとの住民活動の行動計画（小地域福祉活動計画），住民活動を支援するための社会福祉協議会の地域福祉推進計画によって地域福祉を推進していこうとしています。なお，3つの計画の関係は**図Ⅷ-10**に示した通りです。

（永田祐）

▷2　KJ法とは，川喜多二郎が開発した方法で，アイディアを生み出したり，情報を整理する方法。1つのデータを1枚のカードに要約するカード化，カードの中から似ているものをグループにまとめ，それぞれに見出しをつけていくグループ編成，それを模造紙上などで視覚的に表していく図解化（これを川喜多はKJ法A型と呼ぶ）から構成される。

巻末資料

資料1　社会福祉制度の発展過程

戦前の社会福祉制度		社会の情勢

戦前の社会福祉制度

1874年　恤救規則（社会福祉の萌芽）
　・家族，隣人等による私的救済が中心，「無告の窮民」（ほかに寄る辺のない者）のみ公が救済

1929　救護法（公的扶助の原型）
　・初めて救護を国の義務としたが，財政難のため実施を延期（1932年施行）。権利性はない。
　・貧困者のうち怠惰・素行不良の者は対象外

1938　社会事業法（社会福祉事業法の前身）
　・救貧事業，養老院，育児院など私設社会事業に助成（優遇税制，補助金支出）
　・施設の濫立や不良施設防止のため，規制

戦後社会福祉制度の確立期

○福祉三法体制（戦後急増した貧困者対策）
1946　（旧）生活保護法（引揚者等貧困者対策）
1947　児童福祉法（浮浪児，孤児対策）
1949　身体障害者福祉法（戦争による身体障害者対策）
1950　生活保護法（貧困者全般を対象，生存権保障を明確化）
1951　社会福祉事業法（社会福祉事業の範囲，社会福祉法人，福祉事務所などの基盤制度を規定）

拡充期

○福祉六法体制（低所得者から一般的なハンディキャップを有する者に対象を拡大）
1960　精神薄弱者福祉法
1963　老人福祉法
1964　母子福祉法
1971　児童手当法
1973　老人医療無料化（福祉元年）

見直し期

○第二臨調に基づく福祉の見直し
1980　第二臨調設置，社会福祉を含む行財政改革を提言
1982　老人保健法

改革期

1989　福祉関係三審議会合同企画分科会意見具申
　・社会福祉事業の見直し
　・福祉サービスの供給主体のあり方
　・在宅福祉の充実と施設福祉との連携強化
　・市町村の役割重視
　　ゴールドプラン策定
1990　福祉八法改正
　・在宅福祉サービスの積極的推進
　・福祉サービスを市町村に一元化
1994　エンゼルプラン策定
1995　障害者プラン策定
1997　児童福祉法改正法成立
　　介護保険法成立
　　　　↓
　　社会福祉基礎構造改革
2000　社会福祉事業法等八法の改正等

社会の情勢

世界恐慌により，貧困者が増大

昭和不況により，私設社会事業の資金が枯渇

第二次世界大戦

引揚者，戦災孤児，戦争による身体障害者が多数生じた

高度成長の実現による国民の生活水準の向上
国民皆保険・皆年金の達成（1961年）
〔高齢化，核家族化，サラリーマン化，女性の社会進出が進む〕

石油ショックの勃発
赤字国債が財政を圧迫
基礎年金制度の導入（1986年）

少子・高齢社会の本格化に伴う福祉需要の増大・多様化

出所：社会福祉法令研究会（2001）『社会福祉法の解説』中央法規出版，18頁。

資料2 社会福祉の実施機関

資料3　福祉事務所の実施体制

	福祉事務所職員	法　令	主な職務内容
1	所　長	社会福祉法15条1項	都道府県知事又は市町村長（特別区の区長を含む）の指揮監督を受けて所務を掌理する
2	指導監督を行う所員（社会福祉主事）	同法15条1項1号および6項，同法17条(注)	所の長の指揮監督を受けて，現業事務の指導監督をつかさどる
3	現業を行う所員（社会福祉主事）	同法15条1項2号および6項，同法17条	所の長の指揮監督を受けて，援護，育成又は更生の措置を要する者等の家庭を訪問し，又は訪問しないで，これらの者に面接し，本人の資産，環境等を調査し，保護その他の措置の必要性の有無及びその種類を判断し，本人に対し生活指導を行う等の事務をつかさどる
4	事務を行う所員	同法15条1項3号	所の長の指揮監督を受けて，所の庶務をつかさどる

注：社会福祉法17条は，服務として「15条1項1号及び2号の所員は，それぞれ同条3項又は4項に規定する職務のみに従事しなければならない」と職務専念義務が規定されている。

資料4　生活困窮者自立支援制度の概要

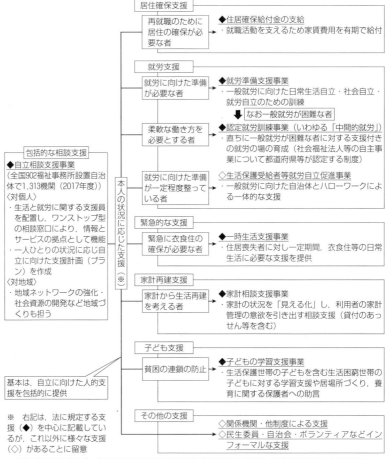

出所：厚生労働省社会・援護局地域福祉課生活困窮者自立支援室（2015）「生活困窮者自立支援制度について」より永田祐作成。

巻末資料

資料5 地方障害者計画の策定状況（2014年度）

（　）内は%

		①生活支援	②保健・医療	③教育,文化芸術活動,スポーツ等	④雇用・就業,経済的自立の支援	⑤生活環境	⑥情報アクセシビリティ	⑦安全・安心	⑧差別解消及び権利擁護推進	⑨行政サービス等における配慮	⑩国際協力	⑪その他
都道府県・指定都市計	盛り込み済み	66(98.5)	67(100)	67(100)	67(100)	67(100)	66(98.5)	64(95.5)	57(85.1)	43(64.2)	9(13.4)	3(4.5)
	数値目標	22(32.8)	24(35.8)	30(44.8)	32(47.8)	33(49.3)	25(37.3)	19(28.4)	11(16.4)	5(7.5)	0(0.0)	0(0.0)
市町村(1)(2)	盛り込み済み	1571(96.3)	1558(95.5)	1510(92.6)	1591(97.5)	1562(95.8)	1242(76.1)	1359(83.3)	1127(69.1)	839(51.4)	71(4.4)	78(4.8)
	数値目標	61(3.7)	89(5.5)	80(4.9)	149(9.1)	104(6.4)	75(4.6)	54(3.3)	56(3.4)	24(1.5)	1(0.1)	10(0.6)

注：(1)指定都市数20，市町村数1,722。
　　(2)計画がある市町村数1631（94.7%）に占める割合。
出所：内閣府「地方公共団体における障害者計画の策定状況等について（平成26年3月31日現在）」より笠原千絵作成。(http://www8.cao.go.jp/shougai/suishin/chihoutop.html#sesaku)

資料6 地域福祉計画の位置づけと役割

出所：榊原美樹（2017）「マクロの地域福祉援助」川島ゆり子・永田祐・榊原美樹・川本健太郎『地域福祉論』ミネルヴァ書房，117頁を基に永田祐作成。

資料7　都城市地域福祉計画策定の体制図

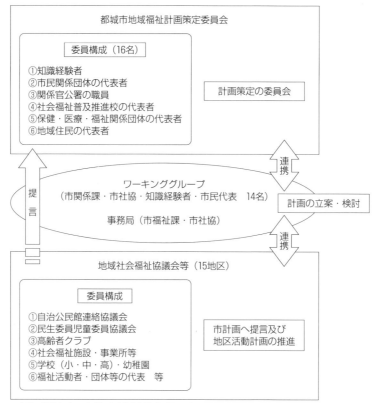

出所：都城市（2010）「都城市地域福祉計画」12頁。

さ く い ん

あ行

朝日訴訟　*10, 86*
石井十次　*6*
石井亮一　*6*
委嘱ボランティア　*83*
一時避難　*57*
一時保護　*49, 57*
一般会計予算　*32*
移動支援　*156*
糸賀一雄　*10*
医療介護総合確保推進法　→地域における医療及び介護の総合的な確保を推進するための関係法律の整備に関する法律
医療ソーシャルワーカー　*69*
インパクト評価　*124*
運営適正化委員会　*59*
応益負担　*40*
応能負担　*40, 45*

か行

介護給付　*92*
介護給付費準備基金　*141*
介護サービス計画　*79*
介護支援専門員　*68, 78*
介護事業運営の適正化　*94*
介護福祉士　*72*
　　——登録者数　*73*
介護保険事業計画　*120*
介護保険法　*4*
介護保険料段階　*141*
介護予防ケアマネジメント　*61*
革新自治体　*112*
活動指標（障害者計画）　*153*
活動指標（障害福祉計画）　*155*
家庭支援専門相談員　*69*
家庭児童福祉主事　*81*
家庭相談員　*47, 81*
家庭相談室　*48*
ガバナンス　*63, 117*
機関委任事務　*16*
企業特別会計　*33*
（企業の）社会的責任　*38*
技術的な援助指導　*55*
救護法　*7*
求職者支援制度　*104*

給付つき税額控除　*43*
狭義の福祉　*2*
行政的事業特別会計　*33*
共同募金　*36*
クラウドファンディング　*38*
ケアマネジャー　→介護支援専門員
経済の外部性　*30*
契約制度　*54*
圏域　*164*
現業員　*80*
言語聴覚士　*53*
権利擁護　*61*
公益法人　*63*
広義の福祉　*2*
公共財　*30*
公共事業特別会計　*33*
更生援護　*55*
厚生労働省令　*18*
厚生労働大臣告示　*18*
厚生労働大臣の認定　*146*
高齢者保健福祉推進十か年戦略　*12, 134*
国債費　*32*
コスト・パフォーマンス評価　*124*
子育て世代包括支援センター　*24*
国家責任の原則　*8*
国家戦略特別区域限定保育士　*76*
国庫支出金　*35*
子ども・子育て関連三法　*142*
子ども・子育て支援事業計画　*146, 148*
子ども・子育て支援法　*15, 144, 148*
子ども・若者育成支援推進法　*148*
戸別募金　*37*
コミュニティ・ファンド　*38*
ゴールドプラン　→高齢者保健福祉推進十か年戦略

さ行

災害被災地への救援・支援　*59*
最小費用分析　*127*
済世顧問制度　*6*
最低生活費保障の原則　*8*
策定委員会　*118*
査察指導員　*47, 69, 80*
サービス見込量（障害福祉計画）　*156*
三位一体の改革　*35, 101*
支援費制度　*98*
支給限度額　*93*
市場　*2*
次世代育成支援対策推進法　*15, 144, 146*
施設・事業所の開設認可・指定・監督（市町村）　*25*
施設・事業所の開設認可・指定・監督（都道府県）　*22*
施設サービス　*139*
『慈善』　*6*
自治基本条例　*131*
自治事務　*100*
自治体経営　*132*
市町村行動計画　*146*
市町村保育計画　*89*
指定管理者制度　*102*
指定居宅サービス　*139*
指定地域密着型サービス　*139*
児童家庭支援センター　*48*
児童家庭相談　*14*
児童指導員　*69, 71*
児童心理司　*49, 50*
児童相談所　*48, 71*
児童の権利に関する条約　*91*
児童福祉司　*49, 50, 69, 81*
児童福祉施設　*77*
児童福祉法　*4, 77, 81, 88*
　　——改正（2001年）　*76*
児童養護施設　*71*
シビルミニマム　*112*
渋沢栄一　*6*
社会事業法　*7*
社会診断　*51*
社会的ニーズ　*120*

171

社会費用　126, 128
社会福祉基礎構造改革　96, 117
社会福祉協議会　71, 162
　　地区――　160
社会福祉士　53, 55, 70
　　――及び介護福祉士法　70, 72
社会福祉事業　4
　　――法　58
　　第一種――　4
　　第二種――　5
社会福祉施設緊急整備5か年計画
　　112
社会福祉充実計画　63
社会福祉主事　9, 47, 53, 80
社会福祉法　4, 96
　　――4条　158
社会福祉法人　5, 22, 62
　　――制度改革　63
社会便益　124, 128
社会保障　3
　　――関係費　32
社会保障審議会　20
　　――委員　21
　　――部会　20
　　――分科会　20
社会保障制度審議会　3
社会保障予算　19
住宅支援給付　104
住民基本台帳　121
住民参加　117
恤救規則　6
主任介護支援専門員　60
主任児童委員　89
巡回相談　53
障害者基本計画　150, 152
障害者基本法　12, 150
障害者計画　152
障害者権利条約　→障害者の権利
　　に関する条約
障害者政策委員会　151
障害者総合支援法　4, 75, 99
障害者総合支援法　→障害者の日
　　常生活及び社会生活を総合的
　　に支援するための法律
障害者の権利に関する条約　151
障害者の日常生活及び社会生活を
　　総合的に支援するための法律
　　154
障害者プラン――ノーマライゼー

ション7か年戦略　12
障害福祉計画　152, 156
　　――基本指針　154
小地域　58
　　――福祉活動計画　163
情報公表　23
職業訓練受講給付金　104
職能的判定　53
触法行為　51
女性相談員　57
女性相談センター　56
所得控除制度　42
自立支援協議会　157
自立支援プログラム　47
新経済社会7か年計画　112
親権喪失宣言　49
新公共経営　102
身体障害者更生相談所　52
身体障害者福祉司　52, 53, 69, 81
身体障害者福祉法　4, 81
身体障害相談員　53
心的外傷後ストレス障害　75
心理診断　51
心理判定員　52
心理療法担当職員　50
垂直的公平の原則　31
スクールソーシャルワーカー　71
税額控除　43
成果指標　133
生活困窮者緊急生活援護対策要綱
　　8
生活困窮者自立支援制度　15, 104
生活支援員　69
生活相談員　68, 71
生活保護法　4, 81
精神保健福祉士　69, 74
精神保健福祉相談員　69
生存権　86
制度の狭間　106
成年後見制度　61
政府関係機関予算　32
セーフティネット　57
接近禁止命令　57
設置義務　48
摂津訴訟　86, 87
専門委員会（社会保障審議会）
　　20
専門職ネットワーク　84
総合支援資金貸付制度　104

総合相談支援　60
　　――業務　85
相談支援員　69
措置　9
　　――委託　9
　　――制度　44, 54, 88

た行

第1号被保険者　92
第2号被保険者　92
退去命令　57
第三者評価　59
地域型保育事業　142
地域活動支援センター　74
地域共生社会　84
地域ケア会議　14
地域限定保育士　→国家戦略特別
　　区域限定保育士
地域公益事業　63
地域子ども・子育て支援事業
　　142
地域支援事業　139
地域自立支援協議会　14, 85, 151,
　　153
地域生活支援拠点　155
地域における医療及び介護の総合
　　的な確保を推進するための関
　　係法律の整備に関する法律
　　95
地域における住民主体の課題解決
　　力強化・相談支援体制の在り
　　方に関する検討会　70, 107
地域福祉活動計画　58
地域福祉計画　25, 109
　　――の策定努力義務　25
地域福祉の主流化　158
地域福祉の推進　36
地域包括ケアシステム　60, 95,
　　107
　　――強化法　→地域包括ケアシ
　　　ステムの強化のための介護
　　　保険法等の一部を改正する
　　　法律
　　――の強化のための介護保険法
　　　等の一部を改正する法律
　　　107
地域包括支援センター　14, 24,
　　60, 78
地域包括支援ネットワーク　85
地域力強化検討会　→地域におけ

さくいん

る住民主体の課題解決力強
化・相談支援体制の在り方に
関する検討会
小さな政府　*11*
知的障害者更生相談所　*54,55*
知的障害者相談員　*54*
知的障害者福祉司　*54,55,69,81*
知的障害者福祉法　*4,81*
地方財政関係費　*32*
地方社会福祉審議会　*54*
地方障害者計画　*150*
地方分権　*100*
地方分権一括法　*35*
地方分権一括法　→地方分権の推
進を図るための関係法律の整
備等に関する法律
地方分権改革　*100*
地方分権の推進を図るための関係
法律の整備等に関する法律
111
中央慈善協会　*6*
通所施設　*64*
定額保険料　*40,93*
定率保険料　*40*
特定教育・保育施設　*142*
特定疾病　*92*
特別会計予算　*32*
特別区　*46*
特別徴収　*93*
特別養護老人ホーム　*71*
都道府県介護保険事業支援計画
138
都道府県行動計画　*146*
都道府県児童福祉審議会　*54*
都道府県地域福祉支援計画　*143*
留岡幸助　*6*

な行

二次予防事業対象者　*92*
ニーズ推計　*121*
ニーズ調査　*144*
日常生活圏域　*121*
日常生活自立支援事業　*29,58,
59*
日本型福祉社会　*112*
　──論　*11*
日本国憲法25条　*86*
日本国憲法89条　*9*
入所施設　*64*
　──等の定員管理　*23*

任意設置　*46,48,54*
人間裁判　*87*

は行

配偶者　*56*
　──からの暴力の防止及び被害
者の保護等に関する法律
56
　──暴力相談支援センター　*56*
売春防止法　*56*
パイロット・プロジェクト　*127*
8050問題　*106*
パブリックコメント　*132,135,
139*
非課税　*42*
被措置児童等虐待　*90*
評議員会（社会福祉法人）　*62*
費用-効果分析　*125,126*
費用徴収基準額　*45*
費用逓減　*30*
費用-便益分析　*125,128*
ビルトイン・スタビライザー　*31*
フィスカル・ポリシー　*31*
福祉活動専門員　*58*
福祉元年　*10*
福祉事務所　*9,17,46,71,80*
福祉除雪　*137*
福祉八法改正　*11,114*
福祉ビジョン2011　*59*
婦人相談員　*57*
婦人相談所　*54,56*
婦人保護施設　*56*
プロセス評価　*124*
分権改革　*16*
保育サービス　*25*
保育士　*89*
　──試験　*76*
保育所　*77*
放課後等デイサービス　*156*
包括的・継続的ケアマネジメント
61
包括的な支援体制　*159*
法定受託事務　*16,100*
方面委員制度　*6*
保険事業特別会計　*33*
保険料基準額　*141*
保護更生　*56*
保護命令　*57*
母子及び父子並びに寡婦福祉法
4,81,148

母子健康包括支援センター　*91*
母子指導員　*69*
母子自立支援員　*47*
補助機関　*47*
ホームレス自立支援法　*104*
堀木訴訟　*86,87*

ま行

未成年後見制度　*90*
民間財源　*36*
民生委員　*82*
　──推薦会　*82*
　──法　*82*
民生費　*34*
民法改正（2011年）　*90*
無差別平等の原則　*8*
モニタリング　*75,119,122*

や行

山室軍平　*6*
要介護認定　*92*
　──者　*121*
要保護児童対策地域協議会　*15,
24,85*
要保護女子　*57*
予防給付　*92*

ら行

ランダム・サンプリング　*124*
利害関係者との調整　*19*
理事会（社会福祉法人）　*62*
療育手帳　*51*
利用施設　*64*
利用者負担　*45*
連合国軍最高司令官総司令部
→GHQ
老人居宅生活支援事業　*135*
老人福祉計画　*134*
老人福祉施設　*135*
老人福祉指導主事　*81*
老人福祉法　*4,81*
老人保健計画　*134*
老人保健福祉計画　*134*
ロジックモデル　*123*
ローリング方式　*118*

わ行

「我が事・丸ごと」地域共生社会
109
ワーキングプア　*15*
ワークショップ　*132,160*
ワンストップサービス　*60*

173

欧文

DV 防止法 →配偶者からの暴力の防止及び被害者の保護等に関する法律
GHQ *8*
KJ 法 *165*
NGO *129*

Nothing About Us Without Us *150*
NPM →新公共経営
ODA *129*
PDCA サイクル *111, 118, 155*
PFI *103*

Plan-Do-See *118*
PTSD →心的外傷後ストレス障害
QOL *123*
SWOT 分析 *133*

執筆者紹介 (50音順，＊は編者，執筆担当は本文末に明記)

＊永田　　祐　（編者紹介参照）

諏訪　　徹　（日本大学文理学部教授）

鎮目　真人　（立命館大学産業社会学部教授）

道中　　隆　（関西国際大学教育学部教授）

土本　修一　（和泉市総務部長）

玉井　良尚　（玉井クリニック院長）

小池　由佳　（新潟県立大学人間生活学部教授）

鵜浦　直子　（大阪市立大学大学院生活科学研究科講師）

武田　千幸　（奈良佐保短期大学生活未来科講師）

金子絵里乃　（日本大学文理学部准教授）

石田　慎二　（帝塚山大学現代生活学部准教授）

岡田　直人　（北星学園大学社会福祉学部教授）

狭間　直樹　（北九州市立大学法学部准教授）

榊原　美樹　（明治学院大学社会学部准教授）

福田　公教　（関西大学人間健康学部准教授）

笠原　千絵　（上智大学総合人間科学部准教授）

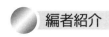

編者紹介

永田　祐（ながた・ゆう）

1974年神奈川県生まれ。
2001年　上智大学大学院文学研究科社会学専攻博士後期課程単位取得満期退学。
現　在　同志社大学社会学部教授。博士（社会福祉学）。
主　著　『ローカル・ガバナンスと参加――イギリスにおける市民主体の地域再生』中央法規出版，2011年。
　　　　『住民と創る地域包括ケアシステム――名張式自治とケアをつなぐ総合相談の展開』ミネルヴァ書房，2013年。
　　　　『地域の〈実践〉を変える社会福祉調査入門』（共編著）春秋社，2013年。
　　　　『よくわかる権利擁護と成年後見制度 改訂版』（共編著）ミネルヴァ書房，2017年。

岡田忠克（おかだ・ただかつ）

1970年大阪府生まれ。
2001年　大阪市立大学大学院生活科学研究科後期博士課程単位取得後退学。
現　在　関西大学人間健康学部教授。博士（学術）。
主　著　『社会福祉の理論と政策』（共著）中央法規出版，2000年。
　　　　『社会福祉の国際比較――研究・方法の視点』（共著）有斐閣，2000年。
　　　　『よくわかる社会福祉』（共編著）ミネルヴァ書房，2002年。
　　　　『転換期における福祉国家』関西大学出版部，2009年。
　　　　『図表で読み解く社会福祉入門』（編著）ミネルヴァ書房，2012年。
　　　　『現代社会の福祉実践』（共編著）関西大学出版部，2017年。

	やわらかアカデミズム・〈わかる〉シリーズ
	よくわかる福祉行財政と福祉計画
	2018年5月30日　初版第1刷発行　　　　　　　〈検印省略〉
	定価はカバーに表示しています
編　　者	永　田　　　祐
	岡　田　忠　克
発行者	杉　田　啓　三
印刷者	江　戸　孝　典
発行所	株式会社　ミネルヴァ書房
	607-8494 京都市山科区日ノ岡堤谷町1
	電話代表 (075) 581-5191
	振替口座 01020-0-8076

　　　　　　　　　　©永田祐・岡田忠克ほか，2018　　共同印刷工業・新生製本

ISBN978-4-623-06625-4
Printed in Japan

やわらかアカデミズム・〈わかる〉シリーズ

よくわかる社会福祉 ［第11版］	山縣文治・岡田忠克編	本 体	2500円
よくわかる子ども家庭福祉 ［第9版］	山縣文治編	本 体	2400円
よくわかる地域福祉 ［第5版］	上野谷加代子・松端克文・山縣文治編	本 体	2200円
よくわかる障害者福祉 ［第6版］	小澤 温編	本 体	2200円
よくわかる高齢者福祉	直井道子・中野いく子編	本 体	2500円
よくわかる家族福祉 ［第2版］	畠中宗一編	本 体	2200円
よくわかる精神保健福祉 ［第2版］	藤本 豊・花澤佳代編	本 体	2400円
よくわかる社会福祉の歴史	清水教惠・朴 光駿編著	本 体	2500円
よくわかる医療福祉	小西加保留・田中千枝子編	本 体	2500円
よくわかる社会福祉運営管理	小松理佐子編	本 体	2500円
よくわかる司法福祉	村尾泰弘・廣井亮一編	本 体	2500円
よくわかる女性と福祉	森田明美編著	本 体	2600円
よくわかる社会保障 ［第5版］	坂口正之・岡田忠克編	本 体	2600円
よくわかる社会福祉と法	西村健一郎・品田充儀編著	本 体	2600円
よくわかる発達障害 ［第2版］	小野次朗・藤田継道・上野一彦編	本 体	2200円
よくわかる労働法 ［第3版］	小畑史子著	本 体	2800円
よくわかる地方自治法	橋本基弘ほか著	本 体	2500円
よくわかる社会政策 ［第2版］	石畑良太郎・牧野富夫編著	本 体	2600円
よくわかる更生保護	藤本哲也・生島 浩・辰野文理編著	本 体	2500円

──── ミネルヴァ書房 ────

http://www.minervashobo.co.jp/